IRISH
GCSE REVISION

SELF, FAMILY & FRIENDS

LEISURE & DAILY ACTIVITIES

Imprint: Independently Published

Edited by Aoife de Buitléir and Órla de Buitléir

DEDICATION

For Catrina

- Gianfranco

For Ariella and Leonard

- Dylan

For my parents, Annette and Desy McCoy

-Ciara

ACKNOWLEDGEMENTS

I would like to thank everyone who has helped me with publishing this book. I am incredibly proud to have produced a resource which will help both children and adults in their journey to learn and love the beautiful Irish language.

Firstly, I would like to thank both Gianfranco Conti and Dylan Viñales for their continuous advice, help and encouragement throughout this process. Thank you for trusting me to produce this resource and for the support you have shown to the Irish language.

Next, the editors, Aoife and Órla de Buitléir. I am grateful for the fantastic job you have both done editing this book but I am most grateful for the endless encouragement and friendship you have shown me.

Many other people helped with this book. My colleague and friend, Niamh Moore, very kindly and thoroughly completed a full proof of the book. This took countless hours and I am eternally grateful. The Queen's PGCE Irish class 2020/21 also played a part in proofing this book. My sincere thanks to Claire, Danielle, Erin, Kevin and Sian. I know it was not an easy task while embarking on your first full year of teaching and I am very thankful for all your help.

I can not understate the support and encouragement I have received from friends and family throughout this process. To my brothers and their wives who helped proof the book and helped me when writing it. A particular thanks to Niall and Niamh for proofing units. To my husband Ronan, who is forever supportive of me and encouraged me throughout this whole process.

Finally, I dedicate this book to my parents, Annette and Desy McCoy. Words could never express the love, encouragement and support they show us all, no matter what we do. I would never have achieved anything in my life without them and their belief in me. Mo ghrá sibh!

Go raibh míle maith agaibh.

Ciara

ABOUT THIS BOOK

Welcome,

If you're reading this, it means you've either bought, or are contemplating buying this book.

Either way, thank you.

As with all Language Gym books, our small team has gone to great efforts to produce a high-quality, affordable, no frills resource. Feedback from the three international and three UK-based schools on the content of this book has been overwhelmingly positive. As with our previous publications, the evidence shows that the E.P.I. method really does produce excellent results. As full-time teachers who use these resources across all levels they teach, Dylan, Ciara, Aoife and Órla can vouch for the method first-hand. We know that the care taken throughout the creation process will reflect in the quality of the resource and do hope that you and your students enjoy using it!

This book is meant as a revision resource for GCSE Irish. It can be used independently by students as well as for teacher-directed classroom practice. It contains 16 units which focus mainly on the themes: *myself, family and relationships, daily activities, my role model, hobbies and leisure.*

Each unit consists of a knowledge organiser recapping the target sentence patterns and lexical items, a series of receptive vocab-building activities; a set of narrow reading texts and activities; a set of translation tasks. The tasks are graded in order to pose an increasingly demanding but manageable cognitive load and challenge and are based on Dr Conti's P.I.P.O. framework:

Pre-reading tasks (activation of prior knowledge and pre-teaching)

In-reading tasks (intensive exploitation of texts)

Post-reading tasks (consolidation)

Output (pushed-output tasks)

Consistent with Dr Conti's E.P.I. approach, each of the 16 units in the book provide extensive recycling of the target lexical items both within each unit and throughout the book, across all the dimensions of receptive and productive processing, i.e.: orthography (single letters and syllables), lexis (both words and chunks), grammar/syntax (with much emphasis on functional and positional processing), meaning and discourse. The recycling occurs through input-flooding and forced retrieval through a wide range of engaging, tried and tested, classic Conti tasks (more than 20 per unit). These include student favourites such as slalom writing, faulty translation, spot the missing detail, sentence puzzles, etc.

Thanks,

Gianfranco & Dylan

TABLE OF CONTENTS

UNIT	TITLE	PAGE
1	Introducing myself	1
2	Describing myself, my family and friends	14
3	Talking about my hobbies and interests	25
4	Describing a typical day in school	35
5	Describing what I do after school	45
6	Talking about a typical weekend	56
7	Talking about what I did last weekend	67
8	Talking about when I was younger	77
9	Discussing the qualities of a good friend	88
10	Describing the qualities of a good partner	101
11	Saying why I don't get along with people	112
12	Saying why I get along with people	123
13	Saying why I argue with my parents	133
14	Discussing why couples break up	141
15	Talking about a person I admire	152
16	Bringing it all together – PT1	164
	Bringing it all together – PT2	168
	Bringing it all together – PT3	172
	Bringing it all together – PT4	176
	Bringing it all together – PT5	180

Unit 1. Introducing myself

| Tá mé i mo chónaí i
I live in | gCúil Raithin,
Coleraine | baile
a town | i dTuaisceart
in the north | na hÉireann
of Ireland |

| Tá *There are* | ceathrar *four people* | i mo theaghlach *in my family* |

| Is is | dlíodóir
a lawyer | gruagaire
a hairdresser | múinteoir
a teacher | é m'athair *my father*
í mo mháthair *my mother* |

| Réitím go maith
I get along well | le
with | mo dheartháir
my brother
mo dheirfiúr
my sister
mo thuismitheoirí
my parents | mar tá sé/sí
because he/she is

mar tá siad
because they are | ciallmhar *sensible*
cineálta *kind*
deas *nice*
flaithiúil *generous*
greannmhar *funny* |

| Tá mé
I am | ard
tall
beag
short | agus
and | tá mo chuid gruaige
my hair is
tá mo shúile
my eyes are | fionn
blond
gorm
blue | I dtaca le mo phearsantacht de,
With regards to my personality, | tá mé
I am | cainteach
talkative
ceanndána
stubborn
faiteach
shy |

| Tá *I* | a lán
a lot of | cairde
friends | agam
have | Peadar O'Néill | an t-ainm atá ar
is the name of | mo chara is fearr
my best friend |

| Tá caitheamh aimsire agam
I have a pastime | Is maith liom
I like | a bheith ag imirt cluichí ríomhaire *playing computer games*
a bheith ag dul amach le mo chairde *going out with my friends* |

| Is í
Is | camógaíocht *camogie*
iománaíocht *hurling*
peil ghaelach *Gaelic football* | an spórt is fearr liom
my favourite sport |

| Is fearr liom
I prefer | leadóg *tennis* | cispheil *basketball* | líonpheil *netball* |

| Is é
Is | mata *maths* | an t-ábhar scoile is fearr liom
my favourite school subject |
| Is í
Is | Gaeilge *Irish*
tíreolaíocht *geography* | |

| Is é
Is | léamh *reading* | an caitheamh aimsire is fearr liom
my favourite pastime |
| Is í
Is | iascaireacht *fishing* | |

| Is iad
Are | cístí *cakes* | milseáin *sweets* | an bia is fearr liom
my favourite food |

1. Complete (general recap)

a. Is _____________ Aoife.

b. Tá mé trí _____________ déag d'aois.

c. Tá mé i mo _____________ i mBaile Átha Cliath.

d. Tá mé measartha _____________ .

e. Tá triúr i mo _____________.

f. Is _____________ é m'athair.

g. Is _____________ í mo mháthair in Iúr Cinn Trá.

h. Tá mé ard agus tá mo chuid _____________ donn.

i. I dtaca le mo phearsantacht de, tá mé measartha ciúin agus iontach _____________.

j. Níl a lán _____________ agam.

k. Máire an _____________ atá ar mo chara.

l. Is maith liom a bheith _____ _____ spórt.

m. Is í _____________an spórt is fearr liom.

n. Is í _____________ an bia is fearr liom.

o. Is í _____________ an t-ábhar scoile is fearr liom.

p. Is é léamh an caitheamh aimsire is _____________ liom.

gruaige	t-ainm	ag imirt	theaghlach
láidir	fearr	mise	eolaíocht
meicneoir	bliana	stéig	leadóg
cairde	banaltra	chónaí	cairdiúil

2. Match (adjectives recap)

deas	small
faiteach	self-confident
ceanndána	tall
cineálta	sporty
leadránach	boring
spórtúil	kind
cainteach	friendly
cairdiúil	nice
beag	stubborn
ard	shy
féinmhuiníneach	quiet
ciúin	generous
flaithiúil	talkative

3. Categories (adjectives recap)

Fisiceach	Pearsantacht
	1

1. **Deas** 2. Ard 3. Lag

4. Cainteach 5. Falsa 6. Tanaí

7. Mór 8. Greannmhar 9. Cineálta

10. Ionraic 11. Ciallmhar 12. Ramhar

13. Láidir 14. Cairdiúil 15. Ciúin

4. Translate into English (Describing people – recap)

a. Tá mo chuid gruaige dubh

b. Tá m'athair ard

c. Tá mo mháthair beag

d. Tá mo dheirfiúr lag

e. Tá mo shúile glas

f. Tá mo dheirfiúr ceanndána

g. Tá mé ciúin

h. Tá mo thuismitheoirí dian

i. Tá m'athair maol

j. Tá mo chara Eoin ciúin

k. Tá mo dheartháir féinmhuiníneach

l. Tá mo chairde iontach cainteach

5. Multiple-choice quiz (general recap)

	a	b	c
1. Bia	Pastime	Food	A school subject
2. Gruaig	Eyes	Hair	Friends
3. Súile	Hair	Clothes	Eyes
4. Dóighiúil	Fat	Lazy	Good-looking
5. Láidir	Open-minded	Strong	Fair
6. Imir	To read	To play	To watch
7. Léigh	To speak	To read	To swim
8. Gruagaire	A plumber	A hairdresser	A doctor
9. Freastalaí	A waiter	A nurse	A sales assistant
10. Tríocha	Thirty	Forty	Twenty
11. Dochtúir	A lawyer	A doctor	A doorman
12. Seacht déag	Twenty-seven	Seventeen	Eighteen
13. Dlíodóir	A doctor	An engineer	A lawyer
14. Cístí	Cakes	Vegetables	Pasta
15. Glasraí	Vegetables	Cakes	Sweets

6. Tick the words in the list below which are names of food

a. Am

b. Cártaí

c. Arán

d. Iasc

e. Ríomhaire

f. Glasraí

g. Uachtar reoite

h. Freastalaí

i. Dochtúir

j. Meicneoir

k. Úlla

l. Feoil

m. Gairdín

n. Aghaidh

o. Sicín

7. Faulty translation. Spot the words which have been translated incorrectly and correct them (general recap) – Not all are incorrect!

a. Tá ceathrar i mo theaghlach: *There are five in my family*

b. Tá mo chuid gruaige rua: *My hair is black*

c. Níl deartháir agam: *I have one brother*

d. Caithim spéaclaí: *I wear a hat*

e. Tá m'athair ard agus ramhar: *My father is tall and slim*

f. Is freastalaí í mo mháthair: *My mother is a lawyer*

g. Tá mo thuismitheoirí iontach deas: *My parents are very nice*

h. Is fuath liom glasraí: *I hate meat*

i. Réitím go maith le m'athair: *I get along well with my mother*

j. Is í camógaíocht an caitheamh aimsire is fearr liom: *Camogie is my favourite pastime*

8. Match questions and answers (general recap)

a. Cad é an t-ainm atá ort?	Eacnamaíocht bhaile
b. Cén aois thú?	Seachtar
c. Cá bhfuil tú i do chónaí?	Bagún
d. Cé mhéad atá i do theaghlach?	Is maith liom a bheith ag amharc ar an teilifís
e. Cén sórt duine thú?	Sílim go bhfuil mé measartha ciúin
f. Cén caitheamh aimsire is fearr leat?	Tá mé sé bliana déag d'aois
g. Cárb as duit?	Is múinteoir meánscoile é
h. Cén t-ábhar scoile is fearr leat?	Is as Corcaigh mé
i. An bhfuil tú ard nó beag?	Caitríona an t-ainm atá orm
j. Cén bia is fearr leat?	Tá mé iontach ard
k. Cén spórt is fearr leat?	i dTír Chonaill
l. Cén post atá ag d'athair?	Is fearr liom eitpheil

9. Match (food and drinks recap)

Glasraí	Juice
Feoil	Potatoes
Sú	Apples
Liamhás	Fish
Iasc	Ham
Seacláid	Cheese
Úlla	Water
Arán	Meat
Im	Vegetables
Cáis	Bread
Sicín	Chocolate
Uisce	Butter
Prátaí	Chicken

10. Complete (numbers from 1 to 100 - recap)

a. Tríoc _ _		*Thirty*
b. Sea _ _ _		*Sixty*
c. _ _ _ chead		*Forty*
d. _ _ _ tó		*Eighty*
e. Nó _ _ a		*Ninety*
f. Cao _ _		*Fifty*
g. Fic _ _		*Twenty*
h. C _ _ _		*One hundred*
i. Naoi _ _ _ _		*Nineteen*
j. Cúig _ _ _ _		*Fifteen*
k. _ _ _ _hair déag		*Fourteen*
l. Sé _ _ _ _		*Sixteen*

11. Translation (age, food and description recap)

a. Tá mé measartha cliste

b. Tá mo chuid gruaige rua

c. Is breá liom milseáin

d. Ní ithim bia gasta

e. Ní ólaim tae

f. Is páiste aonair mé

g. Tá m'aintin seasca bliain d'aois

h. Tá m'athair nócha bliain d'aois

i. Tá m'uncail caoga bliain d'aois

j. Tá mo mháthair dian go leor

k. Tá mo dheirfiúr iontach leadránach

l. Tá mo dheartháir an-deas

m. Tá mo dheirfiúr dóighiúil

n. Tá mo thuismitheoirí cineálta

o. Tá muid sé bliana déag d'aois

p. Ithim feoil

q. Tá mé cainteach

r. Is breá liom sú oráiste

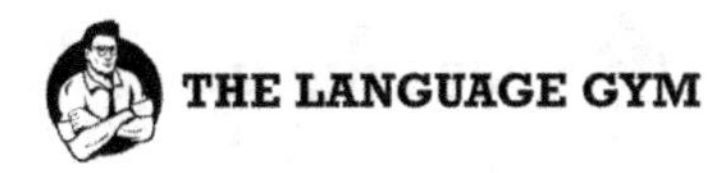

12. Match the opposites (adjectives recap)

Ciúin	Lag
Ramhar	Dícheallach
Slachtmhar	Cainteach
Falsa	Óg
Greannmhar	Ard
Beag	Leadránach
Láidir	Míshlachtmhar
Sean	Tanaí

13. Complete with the missing words (general recap)

a. Is ______________ Iarla.

b. Tá mé trí bliana déag _________.

c. Níl deirfiúr ____________. Is páiste aonair mé.

d. Tá mé i mo __________ i gcontae an Dúin.

e. _________ cúigear i mo theaghlach.

f. Tá ________ tanaí agus iontach lag.

g. I dtaca le mo ______________ de, tá mé flaithiúil.

h. Is maith liom a bheith ag ____________ ar an teilifís.

i. Is é snámh an caitheamh _______________ is fearr liom.

j. _______________ go maith le mo thuismitheoirí.

14. Spot and correct the grammar/spelling errors (general recap) – Not all are incorrect!

a. Tá mo cuid gruaige donn.

b. Áine an t-aim atá ar mo mháthair.

c. Tá mé i mo cónaí i dtuaisceart na hÉireann.

d. Tá mo chara Eoin iontach dias.

e. Tá mo mháthair measartha clist.

f. Is fearr lioma litríocht an Bhéarla.

g. Tá mo deirfiúr iontach faiteach.

h. Tá mo chuid gruage rua.

i. Tá meas mór agam mo mháthair.

j. Níl alán cairde agam.

15. Translate into English (general recap)

a. Tá mo thuismitheoirí cineálta agus flaithiúil.

b. Níl a lán cairde agam.

c. Tá mo dheartháir iontach deas agus cairdiúil.

d. Tá m'athair measartha faiteach.

e. Tá mo chara is fearr iontach greannmhar.

f. Is é bagún an bia is fearr liom.

g. Is fuath liom glasraí mar níl siad blasta.

h. Níl post ag m'athair, tá sé dífhostaithe.

i. Is cúntóir siopa í mo mháthair i siopa bróg.

j. Is mac léinn é mo dheartháir ach oibríonn sé go páirtaimseartha mar fhreastalaí i mbialann.

16. Match the adjectives below

Gaeilge	Béarla
Ionraic	Loyal
Ceanndána	Angry
Ciallmhar	Honest
Dílis	Sensible
Feargach	Lazy
Falsa	Pretty
Dóighiúil	Stubborn

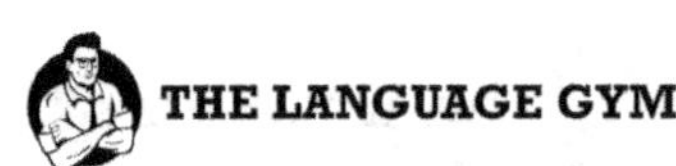

17. Complete the translation

a. T___ c____________ i m ____ t________________.
There are four people in my family

b. I________ s_____ a___ a___ d__________ s_______________.
I play sport at the weekend

c. T___ m'_________ i___________ c________.
My father is very smart

d. T___ a c______ g_________ d_____ a_____ t___ a s______ g______.
His hair is black and his eyes are blue

e. T___ m____ i m ____ c________ i n___________ n___ h____________.
I live in the south of Ireland

f. I___ i_____ s_______ a____ l____ n___ s_________ i__ f_______ l______.
My favourite sports are swimming and tennis

g. T___ m___ t____________ c_______, f__________ a____ f_________.
My parents are kind, patient and generous

h. T___ m_____ d__________ i__________ d________.
My brother is very nice

18. Translate into Irish (general recap)

a. There are five in my family: my parents, my two sisters and me.

b. My parents are very kind and friendly.

c. My sister Caoimhe is tall and a bit fat. She is talkative and very nice.

d. I am quite short and strong. My friends say that I am quite funny and generous.

e. My hair is brown and my eyes are green. I wear glasses.

f. I go out with my friends often. I read books and I spend time on social media.

g. My favourite sports are swimming and cycling.

h. I love chips.

i. I get along very well with my parents, most of the time.

Ciarán an t-ainm atá orm. Tá mé sé bliana déag d'aois agus tá mé i mo chónaí i mBéal Feirste, in Iarthar na hÉireann. Tá mé i mo chónaí anseo le deich mbliana anuas le mo thuismitheoirí agus le mo dheirfiúracha. Is dlíodóir é m'athair agus is múinteoir í mo mháthair. Is scoláirí iad mo dheirfiúracha. Tá siad níos sine ná mé.

Go fisiciúil, tá mé measartha dóighiúil, ard agus tanaí, ach tá mé lag. Caithim a lán ama sa tsólann. Téim inti gach lá! I dtaca le mo phearsantacht de, tá mé cairdiúil agus féinmhuiníneach. Deir mo chairde go bhfuil mé rud beag ciúin agus mífhoighneach. B'fhéidir go bhfuil mé rud beag ciúin ach níl mé mífhoighneach! Is bréag iomlán é sin. Réitím go maith le mo thuismitheoirí mar níl siad ródhian. Tá siad iontach deas. Tá mo dheirfiúracha cairdiúil go leor fosta. Tá siad láidir agus spórtúil. Tá meas agam ar mo thuismitheoirí. Chomh maith le mo thuismitheoirí, tá meas mór agam ar Mhichael Murphy, mar i mo bharúil, is é an peileadóir is fearr sa tír agus tá sé iontach glic.

I bhfírinne, ní maith liom scoil. Tá sí leadránach! Tá mé go maith ag an Bhéarla, ach níl mé go maith ag na hábhair eile. Ní chaithim go leor ama ag stáidéar ach déanaim m'obair bhaile gach oíche. De réir mo mhúinteoirí, is mór an trua é. Deir siad go bhfuil mé iontach cliste. Ar an dea-uair, is cuma le mo thuismitheoirí.

Is iad ispíní an bia is fearr liom, is breá liom iad! Is maith liom bia gasta fosta. Ithim prátaí gach lá agus is breá liom sceallóga. **(Ciarán, 16 bliana)**

20. Answer the questions below in English

a. What jobs do Ciaran's parents do?

b. How does he describe himself? (4 details)

c. What does he say about his parents?

d. How does he describe his sisters? (3 details)

e. Why does he admire Micheal Murphy? (2 details)

f. Why does he not like school?

g. How often does he do his homework?

h. What do his teachers say about him?

i. What is his favourite food?

19. Find in the text the Irish equivalent for the following

a. In the west

b. I have been living here for ten years

c. A teacher

d. Older than me

e. I spend a lot of time

f. With regards to my personality

g. I go (there) every day

h. Friendly and self-confident

i. My friends say

j. Maybe

k. I get along with

l. Kind

m. In my opinion

n. The best

o. I am good at

p. I'm not good at the other subjects

q. It's a great pity

r. Fortunately

s. My favourite food

t. I eat potatoes

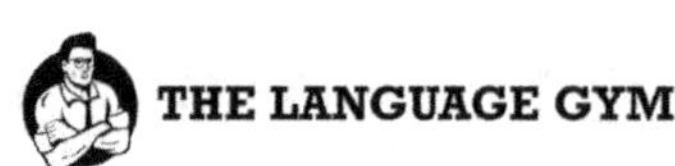

Sorcha an t-ainm atá orm. Tá mé cúig bliana déag d'aois agus tá mé i mo chónaí i gCairlinn i gContae Lú, ar an chósta. Tá mé i mo chónaí anseo le dhá bhliain déag anuas le mo thuismitheoirí agus le mo dheartháir is sine. Is meicneoir é m'athair agus is gruagaire í mo mháthair. Dáithí an t-ainm atá ar mo dheartháir agus is mac léinn ollscoile é.

Go fisiciúil, tá mé ard agus measartha mór. I dtaca le mo phearsantacht de, tá mé cineálta, ionraic agus measartha greannmhar. Deir mo chairde go bhfuil mé iontach flaithiúil. Réitím go maith le mo thuismitheoirí mar níl siad róchrosta. Tá siad fial, foighneach agus grámhar. Bíonn am acu dom i gcónaí agus cuidíonn siad liom go minic. Ar an lámh eile, tá mo dheartháir iontach mífhoighneach. Tá sé míchairdiúil, falsa agus santach. Tá meas mór agam ar Thaylor Swift mar sílim gurb í an t-amhránaí is fearr ar domhan agus tá sí iontach dóighiúil fosta.

Is breá liom scoil! Tá sí go hiontach! Déanaim staidéar ar an Fhraincis, ar an Bhéarla, ar stair agus ar ealaín, ach níl mé go maith ag mata nó eolaíocht. Déanaim a lán staidéir agus déanaim m'obair bhaile i gcónaí. Tá mo thuismitheoirí iontach sásta liom mar deir mo mhúinteoirí go bhfuil mé iontach dícheallach agus cliste. Ní dhearna mo thuismitheoirí mórán staidéir agus mar sin de, tá siad iontach bródúil asam.

Is breá liom bia. Is í stéig an bia is fearr liom mar tá sí blasta. Ithim stéig agus sceallóga gach deireadh seachtaine le mo theaghlach.
(Sorcha, 15 bliana)

22. Complete the sentences below based on Sorcha's text

a. She has lived there for twelve years with…

b. Her mother works as…

c. Physically, she is… (2 details)

d. Personality-wise, she is… (3 details)

e. Her friends say that she is…

f. Her brother is… (4 details)

g. She admires Taylor Swift because she is…

h. The school subjects she studies are… (4 details)

i. Her teachers say that she is… (2 details)

21. Translate into Irish

a. In county

b. On the coast

c. My oldest brother

d. Hairdresser

e. Student

f. I am quite funny

g. With regards to my personality

h. Honest

i. They are not too cross

j. I get along well with

k. Very impatient

l. On the other hand

m. The best singer in the world

n. Pretty

o. I am not good at maths

p. I study a lot

q. Therefore

r. They are very proud of me

s. My favourite food

t. I eat steak and chips

u. Tasty

<table>
<tr><td>

23. Match (function words recap)

Mar	But
I	On the other hand
Fosta	Very
Gach	In
Ar an lámh eile	With
Go minic	My
Iontach	Often
Le	Every
Mo	Also
Ach	Because

</td><td>

24. Translate

a. Tá mé go maith

b. Tá mé i mo chónaí anseo le dhá bhliain

c. I dtaca le mo phearsantacht de

d. Deir mo chairde

e. Tá mé féinmhuiníneach

f. Is fuath liom Béarla

g. Tá Gaeilge mhaith agam

</td></tr>
</table>

25. Complete

Tómás an t-ainm atá orm. Tá mé sé bliana déag d'_ _ _ _. Tá mé i mo c _ _ _ _ _ _ in Iúr Cinn Trá i gc _ _ _ _ _ an Dúin, le m _ mháthair, m'athair agus le m _ bheirt deirfiúracha. Is dlíodóir é m'_ _ _ _ _ _ agus is múinteoir meánscoile í mo m _ _ _ _ _ _ _. Is scoláirí i _ _ mo bheirt deirfiúracha cosúil l _ _ _.

Go fisiciúil, t_ mé ard agus ramhar. Tá mo chuid g _ _ _ _ _ _ donn agus tá mo s _ _ _ _ _ _ gorm. I dtaca le mo p _ _ _ _ _ _ _ _ _ _ _ _ _ de, tá mé m _ _ _ _ _ _ _ _ deas agus cairdiúil. Deir mo chairde go b _ _ _ _ _ mé giota beag c _ _ _ _. Reitím go m _ _ _ _ le mo thuismitheoirí mar níl siad d _ _ _.

Is maith liom scoil. Is iad eolaíocht agus mata na h _ _ _ _ _ _ is fearr liom. Tá mé go m _ _ _ _ ag an Bhéarla fosta. Is breá liom i _ _ _ mar tá sé blasta agus sláintiúil. Is iad glasraí an bia is f _ _ _ _ liom. Ithim g _ _ _ _ _ _ gach lá.

<table>
<tr><td>

26. Complete the sentences with a suitable word

a. _________ agus tógadh mé i gCiarraí.

b. Tá mé aon _________ is fiche d'aois.

c. I dtaca le mo _______________ de, tá mé cairdiúil.

d. Go fisiciúil, tá mé measartha ___________ agus ____________.

e. Is é _________ an spórt is fearr liom.

f. Is maith liom ____________ a imirt.

g. Is breá __________ leabhair fosta.

h. Is _________ liom scoil. Déanaim m'obair _________ gach lá.

i. Déanaim _________ ar mhata agus ar theicneolaíocht.

</td><td>

27. Spot and add in the missing word

a. Is mise Ciara agus tá mé cúig bliana d'aois.

b. Tá mo thuismitheoirí ina gcónaí Ard Mhacha.

c. I dtaca le mo phearsantacht de, tá cainteach.

d. mé measartha ard.

e. Is siopadóir m'athair.

f. Is maith liom a bheith éisteacht le ceol.

g. Is maith liom cluichí a imirt mo chairde.

h. Rós an t-ainm ar mo chara. Tá sí dearmadach.

i. Is breá liom milseáin cístí.

</td></tr>
</table>

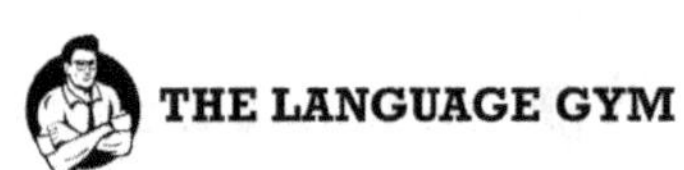

28. Translate into Irish

a. I am 15 years old.

b. I live in county Fermanagh.

c. I am fairly tall for my age.

d. With regards to my personality, I am kind and talkative.

e. My father is a plumber.

f. My mother is a doctor in a hospital.

g. Gaelic football is my favourite pastime.

h. I go to the gym three times a week.

i. My favourite foods are sausages and chips.

j. I am not good at maths or science.

29. Write a paragraph for Pádraig in the FIRST person singular (Tá mé, imrím etc.) and for Aoife in the THIRD person singular (Tá sí, imríonn sí etc.)

Name	Pádraig	Aoife
Age	16	15
Residence	Armagh, north of Ireland	Galway, west of Ireland
Parents	Seán, 42 and Ciara, 52	Orla, 38 and Rónán, 42
Siblings	None	A younger sister
Father's job	Teacher	Nurse
Mother's job	Lawyer	Doctor
Self-description	Tall, slim, nice and intelligent	Short, skinny, shy and kind
Parents' description	Kind and strict	Funny, friendly and shy
Siblings' description	-	Boring and talkative
Hobbies	Reads books, plays computer games	Goes out with friends, goes to the cinema and listens to music
Sports	Swimming and hurling	Running and horse-riding
Attitude towards school	Loves it	Likes it
Favourite subjects	Irish, English and art	Maths and science
Favourite food	Sweets	Cakes

Key questions

Cad é an t-ainm atá ort?	*What is your name?*
Cá bhfuil tú i do chónaí?	*Where do you live?*
Cárb as duit?	*Where are you from?*
Cé mhéad duine atá i do theaghlach?	*How many people are there in your family?*
Cé hiad?	*Who are they?*
Cén aois thú?	*What age are you?*
Cad é a dhéanann do thuismitheoirí?	*What do your parents do?*
An réitíonn tú go maith le do thuismitheoirí?	*Do you get along well with your parents?*
An réitíonn tú go maith le do dheirfiúr/dheartháir?	*Do you get along well with your sister/brother?*
Déan cur síos ort féin go fisiciúil	*Describe yourself physically*
Cén sórt duine thú?	*What kind of person are you?*
Cad é an dath atá ar do chuid gruaige?	*What colour is your hair?*
Cad é an dath atá ar do shúile?	*What colour are your eyes?*
Cé hé/hí do chara is fearr?	*Who is your best friend?*
Inis dom faoi do chara is fearr	*Tell me about your best friend*
Cén caitheamh aimsire is fearr leat?	*What pastime do you prefer?*
Cén spórt is fearr leat? Cén fáth?	*What is your favourite sport? Why?*
Cén bia is fearr leat?	*What is your favourite food?*

ANSWERS – Unit 1

1. Complete: a) mise b) bliana c) chónaí d) láidir e) theaghlach f) meicneoir g) banaltra h) gruaige i) cairdiúil
j) cairde k) t-ainm l) ag imirt m) leadóg n) stéig o) eolaíocht p) fearr

2. Match: deas – nice **faiteach** – shy **ceanndána** – stubborn **cineálta** – kind **leadránach** – boring
spórtúil – sporty **cainteach** – talkative **cairdiúil** – friendly **beag** – small **ard** – tall **féinmhuiníneach** – self-confident
ciúin – quiet **flaithiúil** – generous

3. Categories: Fisiceach : 2 ; 3 ; 6 ; 7 ; 12 ; 13 Pearsantacht : 1 ; 4 ; 5 ; 8 ; 9 ; 10 ;11 ;14 ; 15

4. Translate into English: a) my hair is black b) my father is tall c) my mother is small
d) my sister is weak e) my eyes are green f) my sister is stubborn g) I am quiet h) my parents are strict
i) my father is bald j) my friend Eoin is quiet k) my brother is self-confident l) my friends are very talkative

5. Multiple-choice quiz: 1) b ; 2) b ; 3) c ; 4) c ; 5) b ; 6) b ; 7) b ; 8) b ; 9) a ; 10) a ; 11) b ; 12) b ; 13) c ; 14) a ; 15) a

6. Tick the words: c ; d ; f ; g ; k ; l ; o

7. Faulty translation: a) four b) red/ginger hair c) I don't have any brothers d) glasses e) and fat
f) waitress g) - h) vegetables i) with my father j) -

8. Match questions and answers: a) Caitríona an t-ainm atá orm b) Tá mé sé bliana déag d'aois c) i dTír Chonaill
d) seachtar e) sílim go bhfuil mé measartha ciúin f) Is maith liom a bheith ag amharc ar an teilifís g) Is as Corcaigh mé
h) eacnamaíocht bhaile i) Tá mé iontach ard j) bagún k) Is fearr liom eitpheil l) Is múinteoir meánscoile é

9. Match: glasraí – vegetables **feoil** – meat **sú** – juice **liamhás** – ham **seacláid** – chocolate **úlla** – apples
arán – bread **im** – butter **cáis** – cheese **sicín** – chicken **uisce** – water **prátaí** – potatoes

10. Complete: a) **trí**ocha b) seas**ca** c) **dai**chead d) **ocht**ó e) nó**cha** f) ca**og**a g) fi**ch**e h) **c**éa**d**
i) naoi **déag** j) cúig **déag** k) **ceat**hair déag l) sé **déag**

11. Translation: a) I am fairly smart b) My hair is red/ginger c) I love sweets d) I don't eat fast food e) I don't drink tea
F) I am an only child g) My auntie is sixty years old h) My father is ninety years old i) My uncle is fifty years old
j) My mother is strict enough k) My sister is very boring l) My brother is very nice m) My sister is pretty
n) My parents are kind o) We are sixteen years old p) I eat meat q) I am talkative r) I love orange juice

12. Match the opposites: ciúin – cainteach ramhar – tanaí slachtmhar – míshlachtmhar falsa – dícheallach
greannmhar – leadránach beag – ard láidir – lag sean – óg

133. Complete with the missing words: a) mise b) d'aois c) agam d) chónaí e) Tá f) mé g) phearsantacht
h) amharc i) aimsire j) réitím

14. Spot and correct the grammar/spelling errors: a) chuid b) t-ainm c) chónaí d) deas/dian e) cliste f) liom
g) dheirfiúr h) gruaige i) ..agam **ar** mo j) a lán

15. Translate into English: a) my parents are kind and generous b) I don't have many friends
c) my brother is very nice and friendly d) my father is fairly shy e) my best friend is very funny f) my favourite food is
bacon g) I hate vegetables because they are not tasty h) my father doesn't have a job, he is unemployed
i) my mother is a sales assistant in a shoe shop j) my brother is a student but he works part-time as a waiter in a restaurant

16. Match the adjectives: Ionraic - Honest ; Ceanndána - Stubborn ; Ciallmhar - Sensible ; Dílis - Loyal ; Feargach - Angry ;
Falsa - Lazy ; Dóighiúil - Pretty

17. Complete the translation: a) Tá ceathrar i mo theaghlach b) Imrím spórt ag an deireadh seachtaine
c) Tá m'athair iontach cliste d) Tá a chuid gruaige dubh agus tá a shúile gorm e) Tá mé i mo chónaí i ndeisceart na
hÉireann f) Is iad snámh agus leadóg na spóirt is fearr liom g) Tá mo thuismitheoirí cineálta, foighneach agus fial/flaithiúil
h) Tá mo dheartháir iontach deas

18. Translate into Irish:
a) Tá cúigear i mo theaghlach, mo thuismitheoirí, mo bheirt deirfiúracha agus mé féin
b) Tá mo thuismitheoirí iontach cineálta agus cairdiúil.

c) Tá mo dheirfiúr Caoimhe ard agus measartha ramhar. Tá sí cainteach agus iontach deas.

d) Tá mé measartha beag agus láidir. Deir mo chairde go bhfuil mé measartha greannmhar agus fial/flaithiúil.

e) Tá mo chuid gruaige donn agus tá mo shúile glas. Caithim spéaclaí.

f) Téim amach le mo chairde go minic, léim leabhair agus caithim am ar na meáin shóisialta.

g) Is iad snámh agus rothaíocht na spóirt is fearr liom.

h) Is breá liom sceallóga.

i) Réitím go maith le mo thuismitheoirí, bunús an ama.

19. Find in the text: a) in iarthar   b) tá mé i mo chónaí anseo le deich mbliana   c) múinteoir   d) níos sine ná mé   e) caithim a lán ama   f) i dtaca le mo phearsantacht de   g) téim intí gach lá   h) cairdiúil agus féinmhuiníneach   i) deir mo chairde   j) b'fhéidir   k) réitím go maith le   l) cineálta   m) i mo bharúil   n) is fearr   o) tá mé go maith ag   p) níl mé go maith ag na hábhair eile   q) is mór an trua é   r) ar an dea-uair   s) an bia is fearr liom   t) ithim prátaí

20. Answer the questions: a) his father is a lawyer and his mother is a teacher   b) fairly pretty, tall, thin, weak, friendly, self-confident   c) he gets on well with his parents because they are not too strict. They are very nice.   d) friendly, strong, sporty   e) he thinks he is the best footballer in the world and he is very clever   f) it is boring   g) every night   h) they say he is very smart   i) sausages

21. Translate: a) i gcontae   b) ar an chósta   c) mo dheartháir is sine   d) gruagaire   e) mac léinn   f) tá mé measartha greannmhar   g) i dtaca le mo phearsantacht de   h) ionraic   i) níl siad róchrosta   j) réitím go maith le   k) iontach mífhoighneach   l) ar an lámh eile   m) an t-amhránaí is fearr ar domhan   n) dóighiúil   o) níl mé go maith ag mata   p) déanaim a lán staidéir   q) mar sin de   r) tá siad iontach bródúil asam   s) an bia is fearr liom   t) ithim stéig agus sceallóga   u) blasta

22. Complete the sentences: a) With her parents and her oldest brother   b) A hairdresser   c) Tall and quite big   d) Kind, honest and quite funny   e) Generous   f) Impatient, unfriendly, lazy, greedy   g) The best singer in the world and very pretty   h) French, English, history, art   i) Hard-working and intelligent

23. Match: mar – but   **i** – in   **fosta** – also   **gach** – every   **ar an lámh eile** – on the other hand   **go minic** – often **iontach** – very   **le** – with   **mo** – my   **ach** – but

24. Translate: a) I am well/good   b) I have been living here for two years   c) with regards to my personality d) my friends say   e) I am self-confident   f) I hate English   g) I have good Irish

25. Complete: d'**aois** ; **chónaí** ; **contae** ; **mo** ; **mo** ; **m'athair** ; **mháthair** ; **iad** ; **liom** ; **tá** ; **gruaige** ; **shúile** ; **phearsantacht** ; **measartha** ; **bhfuil** ; **ciúin** ; **maith** ; **dian** ; **hábhair** ; **maith** ; **iasc** ; **fearr ; glasraí**

26. Complete: a) Rugadh   b) bhliain   c) phearsantacht   d) ard, ramhar *(or any adjective)*   e) galf *(any masculine sport)* f) leadóg *(any sport)*   g) liom   h) maith/fearr/breá, bhaile/scoile   i) staidéar

27. Spot and add in the missing word: a) bliana **déag**   b) **in** Ard Mhacha   c) tá **mé**   d) **tá** mé   e) **é** m'athair f) **ag** éisteacht   g) **le** mo chairde   h) **atá** ar mo chara   i) **agus** cístí

28. Translate: a) tá mé cúig bliana déag d'aois   b) tá mé i mo chónaí i gcontae Fhear Manach   c) tá mé measartha ard do m'aois   d) i dtaca le mo phearsantacht de, tá mé cineálta agus cainteach   e) is pluiméir é m'athair   f) is dochtúir í mo mháthair in ospidéal   g) Is í peil ghaelach an caitheamh aimsire is fearr liom   h) téim go dtí an tsólann trí huaire sa tseachtain i) is iad ispíní agus sceallóga an bia is fearr liom   j) níl mé go maith ag mata nó eolaíocht

29. Write a paragraph:
Pádraig: Is mise Pádraig. Tá mé sé bliana déag d'aois. Tá mé i mo chónaí in Ard Mhacha i dTuaisceart na hÉireann. Seán an t-ainm atá ar m'athair agus tá sé dhá bhliain is daichead d'aois. Ciara an t-ainm atá ar mo mháthair agus tá sí dhá bhliain is caoga d'aois. Níl deirfiúr nó deartháir agam. Is múinteoir é m'athair. Is dlíodóir í mo mháthair. Tá mé ard, tanaí, deas agus cliste. Tá mo thuismitheoirí cineálta ach dian. Is maith liom a bheith ag léamh agus is maith liom a bheith ag imirt cluichí ríomhaire. Is iad snámh agus iománaíocht na spóirt is fearr liom. Is breá liom scoil. Is iad Gaeilge, Béarla agus ealaín na hábhair scoile is fearr liom. Is iad milseáin an bia is fearr liom.

Aoife: Aoife an t-ainm atá uirthi. Tá sí cúig bliana déag d'aois. Tá sí ina cónaí i nGaillimh in iarthar na hÉireann. Orla an t-ainm atá ar a máthair agus tá sí ocht mbliana is tríocha d'aois. Rónán an t-ainm atá ar a hathair agus tá sé dhá bhliain is daichead d'aois. Tá deirfiúr amháin aici, tá sí níos óige ná Aoife. Is banaltra é a hathair agus is dochtúir í a máthair. Tá sí beag, tanaí, faiteach agus cineálta. Tá a tuismitheoirí greannmhar, cairdiúil agus faiteach. Tá a deirfiúr leadránach agus cainteach. Is maith léi a bheith ag dul amach le cairde, ag dul go dtí an phictiúrlann agus ag éisteacht le ceol. Is iad reathaíocht agus marcaíocht capaill na spóirt is fearr léi. Is maith léi scoil. Is iad mata agus eolaíocht na hábhair is fearr léi. Is iad cístí an bia is fearr léi.

Unit 2. Describing myself, my family and friends

Tá *Is/Are*	mo chuid gruaige	*my hair*	donn *brown*	agus	catach *curly*
	do chuid gruaige	*your hair*	dubh *black*		díreach *straight*
	a chuid gruaige	*his hair*	fionn *blond*		fada *long*
	a cuid gruaige	*her hair*	rua *red/ginger*		gairid *short*
Níl *Is not/* *Are not*	mo shúile	*my eyes*	cnódhonn *hazel*		
	do shúile	*your eyes*	glas *green*		
	a shúile	*his eyes*	donn *brown*		
	a súile	*her eyes*	gorm *blue*		

I dtaca le mo phearsantacht de, tá mé *With regards to my personality, I am*	**fíor** *really**	**bómánta** *stupid*
		cainteach *talkative*
		cairdiúil *friendly*
Deir daoine go bhfuil mé *People say that I am*	**giota beag** *a bit*	**ceanndána** *stubborn*
		cineálta *kind*
		ciúin *quiet*
Deir daoine go bhfuil sé/sí *People say that he/she is*	**iontach** *very*	**cliste** *clever*
		deas *nice*
		dícheallach *hard-working*
Deir mo chairde go bhfuil mé *My friends say that I am*	**measartha** *quite*	**dílis** *loyal*
		faiteach *shy*
		falsa *lazy*
Deir mo thuismitheoirí go bhfuil mé *My parents say that I am*	**ró** *too**	**féinmhuiníneach** *self-confident*
		fial/flaithiúil *generous*
Uaireanta, thig liom a bheith *Sometimes, I can be*		**greannmhar** *funny* **ionraic** *honest*

Sílim go bhfuil mé/tú *I think that I am/you are …* **Sílim go bhfuil sé/sí** *I think that he/she is*	**foighneach** *patient* **glic** *clever* **leadránach** *boring* **leithleach** *selfish*
Sílim nach bhfuil mé/tú/sé/sí *I think that I am not/you are not/he/she is not*	**míchairdiúil** *unfriendly* **mífhoighneach** *impatient*
Ba mhaith liom a bheith ní ba chairdiúla *I would like to be friendlier*	**Ba mhaith leis/léi a bheith ní ba ghreannmhaire** *He/she would like to be funnier*

Author's note: *Both fíor and ró cause an aspiration (add a h after first letter) on the word that follows if possible e.g. róchairidiúil – too friendly, fíordheas – really nice. If the adjective begins with a vowel, add a hyphen after ró- e.g. ró-ionraic – too honest.*

1. Match

Bómánta	Honest
Dílis	Shy
Greannmhar	Generous
Deas	Friendly
Ionraic	Stubborn
Cineálta	Stupid
Flaithiúil	Talkative
Cainteach	Lazy
Falsa	Loyal
Cairdiúil	Kind
Faiteach	Nice
Ceanndána	Funny

2. Spot and fix the English translations

a. Tá sé tanaí: *I am slim*

b. Níl mé ramhar: *I am fat*

c. Tá mé cainteach: *I am selfish*

d. Níl mé ceanndána: *I am stubborn*

e. Tá mé falsa: *I am good-looking*

f. Tá mé deas: *I am mean*

g. Tá mé cairdiúil: *I am unfriendly*

h. Tá sé láidir: *I am strong*

i. Tá mé dílis: *I am annoying*

j. Tá mé ceanndána: *I am loyal*

k. Tá sí ard: *I am tall*

3. Complete the words

a. Ramh _ _   *Fat*

b. D _ _ _   *Nice*

c. Tan _ _   *Slim*

d. Míchairdi _ _ _   *Unfriendly*

e. Ceann_ á _ a   *Stubborn*

f. Dóighi _ _ _   *Good-looking*

g. Caint _ _ _ _   *Talkative*

h. Do _ _   *Brown*

i. Cnó _ _ _ _ _   *Hazel*

j. Lái _ _ _   *Strong*

k. Greannm _ _ _   *Funny*

4. Anagrams: rewrite the jumbled-up word correctly as shown in the example

a. Tá mé **stclie**: Tá mé cliste

b. Níl mé **tchcniaea**:

c. Tá sí iontach **cniúi**:

d. Níl mé **náacedann**:

e. Tá sé measartha **sldíi**:

f. Tá mé giota beag **chftiaea**:

g. Tá m'athair measartha **hrrama**:

h. Tá mo mháthair iontach **tllúiifhiua**:

i. Tá mo chuid gruaige **gridai**:

j. Tá a cuid gruaige **nfoin**:

5. Translate into English

a. Tá mé

b. Tá tú

c. Tá sé

d. Tá sí

e. Tá muid

f. Tá sibh

g. Tá siad

h. Níl muid

6. Complete the Irish translation

a. You are talkative: _ _   _ _ **cainteach.**

b. She is small: **Tá** _ _ **beag.**

c. We are smart: **Tá** _ _ _ _ **cliste.**

d. They are pretty: **Tá** _ _ _ _ **dóighiúil.**

e. I am not fat: **Níl** _ _ **ramhar.**

f. They are hard-working: **Tá** _ _ _ _ **díograiseach.**

<table>
<tr><td>

USEFUL VOCABULARY

FAMILY

M'aintín: my aunt

M'athair: my father

M'uncail: my uncle

Mo chol ceathrair: my cousin

Mo dheartháir: my brother

Mo dheirfiúr: my sister

Mo mháthair: my mother

Mo sheanathair: my grandfather

Mo sheanmháthair: my grandmother

Mo sheantuismitheoirí: my grandparents

FRIENDS

Mo bhuachaill /mo ghasúr /mo stócach: my boyfriend

Mo chara is fearr: my best friend

Mo chairde: my friends

Mo chairde scoile: my school friends

Mo chailín/mo ghirseach/mo ghrá geal: my girlfriend

Mo chomharsa: my neighbour

</td><td>

7. Complete

a. Tá mo __________ greannmhar: *My grandmother is funny*

b. Tá mo _____________ ard: *My sister is tall*

c. Tá mo _____________ scoile falsa:
My school friends are lazy

d. Tá _________________________ láidir:
My best friend is strong

e. Tá mo ___________ cainteach:
My boyfriend is talkative

f. Tá mo _____________ is sine ceanndána:
My oldest brother is stubborn

g. Tá _________________ iontach dóighiúil:
My best friend is very pretty

h. Tá _________ measartha ramhar: *My uncle is fairly fat*

i. Tá _______ Aoife dóighiúil: *My auntie Aoife is pretty*

</td></tr>
</table>

8. Choose the correct translation as shown in the example

	1	2
a. My father is tall	**Tá m'athair ard**	Tá mo mháthair ard
b. My sister is small	Tá mo dheartháir beag	Tá mo dheirfiúr beag
c. My friends are quiet	Tá mo chairde cineálta	Tá mo chairde ciúin
d. I am stubborn	Tá mé ceanndána	Tá mé measartha ceanndána
e. My auntie is friendly	M'aintín cairdiúil	Tá m'aintín cairdiúil
f. My mother is thin	Tá mo sheanmháthair tanaí	Tá mo mháthair tanaí
g. My boyfriend is nice	Níl mo stócach deas	Tá mo stócach deas
h. My uncle is strict	Tá d'uncail dian	Tá m'uncail dian

a. Tá mo mháthair dian.

b. Tá m'athair greannmhar.

c. Tá mo thuismitheoirí measartha flaithiúil.

d. Tá mo sheantuismitheoirí iontach díograiseach.

e. Tá mo dheirfiúr is óige ramhar.

f. Tá mo dhearthair is sine féinmhuiníneach.

g. Tá m'uncail cineálta.

h. Tá m'aintín ramhar agus cainteach.

i. Tá mo chara is fearr iontach fial.

j. Tá mo chairde scoile giota beag falsa.

10. Complete the table	

Gaeilge	Béarla
a. Ramhar	
b. Ard	
c. Féinmhuiníneach	
d. Ceanndána	
e. Dian	
f. Flaithiúil	
g. Díograiseach	
h. Foighneach	
i. Glic	
j. Láidir	
k. Greannmhar	
l. Ionraic	
m. Meánaosta	

11. Translate into English

a. Tá mo chuid gruaige donn.

b. Tá a cuid gruaige fionn.

c. Tá do shúile cnódhonn.

d. Tá a shúile gorm.

e. Tá tú maol.

f. An bhfuil do shúile glas?

g. Tá sé ard agus dóighiúil.

h. Tá sí beag agus tanaí.

i. Tá sé ard agus ramhar.

j. Tá tú tanaí.

12. Wordsearch: find the Irish translation of the words/phrases below

e	m	u	y	g	r	á	n	n	a	a	u	m	e	v	a	l	t	o	g
d	ó	i	g	h	i	ú	i	l	g	r	e	a	n	n	m	h	a	r	r
é	c	j	r	a	f	u	e	r	t	c	a	i	r	d	i	ú	i	l	a
b	ó	m	á	n	t	a	a	l	r	n	a	a	a	g	t	n	d	a	c
i	u	a	t	e	i	d	e	a	s	n	p	b	k	r	e	d	a	n	i
l	a	g	r	d	w	i	o	n	t	a	c	h	b	e	a	g	e	s	o
m	a	i	l	d	n	a	d	í	c	h	e	a	l	l	a	c	h	a	s
t	r	a	r	d	j	n	d	o	r	a	h	o	l	á	i	d	i	r	a

nice: d _ _ _   strong: l _ _ _ _ _ _   handsome: d _ _ _ _ _ _ _ _   stupid: b _ _ _ _ _ _

weak: l _ _   tall: a _ _   ugly: g _ _ _ _ _   strict: d _ _ _

funny: g _ _ _ _ _ _ _ _ _ _   friendly: c _ _ _ _ _ _ _ _ _   hardworking: d _ _ _ _ _ _ _ _ _ _   very small: i _ _ _ _ _ _   b _ _ _

---

13. Correct the spelling/grammar mistakes in the words highlighted below

a. Tá mo mháthair iontach **dighiúil**.

b. Tá mé **iontaech** ard agus tanaí.

c. Tá m'athair **maseartha** dian.

d. Tá mo dheirfiúr **ain**-ard.

e. **Té** mé iontach cliste.

f. Tá mo chara is fearr **bómána**.

g. Tá mo dheirfiúr **cairdiúl**.

h. Níl mo dheartháir **féinmhuíneach**.

i. Tá mo chairde scoile iontach **ciún**.

14. Correct the spelling/grammar mistakes in the sentences below

a. Tá mo matháir díograiseach.

b. Tá mo athair dian.

c. Níl mo chara is fear cliste.

d. Níl mo thuismitheoirí clite.

e. Tá mo súile gorm.

f. Tá mo chuid ghruaige donn agus gairid.

g. Tá mo cairde ranga iontach cainteach.

h. Tá deartháir amáin agam.

i. Tá mo dheirfiúr measartha airde.

---

15. Gapped sentences – complete with a suitable word

a. Tá mé _________ bhliain déag d'aois.

b. Níl deirfiúr _________.

c. Tá triúr _____________ agam.

d. Tá mé _______ agus tanaí.

e. Deir mo chairde go bhfuil mé _______.

f. Sílim go bhfuil mé measartha _________.

g. Niall an _____________ atá orm.

h. Tá mé i mo _____________ in Iúr Cinn Trá.

i. Tá seisear i mo _________________.

j. Tá mo thuismitheoirí ciúin ach _____________.

k. Gearóid an t-ainm atá ar mo _____________ is sine.

l. I dtaca le mo phearsantacht de, tá mé _________.

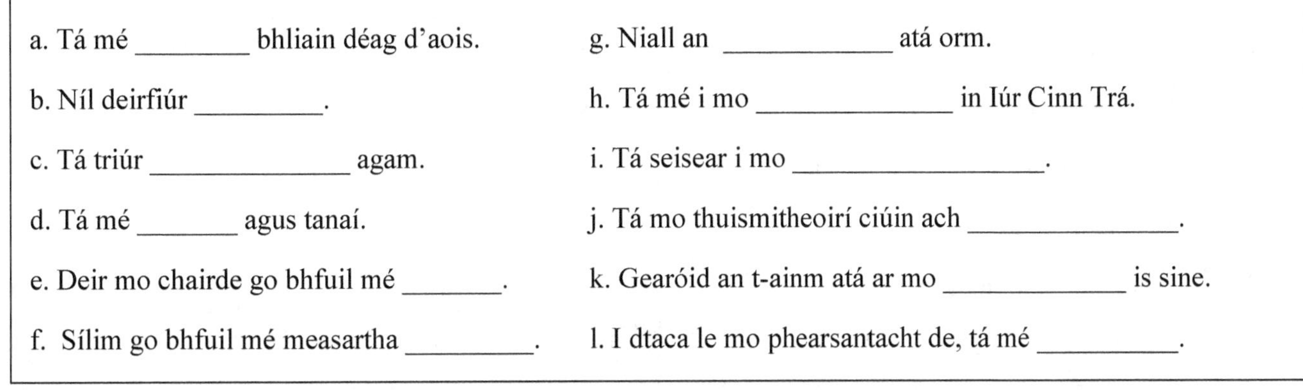

16. Translate into Irish

a. *My mother is very nice*:   T_ m _ m _ _ _ _ _ _ _ i _ _ _ _ _ _ d _ _ _

b. *My father is quite kind*:   T_ m' _ _ _ i _ m _ _ _ _ _ _ _ _ c _ _ _ _ _ _ _

c. *My sister is talkative*:   T_ m _ d _ _ _ _ _ _ _ _ _ c _ _ _ _ _ _ _ _

d. *My parents are very strict*:   T_ m _ t _ _ _ _ _ _ _ _ _ _ _ _ _ _ _ i _ _ _ _ _ _ d _ _ _

e. *My hair is blond*:   T _ m _ c _ _ _ g _ _ _ _ _ f _ _ _

f. *My eyes are green*:   T _ m _ s _ _ _ _ _ g _ _ _

g. *My father is bald*:   T_ m' _ _ _ _ _ _ m _ _ _

h. *My best friend is pretty*:   T_ m _ c _ _ _ _ i _ f _ _ _ _ d _ _ _ _ _ _ _ _

---

17. Match

Mífhoighneach	Self-confident
Féinmhuiníneach	Single
Foighne	Old
Singil	Sporty
Gael	Sense of humour
Féith an ghrinn	Impatient
Sean	Separated
Spórtúil	Selfish
Leithleach	Patience
Pósta	Middle-aged
Scartha	An Irish person
Meánaosta	Married

18. Complete the table

Gaeilge	Béarla
Foighne	
	Old
Féith an ghrinn	
Leithleach	
	An Irish person
	Married
Féinmhuiníneach	
Scartha	

---

19. Spot the missing word in each sentence and add it in

a. mé measartha cliste.

b. Tá thuismitheoirí scartha.

c. Sinéad an atá ar mo dheirfiúr.

d. Eoin an t-ainm ar mo dheartháir.

e. Tá mé ceithre déag d'aois.

f. mo thuismitheoirí measartha dian ach fial.

g. Tá iontach díograiseach.

h. Tá mo dheartháir sine cainteach.

i. Tá féith an ghrinn ag mháthair.

20. Translate into Irish

a. Strong

b. Sense of humour

c. Self-confident

d. Honest

e. Loyal

f. Married

g. Strict

h. Selfish

i. Kind

j. Patient

Domhnall an t-ainm atá orm. Tá mé sé bliana déag d'aois. Tá mé i mo chónaí i mBaile Átha Cliath, príomhchathair na hÉireann. Go fisiceach, tá mé measartha ard agus ramhar ach tá mé láidir. Tá mé iontach spórtúil. Tá mo chuid gruaige donn agus tá mo shúile gorm. Deir daoine go bhfuil mé dóighiúil. I dtaca le mo phearsantacht de, tá mé cainteach, cairdiúil, greannmhar agus measartha falsa. Is annamh a dhéanaim m'obair bhaile, go háirithe m'obair bhaile mata. Deir mo chairde go bhfuil mé giota beag mífhoighneach agus santach. Deir mo mhúinteoirí go bhfuil mé róchainteach agus iontach falsa. Le bheith ionraic, sílim go bhfuil an ceart acu. Is maith liom mo thuismitheoirí. Tá siad fial agus cineálta. Ar an lámh eile, ní maith liom mo dheirfiúr is sine mar tá sí iontach leadránach agus fiosrach. **(Domhnall, 16 bliana)**

22. Gapped translation

My name is Domhnall, I am _____________ years old. I live in _______________, the capital of ____________. Physically, I am quite tall and _________________, but strong. I am very sporty. My hair is __________ and my eyes are blue. _____________ say that I am __________. With regards to my personality, I am talkative, _____________, __________ and quite ___________. I rarely do my _______________, especially my _______ homework. My friends ________ that I am ________ ________ impatient and _____________. My teachers say that I am too _____________ and very ___________. To be honest, I think they are right. I like my parents. They are ________ and __________. _____ ______ ________ ________, I don't like my oldest sister because she is _________ _________ and __________.

(Domhnall, 16 bliana)

21. Find the Irish equivalent in the text

a. Physically

b. Fat but I am strong

c. People say that

d. Good-looking

e. With regards to my personality

f. I am talkative

g. Funny

h. Lazy

i. Rarely

j. Especially

k. Too talkative

l. My teachers say

m. To be honest

n. Generous

o. On the other hand

p. Boring

q. Nosey

23. Translate into English the following words/phrases from Domhnall's text

a. Príomhchathair na hÉireann

b. I dtaca le mo phearsantacht de

c. Deir daoine go bhfuil mé

d. Go háirithe

e. Ach

f. Le bheith ionraic

g. Deir mo chairde

h. Giota beag

i. Róchainteach

j. Ar an lámh eile

k. Sílim go bhfuil an ceart acu

Áine: Deir mo chairde go bhfuil mé féinmhuiníneach, cairdiúil agus foighneach. Deir siad fosta go bhfuil mé gealgháireach agus measartha greannmhar. Sílim go bhfuil mé cineálta.

Pádraig: Deir mo chairde go bhfuil mé flaithiúil agus dícheallach ach giota beag ciúin. Ní aontaím leis sin. Tá mé iontach dóighiúil (cosúil le Zac Efron). Ar an lámh eile, thig liom a bheith róchallánach in amanna agus measartha míchairdiúil.

Seán: Deir mo chairde go bhfuil mé iontach láidir, cliste agus féinmhuiníneach. Sílim go bhfuil an ceart acu. Ní duine ciúin mé. Is breá liom é go bhfuil cairde maithe agam. Éisteann siad liom agus bíonn craic mhaith agam leo i gcónaí. Tá súil agam go mbeidh mé cairdiúil leo go deo na ndeor.

Sorcha: Bíonn mo chairde ag amaidí liom i gcónaí. Deir siad go bhfuil mé leadránach agus nach bhfuil féith an ghrinn agam. Deir siad go bhfuil mé bómánta agus nach smaoiním sula labhraím. Le bheith ionraic, ní shílim gur cairde maithe iad. Ba mhaith liom bualadh le cairde nua. Caithfidh siad bheith deas agus dílis.

Antóin: Deir mo chairde go bhfuil mé iontach greannmhar agus spéisiúil. Deir siad go mbíonn siad i gcónaí ag gáire nuair a bhíonn siad liom. Sílim go bhfuil dúil acu ionam mar tá mé cliste, iontach féinmhuiníneach agus iontach dílis mar chara, cosúil leo féin. Sílim go bhfuil mé iontach dícheallach agus measartha dáiríre faoi m'obair scoile. Ba mhaith liom a bheith ní b'fhoighní.

<table>
<tr><td valign="top" width="50%">

24. Answer the comprehension questions about Áine, Pádraig, Seán, Sorcha and Antóin

a. Whose friends say he is generous?

b. Whose friends have a good laugh with them?

c. Whose friends are nasty and make fun of her?

d. Who is really self-confident?

e. How does Áine describe herself?

f. Whose friends say he is a bit quiet?

g. Who has really good friends?

h. Who would like to be more patient?

i. How do Áine's friends describe her?

j. Is Pádraig humble?

</td><td valign="top" width="50%">

25. Find in the text the Irish equivalent for the following

a. My friends say that

b. Cheerful

c. A sense of humour

d. On the other hand

e. Too noisy

f. I don't agree with that

g. Self-confident

h. I think that they are right

i. They say I am stupid

j. I am very good looking

k. Before speaking

l. Very funny

m. Good friends

n. To be truthful

o. I would like to be

</td></tr>
</table>

26. Complete using the words in the table

a. Deir mo chairde go ____________ mé ciúin agus dícheallach.

b. Tá m'athair __________ fial.

c. Tá mo thuismitheoirí iontach ______________.

d. Ní ____________ le mo dheirfiúr.

e. Deir ______ thuismitheoirí go bhfuil mé ciúin.

f. Labhaoise an __________ atá ar mo chara is fearr.

g. Tá mo chuid gruaige donn agus ______________.

h. Tá mo ______________ gorm.

i. Tá mo stócach an- __________________.

j. Deir mo chairde go bhfuil féith an ______________ agam.

k. ____________ mé féinmhuiníneach nó cainteach.

l. Tá mo ______________ scoile measartha falsa.

shúile	fada
dian	chairde
chainteach	bhfuil
mo	réitím
iontach	ghrinn
Níl	t-ainm

27. Gapped translation

a. *My friends say I am really kind*: Deir mo chairde go __________ mé iontach ____________.

b. *I don't get along well with my parents*: Ní réitím go maith ______________ mo thuismitheoirí.

c. *I think that I am honest*: Sílim ____________ bhfuil mé ____________________.

d. *My best friend is called Seamas*: Seamas an ____________ atá ar mo chara is fearr.

e. *I would like to be smarter*: Ba mhaith liom a bheith ní ba ______________.

f. *I think that my brother is hard-working*: Sílim go bhfuil __________ dheartháir ________________.

28. Write a text for each person, in the FIRST person singular (mé)

Síle	Iarla
Is 16 years old	Is 15 years old
Lives in Belfast, in the north of Ireland	Lives in Cork, in the south of Ireland
Has long, blond and curly hair	Has short, brown and straight hair
Has green eyes	Has brown eyes
Is tall and slim	Is small and strong
Is intelligent, funny and kind	Is stupid, boring and unfriendly
Has two brothers	Has two sisters
Her brothers are very hard-working	His sisters are talkative and lazy
Gets along well with her parents because they are kind, patient and very generous	Doesn't get along well with his parents because they are strict and stupid

ANSWERS – Unit 2

1. Match: bómánta – stupid **dílis** – loyal **greannmhar** – funny **deas** – nice **ionraic** – honest **cineálta** – kind **flaithiúil** – generous **cainteach** – talkative **falsa** – lazy **cairdiúil** – friendly **faiteach** – shy **ceanndána** – stubborn

2. Spot and fix the wrong translations: a) he is   b) I am not   c) talkative   d) I am not   e) lazy   f) nice   g) friendly h) he is   i) loyal   j) stubborn   k) she is

3. Complete the words: a) ramh**ar**   b) d**eas**   c) tana**í**   d) míchairdi**úil**   e) ceanndána   f) dóighi**úil**   g) caint**each**   h) do**nn** i) cnó**dhonn**   j) lái**dir**   k) greannm**har**

4. Anagrams: a) cliste b) cainteach c) ciúin d) ceanndána e) dílis f) faiteach g) ramhar h) flaithiúil i) gairid j) fionn

5. Translate: a) I am   b) you are   c) he is   d) she is   e) we are   f) you (plural) are   g) they are   h) we are not

6. Complete the Irish translation: a) tá tú   b) sí   c) muid   d) siad   e) mé   f) siad

7. Complete: a) sheanmháthair   b) dheirfiúr   c) chairde   d) mo chara is fearr e) stócach/bhuachaill/ghasúr   f) dheartháir g) mo chara is fearr   h) m'uncail   i) m'aintín

8. Choose the correct version: a) **1**   b) 2 c) 2   d) 1   e) 2   f) 2   g) 2   h) 2

9. Translate: a) my mother is strict   b) my father is funny   c) my parents are fairly generous d) my grandparents are very hard-working   e) my youngest sister is fat   f) my oldest brother is self-confident   g) my uncle is kind   h) my aunt is fat and talkative   i) my best friend is very generous   j) my school friends are a little bit lazy

10. Complete the table: a) fat b) tall   c) self-confident   d) stubborn   e) strict   f) generous   g) diligent/hard-working h) patient   i) clever   j) strong   k) funny   l) honest   m) middle-aged

11. Translate: a) My hair is brown   b) Her hair is blond   c) Your eyes are hazel   d) His eyes are blue   e) You are bald f) Are your eyes green? g) He is tall and good-looking   h) She is small and thin   i) He is tall and fat   j) You are thin

12. Wordsearch: find the Irish translation of the words/phrases below

				g	r	á	n	n	a										
d	ó	i	g	h	i	ú	i	l	g	r	e	a	n	n	m	h	a	r	
										c	a	i	r	d	i	ú	i	l	
b	ó	m	á	n	t	a													
						d	e	a	s										
l	a	g				i	o	n	t	a	c	h	b	e	a	g			
						a	d	í	c	h	e	a	l	l	a	c	h		
		a	r	d		n							l	á	i	d	i	r	

deas ; láidir ; dóighiúil ; bómánta ; lag ; ard ; gránna ; dian ; greannmhar ; cairdiúil ; dícheallach ; iontach beag

13. Correct the spelling/grammar mistakes: a) dóighiúil   b) iontach   c) measartha   d) an-ard   e) tá   f) bómánta g) cairdiúil   h) féinmhuiníneach   i) ciúin

14. Correct the spelling/grammar mistakes: a) mháthair   b) **m'**athair   c) fea**rr**   d) cliste   e) sh**úile**   f) gruaige g) chairde   h) amháin   i) ard

15. Gapped sentences: a) aon/dhá   b) agam   c) deirfiúracha/deartháireacha   d) ard (or any suitable adjective)   e) cainteach (or any suitable adjective)   f) cliste (or any suitable adjective)   g) t-ainm   h) chónaí   i) theaghlach/chlann   j) dian (or any suitable adjective)   k) dheartháir   l) cairdiúil (or any suitable adjective)

16. Translate: a) Tá mo mháthair iontach deas   b) Tá m'athair measartha cineálta   c) Tá mo dheirfiúr cainteach
d) Tá mo thuismitheoirí iontach dian   e) Tá mo chuid gruaige fionn   f) Tá mo shúile glas   g) Tá m'athair maol
h) Tá mo chara is fearr dóighiúil

17. Match: mífhoighneach – impatient   **féinmhuiníneach** – self-confident   **foigne** – patience   **singil** – single   **Gael** – an Irish person   **féith an ghrinn** – sense of humour   **sean** – old   **spórtúil** – sporty   **leithleach** – selfish   **pósta** – married
scartha – separated   **meánaosta**– middle-aged

18. Complete the table: foighne – **patience** ; sean - old ; féith an ghrinn – **sense of humour** ; leithleach - **selfish** ;
Gael - an Irish person ; **pósta** - married ; féinmhuiníneach - **self-confident** ; scartha - **separated**

19. Spot the missing word: a) **tá** mé   b) tá **mo** c) an **t-ainm**   d) **atá** ar   e) **bliana** déag   f) **tá** mo   g) tá **mé**
h) **is** sine   i) **mo** mháthair

20. Translate: a) láidir   b) féith an ghrinn   c) féinmhuiníneach   d) ionraic e) dílis   f) pósta   g) dian   h) leithleach
i) cineálta   j) foighneach

21. Find the Irish: a) go fisiceach   b) ramhar ach tá mé láidir   c) deir daoine (go bhfuil) d) dóighiúil
e) I dtaca le mo phearsantacht de   f) tá mé cainteach   g) greannmhar   h) falsa i) is annamh   j) go háirithe   k) róchainteach
l) deir mo mhúinteoirí   m) le bheith ionraic n) fial   o) ar an lámh eile   p) leadránach q) fiosrach

22. Gapped translation: sixteen ; Dublin ; Ireland ; fat ; brown ; people ; good-looking ; friendly ; funny ; lazy ; homework ;
maths ; say ; a bit ; greedy ; talkative ; lazy ; generous ; kind ; On the other hand ; very boring ; nosey

23. Translate: a) capital city of Ireland   b) with regards to my personality   c) people say that I am   d) especially   e) but
f) to be honest   g) my friends say   h) a little bit   i) too talkative   j) on the other hand   k) i think that they are right

24. Answer the comprehension questions: a) Pádraig   b)Antóin   c) Sorcha   d) Antóin e) kind   f) Pádraig   g) Seán
h) Antóin   i) self-confident, friendly, patient, j) this is an existential question, but no, almost definitely not, given the Zac
Efron reference

25. Find in the text the Irish equivalent for the following:
a) deir mo chairde (go bhfuil)   b) gealgháireach   c) féith an ghrinn   d) ar an lámh eile   e) róchallánach
f) ní aontaím leis sin   g) féinmhuiníneach   h) sílim go bhfuil an ceart acu   i) deir siad go bhfuil mé bómánta   j) tá mé iontach
dóighiúil k) sula labhraím   l) iontach greannmhar m) cairde maithe   n) le bheith ionraic   o) ba mhaith liom a bheith

26. Complete: a) bhfuil   b) iontach   c) dian   d) réitím   e) mo   f) t-ainm   g) fada   h) shúile i) chainteach   j) ghrinn
k) níl   l) chairde

27. Gapped translation: a) bhfuil/cineálta   b) le   c) go/ionraic   d) t-ainm   e) chliste   f) mo/dícheallach

28. Write a text for each person, in the first person singular (mé)

Síle: Síle an t-ainm atá orm. Tá mé sé bliana déag d'aois. Tá mé i mo chónaí i mBéal Feirste i dTuaisceart na hÉireann. Tá
mo chuid gruaige fionn, fada agus catach. Tá mo shúile glas. Tá mé ard agus tanaí. Tá mé cliste, greannmhar agus cineálta.
Tá beirt deartháireacha agam, tá siad/mo dheartháireacha iontach dícheallach. Réitím go maith le mo thuismitheoirí mar tá
siad cineálta, foighneach agus iontach fial/flaithiúil.

Iarla: Iarla an t-ainm atá orm. Tá mé cúig bliana déag d'aois. Tá mé i mo chónaí i gCorcaigh i nDeisceart na hÉireann. Tá
mo chuid gruaige donn, gairid agus díreach. Tá mo shúile donn. Tá mé beag agus láidir. Tá mé bómánta, leadránach agus
míchairdiúil. Tá beirt deirfiúracha agam. Tá siad/mo dheirfiúracha cainteach agus falsa. Ní réitím go maith le mo
thuismitheoirí mar tá siad dian agus bómánta.

Unit 3. Talking about my hobbies and interests

Is breá liom *I love*	**clárscátáil** *skateboarding* **dornalaíocht** *boxing* **snámh** *swimming*	**damhsa/rince** *dancing* **iascaireacht** *fishing* **spórt** *sport*	**a dhéanamh** *to do*
Is fearr liom *I prefer*	**camógaíocht** *camogie* **ficheall** *chess* **leadóg** *tennis*	**cispheil** *basketball* **iománaíocht** *hurling* **peil ghaelach** *Gaelic football*	**a imirt** *to play*
Is maith liom *I like*	**an bosca ceoil** *the accordion* **na drumaí** *the drums* **an giotár** *the guitar*	**an chláirnéid** the *clarinet* **an fheadóg mhór** *the flute* **an pianó** *the piano*	**a sheinm** *to play (a musical instrument)*
Is fuath liom *I hate* **Ní maith liom** *I don't like* **Ní miste liom** *I don't mind*	**a bheith ag caint/labhairt le mo chairde** *chatting with friends* **a bheith ag éisteacht le ceol** *listening to music* **a bheith ag léamh leabhair** *reading a book* **a bheith ag siopadóireacht** *shopping* **a bheith ag súgradh le mo mhadadh** *playing with my dog*	**a bheith ag amharc ar chartúin** *watching cartoons* **a bheith ag amharc ar Netflix** *watching Netflix* **a bheith ag dul amach le cairde** *going out with friends* **a bheith ag imirt spórt** *playing sports* **a bheith ag scimeáil ar líne** *going on the Internet*	

Déanaim seo *I do this*	**ag an phictiúrlann** *at the cinema* **i dteach mo charad** *at my friend's house* **i lár na cathrach** *in the city centre* **sa bhaile** *at home* **san ionad siopadóireachta** *at the shopping cente*	**ar an trá** *on the beach* **sa linn snámha** *in the swimming pool* **sa pháirc** *in the park* **ar scoil** *at school* **sa tsólann** *in the gym*

Déanaim seo *I do this*	**beagnach gach lá** *nearly every day* **Dé Luain agus Dé Céadaoin** *on Mondays and Wednesdays* **gach Domhnach** *every Sunday* **go hannamh** *rarely* **go minic** *often* **ó am go ham** *from time to time* **uair sa mhí** *once a month*

Tá sé *It is*	**corraitheach** *exciting* **leadránach** *boring* **suimiúil** *interesting*	**greannmhar** *funny* **sláintiúil** *healthy* **sultmhar** *enjoyable*	**ach tá sé giota beag…fosta** *but it is also a bit…*	**contúirteach** *dangerous* **costasach** *expensive* **tuirsiúil** *tiring*
Caithim a lán ama *I spend a lot of time*		**ag canadh** *singing* **ag damhsa** *dancing* **ag dreapadóireacht** *rock climbing* **ag léamh** *reading* **ar na meáin shóisialta** *on social media*		**amuigh le mo chairde** *out with my friends* **ag cleachtadh** *practising* **ag rith** *running* **ag seinm ceoil** *playing music* **ag snámh** *swimming*

1. Match

Tuirsiúil	Boxing
Ag rith	Online
Corraitheach	Online games
Dul amach le cairde	To chat with friends
Leabhar a léamh	Exciting
Dornalaíocht	Boring
Labhair le cairde	To read a magazine
Ar líne	Reading
Costasach	Expensive
Dul amach ag siúl	Tiring
Ag léamh	Go out with friends
Leadránach	Social media
Cluichí ar líne	To read a book
Iris a léamh	Cycling
Ag rothaíocht	Go out for a walk
Meáin shóisialta	Running

2. Complete with the missing verb - 1st person

a. _____________ dornalaíocht

b. _____________ leadóg

c. _____________ leabhar

d. _____________ ar scannán

e. _____________ cluichí ar líne

f. _____________ go lár na cathrach

g. _____________ camógaíocht

h. _____________ ar an teilifís

i. _____________ spórt

j. _____________ le ceol

3. Translate into English

a. Déanaim dreapadóireacht	
b. Téim go teach mo charad	
c. Caithim am ar líne	
d. Is breá liom na meáin shóisialta	
e. Tá sé corraitheach ach tuirsiúil	
f. Is fearr liom cluichí ar líne	
g. Imrím peil ghaelach	
h. Labhraím le mo chairde	

4. Multiple choice quiz

	a	b	c
Ithim	I watch	I have a laugh	I eat
Éistim le	I write	I listen to	I read
Ligim mo scíth	I buy	I sleep	I relax
Imrím	I chat	I play	I go out
Caithim am	I go clubbing	I chat	I spend time
Téim amach ag rith	I go out running	I go hiking	I go out
Rithim	I sleep	I swim	I run
Téim ag siúl	I go walking	I shop	I relax
Feicim	I see	I have a laugh	I cry
Tugaim cuairt ar	I eat	I visit	I go out
Téim	I go	I rest	I sleep

5. Slalom translation

a. I like to play football but it is fairly tiring
b. I play tennis at the sports centre near the school
c. I prefer to read a book because it is enjoyable

d. I dance with my friends in the sports hall
e. I love going out every Saturday

Is maith liom	leabhar	le	ionad spóirt	mar	tá sé	scoil
Is breá liom	**peil**	ag an	dul	**tá sé**	gach	**tuirsiúil**
Is fearr liom	damhsa	**a imirt**	**ach**	amach	an	spóirt
Déanaim	leadóg	a	mo chairde	in aice leis	halla	taitneamhach
Imrím	a bheith	ag	léamh	sa	**measartha**	Satharn

6. Complete the words

a. Iom _ _ _ _ _ _ _ _   *Hurling*

b. C _ _ _ _ _ _ _ _ _ _ _   *Exciting*

c. A _ g _ _ _ _ _   *The guitar*

d. L _ _ _ _   *Reading*

e. G _ h _ _ _ _ _ _   *Rarely*

f. L _ _ _ _ _   *Tennis*

g. M _ c _ _ _ _   *My friend*

h. C _ _ _ _ _ _   *Basketball*

i. A _ a _ t _ _   *On the beach*

7. Guess the phrase

a. I_ m_______ l_________ c_______________

b. T____ ag s _____ sa l_____ s_______

c. I_ b____ l_____ a b_____ ag l_______

d. I_ f____ l_____ l_____ a i______

e. C______ a l__ a_____ ar l_____

f. N_ m_____ l_____ a b_____ a_ l_______

g. I______ i_______ l___ m___ c___________

h. D_______ i___________ l__ m'_____

8. Definition game

a. Is spórt é: P_______ g_________

b. Is uirlis ceoil é   An g_____________

c. Is aidiacht é: L _______________

d. Is briathar é: D _______________

e. Is aidiacht é: C _______________

f. Is spórt í: L _______________

g. Is meán sóisialta é: F _______________

h. Is spórt í: I _______________

i. Is caitheamh aimsire é: I _______________

9. Spot and correct the spelling errors

a. Camógaocht

b. Eitphel

c. An fheadig mhór

d. Iascairacht

e. Boca ceoil

f. An gioter

g. Rothaíoch

h. Peil ghalach

i. Damhs

10. Match

Ar maidin	A novel
Dreapadóireacht	To spend money
Am	Cycling
Uair sa tseachtain	Rock climbing
Gach Luan	Every monday
De ghnáth	Hobby
Airgead a chaitheamh	Films
Scannáin	Once a week
Úrscéal	Time
Rothaíocht	Usually
Caitheamh aimsire	In the morning

11. Anagrams

a. Is maith liom **plsicieh**

b. Tá sé **úilsmuii**

c. Téim ag **tihr**

d. Déanaim é ar an **rát**

e. **mríIm** le mo chairde

f. Ní dhéanaim **sciaatcheiar**

g. Amharcaim ar **nnnácsia**

12. Complete with the missing words

a. De ghnáth, ___________ peil ar maidin ach gach Luan, téim _________ rothaíocht.

b. Níl caitheamh aimsire agam. _____________ mo scíth gach lá.

c. _____________ a lán ama ar _____ idirlíon.

d. I m'am saor, _____________ a lán leabhair.

e. Is maith _____________ a bheith ag éisteacht le _____________.

f. Is _______ liom eitpheil ná _____________.

g. Sa tráthnóna, is maith liom an _____________ a sheinm le mo chairde sa _____________.

h. Gach Domhnach, amharcaim ar _____________ sa phictiúrlann i lár na _____________.

i. Uair sa _____________, tugaim _____________ ar mo sheantuismitheoirí.

j. Gach maidin, _____________ ag siúl sa pháirc. Tá sé iontach _____________.

sláintiúil	ceol	an	líonpheil	cuairt	scannán
fearr	léim	imrím	teach	téim	ag
caithim	giotár	cathrach	Ligim	liom	mhí

13. Spot and add in the missing word

a. Ní miste rugbaí

b. Imrím cispheil ó am ham

c. Is fearr liom a bheith ag éisteacht ceol

d. Téim líne gach lá

e. Is breá liom cluichí ríomhaire a ar líne

f. Ní imrím leadóg sa pháirc mo chairde

g. Is maith liom an pianó sheinm

14. Rewrite the sentences in the correct order

a. snámh liom maith Is

b. caint mo Ní le bheith maith a liom ag chairde

c. go seo minic Déanaim

d. a ama cairde le Caithim lán

e. sé greannmhar Tá

f. miste na drumaí sheinm a liom a Ní

g. siopadóireacht fuath Is bheith liom a ag

Tá roinnt scrúduithe agam i gceann cúpla mí agus mar sin de, níl a lán ama saor agam faoi láthair. Tá níos lú ná dhá uair saor agam gach lá. De ghnáth, nuair nach mbím ag stáidéar, is breá liom cluichí a imirt ar líne le mo chairde. Chomh maith leis sin, éistim le ceol traidisiúnta uaireanta agus is breá liom am a chaitheamh le mo ghrá geal Niamh. Is maith liom a bheith ag dul amach le Niamh mar tá sí iontach deas agus greannmhar. Is duine maith í. Bíonn craic mhaith ann léi i gcónaí. Is maith linn a bheith ag caint le chéile. Go minic, téimid go dtí an pháirc in aice le mo theach nó téimid ag siúl i lár na cathrach. Is breá le Niamh an giotár agus an pianó a sheinm. Téim go dtí an t-ionad sláinte trí huaire sa tseachtain le mo dheartháir is sine. Tá mo dheartháir Deaglán i bhfad níos láidre ná mé. Tá sé chomh láidir le tarbh. Is breá liom iománaíocht a imirt. Tá sí iontach sultmhar ach tuirsiúil. Ligim mo scíth sa teach gach oíche. Ag an bhomaite, ní léim mórán ach is maith liom úrscéalta. Tá spéis agam i scéalta uafáis. **(Odhrán, 18 mbliana)**

<table>
<tr><td valign="top" width="50%">

15. Find in the text the Irish equivalent for:

a. In a few months

b. I don't have a lot of free time

c. Two hours

d. To play online games

e. I like to go out with Niamh

f. Nice and funny

g. We like to talk

h. We go

i. Niamh enjoys playing the guitar and the piano

j. Three times a week

k. Enjoyable but tiring

l. I relax

m. At the moment

</td><td valign="top" width="50%">

16. Questions on Odhrán's text

a. Why doesn't Odhrán have a lot of free time at the moment?

b. What three things does he do when he doesn't have to study?

c. Who is Niamh?

d. What does he do with her?

e. What does she enjoy doing?

f. Where is the park situated?

g. What does he say about his brother Deaglán?

h. What does he do in the house every night?

i. Why type of stories does he like?

</td></tr>
</table>

17. Gapped translation

I have some exams in a few ______________, therefore, I don't have a lot of _______ _______ currently. I have less than two hours free ___ _________. Usually, when I am not ______________, I love to play ___________ online with my friends. As well as that, I listen to traditional music ________ and ____ ______ ____ _______ _________with my girlfriend, Niamh. I like going out with Niamh because she is ________ ________ and ______________. She's a good person. She is ___________ good craic. We like to _______ to each other. Often, we go to the park _______ _____ _________ or we go for a walk in the city centre. Niamh loves _____________ the ____________ and ____ _________. _________ ___ ____ the sports centre three times a week with my oldest brother. My brother Deaglán is much ____________ than me. He's as strong as a ________. I love playing __________. It is very ___________ but ____________. I relax in the _________ every ________. At the moment, I don't ____________ much, but I like ___________.
I have an interest in ___________ stories. **(Odhrán, 18 mbliana)**

Níl mórán ama agam na laethanta seo, ní bhíonn ach uair nó dhó agam gach lá do mo chaitheamh aimsire. Nuair nach mbím ag stáidéar, bím ag caint le mo chairde ar líne, éistim le popcheol nó téim amach le mo stócach, Aodhán. Is maith liom Aodhán mar tá sé iontach cainteach agus greannmhar. Bíonn meas aige orm i gcónaí. Réitímid go maith lena chéile agus labhraímid faoi gach rud. De ghnáth, téimid go dtí an loch in aice le mo theach nó téimid ag siúl cois abhann. Is maith liom grianghraif agus caithim a lán ama le mo cheamara digiteach. Uaslódálaim na grianghraif do mo chuntas Instagram go minic. Téim go dtí an linn snámha trí huaire sa tseachtain le mo chara is fearr, Ciara. Is breá liom a bheith ag snámh. Tá sé sultmhar, sláintiúil ach deacair. Bíonn ocras orm i gcónaí nuair a thagaim abhaile ón linn snámha. Ar maidin, ní bhíonn mórán ama breise agam agus ní dhéanaim aclaíocht ar bith. Ligim mo scíth ar maidin. Nuair a bhím críochnaithe leis na scrúduithe, caithfidh mé níos mó ama ag seinm an phianó gach lá. Is maith liom popcheol ach is fearr liom ceol clasaiceach a sheinm. **(Labhaoise, 17 mbliana)**

<table>
<tr><td>

18. Translate into Irish

a. A lot of time

b. These days

c. My hobbies

d. Online

e. Talkative and funny

f. We get along really well

g. Along the river

h. Three times a week

i. With my best friend

j. Hard

k. I am always hungry

l. I relax

</td><td>

19. Translate into English

a. Gach lá

b. Bím ag caint

c. Bíonn meas aige orm

d. I gcónaí

e. De ghnáth

f. In aice le mo theach

g. Trí huaire sa tseachtain

h. Mo chara is fearr

i. Críochnaithe leis na scrúduithe

j. Ligim mo scíth

k. Ar maidin

</td></tr>
<tr><td>

Ní dhéanaim mórán nuair a bhíonn am saor agam mar caithfidh mé stáidéar a dhéanamh do mo scrúduithe. Bíonn uair nó dhó agam gach lá do mo chaitheamh aimsire. Ar dtús, déanaim a lán spórt. Téim go dtí an tsólann nó go dtí an linn snámha dhá nó trí huaire sa tseachtain. Is breá liom a bheith ag snámh mar tá sé sláintiúil agus go maith don chorp. Téim ag rith gach maidin le mo dhearthair is sine. Téim ag rith sa pháirc in aice le mo theach. Chomh maith leis sin, is maith liom a bheith ag súgradh le mo mhadadh, Spota, i mo ghairdín. Tá Spota iontach beomhar agus is maith leis a bheith ag rith. Tá stócach agam, Peadar an t-ainm atá air. Ní fheicim é go minic ag an bhomaite ach nuair a bheidh na scrúduithe críochnaithe agam, buailfidh mé leis beagnach gach lá. **(Máire, 18 mbliana)**

</td><td>

20. All the statements about Máire below are wrong. Can you correct them?

a. In her free time, she does a lot of things.

b. She only has one hour or two a week for her hobbies.

c. She likes swimming because she wants to become stronger.

d. She cycles every morning with her brother.

e. The park is far from her house.

f. She plays with her dog in the park.

g. Spota is very serious and never wants to run.

h. She sees Peadar a lot.

i. After the exams, she will see Peadar on Saturdays.

</td></tr>
</table>

21. Complete the sentences	**22. Complete the words**

<table>
<tr><td>

21. Complete the sentences

a. Am ________ : *Free time*

b. Téim amach ag ____________ : *I go out cycling*

c. ________ go dtí an tsólann: *I go to the gym*

d. Téim ________ le mo stócach: *I go out with my boyfriend*

e. Ní __________ mórán: *I don't do much*

f. _________ peil sa pháirc: *I play football in the park*

g. Téim ann trí ________ sa tseachtain: *I go there 3 times a week*

h. __________ dhá uair ar líne: *I spend 2 hours online*

i. In aice le mo ________ : *Beside my house*

</td><td>

22. Complete the words

a. Le mo chair _ _

b. I mo th _ _ _ _

c. Is fearr liom na dru _ _ _ a sheinm

d. Le mo chara is fe _ _ _

e. Do m _ bhreithlá

f. Go hann _ _ _

g. I lár na cat _ _ _ _ _

h. Le mo mhad _ _ _

i. De ghn _ _ _

j. Giota b _ _ _

k. Le bheith i _ _ _ _ _ _

l. Is breá liom peil gha _ _ _ _ _

m. De r _ _ _ mo chairde

n. Ní maith liom lea _ _ _ _ _

o. Ag siop _ _ _ _ _ _ _ _

p. Beag _ _ _ _ gach lá

q. Tá sé con _ _ _ _ _ _ _ _ _

</td></tr>
</table>

23. Translate into Irish

a. In my free time, I don't do much

b. First of all, I like to watch cartoons in the house

c. I spend a lot of time with my boyfriend

d. I like swimming and I like going to the gym

e. Nearly every day, I go running

f. At the minute, I don't read often

g. I would like to play camogie in the future

h. I play the piano, the drums and the guitar

24. Write a paragraph in the FIRST person (mé) for Deirdre and Orlaith and one in the THIRD person (sí) for Nóinín, using the prompts given in the grid

Deirdre	Orlaith	Nóinín
▪ Runs every morning with her mother	▪ Cycles every morning with her sister	▪ Goes running every morning at six o'clock
▪ Goes to the swimming pool twice a week	▪ Goes to the pool at her gym twice a week	▪ Goes to the sports centre twice a week to swim
▪ Goes to the gym every day	▪ Goes to the park near her home every day	▪ Goes to the cinema every Saturday
▪ Spends three hours a day on the Internet	▪ Spends a lot of time on the Internet	▪ Prefers to play the piano
▪ Plays online games very often	▪ Chats with her friends online very often	▪ Uses Facebook very often
▪ Loves to dance	▪ Thinks Facebook is boring	▪ Thinks rock music is cool
▪ Hates watching television	▪ Hates going out	▪ Hates reading books

Key questions

Cad é an caitheamh aimsire is fearr leat?	*What is your favourite hobby?*
Cad é a dhéanann tú ag an deireadh seachtaine?	*What do you do at the weekend?*
Cad é mar a chaitheann tú d'am saor?	*How do you spend your free-time?*
An maith leat an teilifís?	*Do you like television?*
Cén clár teilifíse is fearr leat?	*What is your favourite television programme?*
Cén spórt is fearr leat? Cad chuige?	*Which sports do you like? Why?*
An imríonn tú spórt ar bith?	*Do you play any sport?*
Inis dom faoin spórt is fearr leat.	*Tell me about your favourite sport.*
An bhfuil dúil agat sa spórt?	*Do you have an interest in sport?*
An dtéann tú amach le do chairde go minic?	*Do you go out with your friends often?*
Cad é a dhéanann tú le do chairde?	*What do you do with your friends?*
An dtéann tú chuig an phictiúrlann?	*Do you go to the cinema?*
Inis dom faoin scannán is fearr dá bhfaca tú riamh	*Tell me about the best film you have ever seen*
An gcaitheann tú mórán ama ar an idirlíon?	*Do you spend much time on the Internet?*
An imríonn tú cluichí ar líne?	*Do you play games online?*
An dtéann tú ar shuíomhanna mheáin shóisialta?	*Do you use social media sites?*
An labhraíonn tú le do chairde ar líne?	*Do you talk to your friends online?*
An maith leat a bheith ag léamh?	*Do you like reading?*
Cén leabhar is fearr leat? Cad chuige?	*What is your favourite book? Why?*
An maith leat ceol?	*Do you like music?*
Cé hé/hí an ceoltóir is fearr leat?	*Who is your favourite musician?*
Cén grúpa ceoil is fearr leat?	*What is your favourite band?*
An seinneann tú uirlis ceoil ar bith?	*Do you play any musical instrument?*

ANSWERS – Unit 3

1. Match: tuirsiúil – tiring **ag rith** – running **corraitheach** – exciting **dul amach le cairde** – go out with friends
leabhar a léamh– to read a book **dornalaíocht** – boxing **labhair le cairde** – chat with friends **ar líne** –online
costasach – expensive **dul amach ag siúl** – go out for a walk **ag léamh** – reading **leadránach** – boring
cluichí ar líne – online games **iris a léamh** – to read a magazine **ag rothaíocht** – cycling **meáin shóisialta** – social media

2. Complete: a) déanaim b) imrím c) léim d) amharcaim e) imrím f) téim g) imrím h) amharcaim i) imrím j) éistim

3. Translate: a) I rock climb b) I go to my friend's house c) I spend time online d) I love social media
e) it's exciting but tiring f) I prefer online games g) I play Gaelic football h) I chat with my friends

4. Multiple choice quiz: Ithim (c) Éistim le (b) Ligim mo scíth (c) Imrím (b) Caithim am (c) Téim amach ag rith (a)
Rithim (c) Téim ag siúl (a) Feicim (a) Tugaim cuairt ar (b) Téim (a)

5. Slalom translation: a) Is maith liom peil a imirt ach tá sé measartha tuirsiúil
b) Imrím leadóg ag an ionad spóirt in aice leis an scoil c) Is fearr liom leabhar a léamh mar tá sé taitneamhach
d) Déanaim damhsa le mo chairde sa halla spóirt e) Is breá liom a bheith ag dul amach gach Satharn

6. Complete the words: a) iom**á**na**í**ocht b) **c**orraitheach c) an **g**iotár d) **l**éamh e) go h**a**nnamh f) **l**eadóg
g) m**o** **c**hara h) **c**ispheil i) a**r** a**n** t**r**á

7. Guess the phrase: a) is maith liom cispheil/clárscátáil (any appropriate hobby) b) téim ag snámh sa linn snámha c) is
breá liom a bheith ag léamh d) is fearr liom leadóg a imirt e) caithim a lán ama ar líne f) ní maith liom a bheith ag léamh
g) Imrím iománaíocht le mo chairde h) déanaim iascaireacht le m'athair

8. Definition game: a) peil ghaelach b) an giotár c) leadránach d) déanaim e) corraitheach f) leadóg g) Facebook
h) iománaíocht i) iascaireacht   (Accept any correct alternatives)

9. Spot and correct the spelling errors: a) camóga**í**ocht b) eitpheil c) an fheadóg mhór d) iascaireacht e) bosca ceoil
f) an giot**á**r g) rothaíoch**t** h) peil ghaelach i) damhs**a**

10. Match: ar maidin – in the morning **dreapadóireacht** – rock climbing **am** – time **uair sa tseachtain**– once a week
gach Luan – every Monday **de ghnáth** – usually **airgead a chaitheamh**– to spend money **scannáin** – films
úrscéal – a novel **rothaíocht**–cycling **caitheamh aimsire** – hobby

11. Anagrams: a) cispheil b) suimiúil c) rith d) trá e) imrím f) iascaireacht g) scannáin

12. Complete: a) imrím/ag b) ligim c) caithim/an d) léim e) liom/ceol f) fearr/líonpeil g) giotár/teach
h) scannán/cathrach i) mhí/cuairt j) téim/sláintiúil

13. Spot and add in the missing word: a) **liom** rugbaí b) **go** ham c) **le** ceol d) **ar** líne e) a **imirt**
f) **le** mo g) **a** sheinm

14. Rewrite the sentences: a) is maith liom snámh b) ní maith liom a bheith ag caint le mo chairde c) déanaim seo go
minic d) caithim a lán ama le cairde e) tá sé greannmhar f) ní miste liom na drumaí a sheinm g) is fuath liom a bheith ag
siopadóireacht

15. Find in the text: a) i gceann cúpla mí b) níl a lán ama saor agam c) dhá uair d) cluichí a imirt ar líne e) is maith liom
a bheith ag dul amach le Niamh f) deas agus greannmhar g) is maith linn a bheith ag caint h) téimid i) is breá le Niamh an
giotár agus an pianó a sheinm j) trí huaire sa tseachtain k) sultmhar ach tuirsiúil l) ligim mo scíth m) ag an bhomaite

16. Questions:
a) because he has exams b) he plays online games, listens to music and spends time with his girlfriend
c) his girlfriend d) they talk, go to the park or go for a walk in the city centre e) she likes to play the guitar and the piano
f) beside his house g) he is much stronger than him h) he relaxes i) horror stories

17. Gapped translation: months ; free time ; a day ; studying ; games ; sometimes ; I love to spend time ; very nice ; funny ; always ; talk/chat ; beside my house ; playing ; guitar ; the piano ; I go to; stronger ; bull ; hurling ; enjoyable ; tiring ; house ; night ; read ; novels ; horror ;

18. Translate: a) mórán ama   b) na laethanta seo   c) mo chaitheamh aimsire   d) ar líne   e) cainteach agus greannmhar
f) réitímid go maith lena chéile   g) cois abhann   h) trí huaire sa tseachtain   i) le mo chara is fearr
j) deacair   k) bíonn ocras orm i gcónaí   l) ligim mo scíth

19. Translate: a) every day   b) I talk   c) he has respect for me   d) always   e) usually   f) beside my house
g) three hours/times a week   h) my best friend   i) finished with the exams   j) I relax   k) in the morning

20. All the statements about Máire below are wrong: a) in her free time she doesn't do much
b) she only has one hour or two a day for her hobbies   c) she likes swimming because it is healthy and it's good for the body
d) she runs every morning with her brother   e) the park is beside her house   f) she plays with her dog in her garden   g)
Spota is very lively and likes running   h) she doesn't see Peadar often   i) when she has more time after the exams, she plans
to see Peadar nearly every day

21. Complete: a) saor   b) rothaíocht   c) téim   d) amach   e) dhéanaim   f) imrím   g) huaire   h) caithim   i) theach

22. Complete: a) chairde   b) theach   c) drumaí   d) fearr   e) mo   f) hannamh   g) cathrach   h) mhadadh   i) ghnáth
j) beag   k) ionraic   l) ghaelach   m) réir   n) leabhair   o) siopadóireacht   p) beagnach   q) contúirteach

23. Translate into Irish: a) I m'am saor, ní dhéanaim mórán   b) Ar dtús, is maith liom a bheith ag amharc ar chartúin sa
teach   c) caithim a lán ama le mo stócach   d) Is maith liom snámh agus is maith liom a bheith ag dul go dtí an tsólann
e) beagnach gach lá, téim ag rith/rithim f) ag an bhomaite, ní léim go minic g) ba mhaith liom camógaíocht a imirt sa
todhchaí/amach anseo   h) seinnim ar an phianó, ar na drumaí agus ar an ghiotár

**Write a paragraph in the FIRST person (I) for Deirdre and Orlaith and one in the THIRD person (she) for Nóinín
using the prompts given in the grid**

Deirdre: Téim ag rith/rithim gach maidin le mo mháthair. Téim go dtí an linn snámha dhá uair sa tseachtain. Téim go dtí an tsólann gach lá. Caithim trí huaire ar an idirlíon gach lá. Imrím cluichí ar líne go minic. Is breá liom damhsa. Is fuath liom a bheith ag amharc ar an teilifís.

Orlaith: Téim ag rothaíocht gach maidin le mo dheirfiúr. Téim go dtí an linn snámha ag an tsólann dhá uair sa tseachtain. Téim go dtí an pháirc in aice le mo theach gach lá. Caithim a lán ama ar an idirlíon. Labhraím le mo chairde go minic ar líne. Tá Facebook leadránach. Is fuath liom a bheith ag dul amach.

Nóinín: Téann sí ag rith/ritheann sí gach maidin ar a sé a chlog. Téann sí ag snámh san ionad spóirt dhá uair sa tseachtain. Téann sí go dtí an phictiúrlann gach Satharn. Is fearr léi an pianó a sheinm. Baineann sí úsáid as Facebook/ Téann sí ar Facebook go minic. Is fuath léi leabhair a léamh.

Unit 4. Describing a typical day in school

Éirím *I get up* **Fágaim an teach** *I leave the house* **Músclaím** *I wake up* **Téim ar scoil** *I go to school*	**ar** *at* **thart faoi** *around*	**a sé a chlog** *6:00* **cheathrú i ndiaidh a seacht** *7:15* **leath i ndiaidh a seacht** *7:30*

Author's note: you can also say **tar éis** instead of **i ndiaidh** but generally in Ulster Irish, we say **i ndiaidh** ☺

Téim ar scoil *I go to school*	**ar an bhus** *by bus* **ar rothar** *by bike* **sa charr** *by car*	**Siúlaim ar scoil** *I walk to school*	**le mo chairde** *with my friends* **le mo dheartháir/dheirfiúr** *with my brother/sister* **liom féin** *by myself*

Tosaíonn ranganna *Classes start* **Bainim an scoil amach** *I arrive at school*	**ar** *at* **thart faoi** *around*	**a hocht a chlog** *8:00* **cheathrú i ndiaidh a hocht** *8:15*

Bíonn … rang agam *I have … classes*	**ar maidin** *in the morning* **tráthnóna** *in the afternoon*

Gach Luan, *Every Monday,*	**don chéad rang** *for the first class* **don dara rang** *for the second class* **don tríú rang** *for the third class* **don rang deireanach** *for the last class*	**Déanaim** *I do*	**eolaíocht** *science* **ealaín** *art* **Gaeilge** *Irish* **mata** *maths*

Bíonn sos ann *Breaktime is*	**ar** *at* **thart faoi** *around*	**a naoi a chlog** *9:00* **leath i ndiaidh a naoi** *9:30*

I rith an tsosa *During the break*	**ithim ceapaire** *I eat a sandwich* **imrím cispheil** *I play basketball* **labhraím le mo chairde** *I talk to my friends*

Bíonn lón ann ar *Lunch is at*	**a haon a chlog** *1:00* **mheán lae** *midday*

De ghnáth, ithim *Usually, I eat*	**ceapairí** *sandwiches* **sceallóga** *chips*	**glasraí** *vegatables* **stéig** *a steak*	**sailéad** *a salad* **torthaí** *fruit*

Críochnaíonn an scoil ar *School finishes at* **Fágaim an scoil thart faoi** *I leave school around*	**a trí a chlog** *3:00* **leath i ndiaidh a trí** *3:30*

I ndiaidh na scoile, *After school,*	**téim go dtí an** *I go to the …*	**chlub díospóireachta** *debate club* **chumann Gaelach** *Irish society*	**chór** *choir* **chlub obair bhaile** *homework club*

1. Match

I rith an tsosa	I leave the house
Téim sa charr	I go to school
Siúlaim	For the 1st class, I do
I ndiaidh na scoile	I go by bike
Don dara rang, déanaim	During the break
Fágaim an teach	At lunchtime
Don chéad rang, déanaim	Classes end
Ag am lóin	I go by car
Tosaíonn ranganna	Usually, I eat
Téim ar scoil	After school
Críochnaíonn ranganna	Classes begin
Téim ar rothar	I walk
De ghnáth, ithim	For the 2nd class, I do
Éirím	I get up

2. Complete with the missing word using the options in the grid below

a. ______________ *I get up*

b. Don __________ rang, déanaim eolaíocht

For the first class, I do science

c. ___________ ar scoil *I walk to school*

d. I ___________ an tsosa *During the break*

e. Tosaíonn ___________ *Classes start*

f. Téim _________ rothar *I go by bike*

g. Don dara rang, ___________ Béarla

For the second class, I do English

h. De ghnáth, ithim ar ___________

Usually, I eat at midday

chéad	rith	ar	siúlaim
ranganna	éirím	mheán lae	déanaim

3. Translate into English

a. Éirím:

b. Fágaim an teach:

c. Bainim an scoil amach:

d. Tosaíonn na ranganna:

e. Críochnaíonn na ranganna:

f. Gach Luan:

g. Don chéad rang, déanaim:

h. Don rang deireanach, déanaim:

i. De ghnáth:

j. Am lóin:

k. I rith an tsosa:

l. I ndiaidh na scoile:

m. Ar dtús:

4. Guess the phrases and complete them

a. É______ a___ a h____ a c_______

b. D___ c_____ r_____, d________

c. D___ r______ d__________

d. A___ l_________

e. T_________ n__ r_________

f. D__ g______, i___________

g. T______ a___ r_________

h. C__________ n__ r___________

5. Sort the following words into categories in the table below

1. Rothar 2. Siúl 3. Torthaí 4. Sailéid 5. Giotár 6. Ar maidin 7. Carr 8. Sceallóga 9. Ceapairí
10. Cispheil 11. Scannán 12. Tráthnóna 13. Ealaín 14. Anraith 15. Ceol 16. Oíche 17. Meán lae

Am *Time phrase*	Caitheamh Aimsire *Hobbies*	Bia *Food*	Modh taistil *Means of transport*

6. Gapped translation

a. Éirím thart faoi a seacht: *I _______ _____ around seven*

b. Fágaim an teach thart faoi a hocht: *I __________ _____ _______ around eight*

c. Ar maidin, bíonn trí rang agam: *In the _____________, I have three classes*

d. Gach Luan, don chéad rang, déanaim mata: *Every ________, for my first class, I do maths*

e. I ndiaidh na scoile, téim go dtí an chlub snámha: *After school, I go to the ___________ club*

f. De ghnáth, téim go dtí an chlub ceoil: *_____________, I go to the music club*

g. I rith an tsosa, labhraím le mo chairde: *During the break, I chat with my _______________*

h. Gach Aoine, don dara rang, déanaim eolaíocht: *Every Friday, for the ___________ class, I do science*

---

7. Broken words

1. Ca-	a. -aim *I leave*
2. Thart f-	b. -ng *Class*
3. Sc-	c. -cheall *Chess*
4. Fág-	d. -raím *I talk*
5. Fi-	e. -rr *Car*
6. Ra-	f. -náth *Usually*
7. De gh-	g. -aoi *Around*
8. Labh-	h. -oil *School*

8. Complete with suitable words

a. Éirím ar a seacht a chlog ar _ _ _ _ _ _.

b. Fágaim an _ _ _ _ _ ar leath i ndiaidh a seacht.

c. Téim ar _ _ _ _ _ sa charr le mo mháthair.

d. Don chéad rang, _ _ _ _ _ _ _ ceol.

e. _ _ _ _ _ eitpheil.

f. Tosaíonn na _ _ _ _ _ _ _ _ ar a naoi a chlog.

g. Bíonn _ _ _ ann ar leath i ndiaidh a deich.

h. Críochnaíonn na ranganna ar fiche i _ _ _ _ _ _ _ a trí.

i. I ndiaidh na scoile, téim go dtí an chlub obair _ _ _ _ _ _.

---

9. Multiple choice quiz

	a	b	c
I get up	Músclaím	Éirím	Téim
I leave the house	Fágaim an scoil	Fágaim an rang	Fágaim an teach
I go	Téim	Téann tú	Ní théim
Classes start	Don chéad rang	Críochnaíonn na ranganna	Tosaíonn na ranganna
Every Monday	Dé Luain	An Luan	Gach Luan
During	I rith	Ag an	I ndiaidh
Classes	Sos	Ranganna	Am lóin
School	Scoil	Bunscoil	Ollscoil
I leave school	Tosaíonn scoil	Fágaim scoil	Críochnaíonn scoil
Around	I rith	I ndiaidh	Thart faoi
Usually	I ndiaidh	De ghnáth	Go hannamh

10. **Unjumble the word in bold correctly in the space provided**

a. Gach Máirt, don **daéhc** rang, déanaim mata: ___________________

b. Téim ar scoil ar an **sbuh**: ___________________

c. **rímaLhba** le mo chairde ag am sosa: ___________________

d. **gmáaiF** an teach ar a seacht a chlog: ___________________

e. I ndiaidh an lóin, **mndéiaa** Fraincis: ___________________

f. Ar **aidnmi**: ___________________

g. De **htnáhg**: ___________________

h. I ndiaidh na **lseoic**, siúlaim abhaile: ___________________

---

11. **Faulty translation: spot and correct the wrong translations (not all are incorrect)**

a. Éirím: *I wake up*

b. Téim: *I go*

c. I ndiaidh an tsosa: *After lunch*

d. Críochnaíonn ranganna: *Classes start*

e. I ndiaidh na scoile: *Before school*

f. Bainim an scoil amach: *I leave school*

g. Ag am bricfeasta: *At dinner time*

h. Sa charr: *By car*

---

12. **Slalom translation: translate the following sentences ticking the relevant boxes in the grid below as shown in the example. Proceed from top to bottom**

1. I get up around six thirty
2. I walk to school every Wednesday
3. I go with my older brother
4. Every day, I have five classes
5. On Monday, for the first class, I do English
6. At lunch time, I eat chips and meat

Éirím (1)	Siúlaim	lá	sceallóga	cúig rang	gach
Dé Luain	téim	le	mo	scoil	**a sé (1)**
thart faoi (1)	Ag am lóin	chéad rang	déanaim	feoil	agam
Gach	don	**i ndiaidh (1)**	agus	dheartháir	Céadaoin
leath (1)	ithim	ar	bíonn	Béarla	níos sine

De ghnáth, éirím go luath ar maidin, thart faoi a sé a chlog. Ansin bíonn cith agam, ithim bricfeasta agus cuirim orm m'éide scoile. Fágaim an teach ar cheathrú i ndiaidh a hocht le dul ar scoil. De ghnáth, siúlaim ar scoil nó téim ar an rothar ach má bhíonn sé ag cur fearthainne, téim sa charr. De ghnáth, bainim an scoil amach ar leath i ndiaidh a hocht. Ar maidin, bíonn trí rang agam agus sa tráthnóna, bíonn dhá rang agam. Bíonn cúig rang agam gach lá san iomlán. Dé Luain, don chéad rang, déanaim mata agus don rang deireanach, déanaim Gaeilge. Is í Gaeilge an t-ábhar is fearr liom mar is maith liom an múinteoir, tá sé iontach greannmhar agus foghlaimím a lán rudaí sa rang sin. Uaireanta, seinneann sé an giotár sa rang! Bíonn sos ann ar cheathrú i ndiaidh a deich agus bíonn lón ann ar chúig go dtí a dó dhéag. Ag am lóin, ithim ceapaire le mo chairde scoile agus imrím peil ghaelach nó liathróid láimhe. Críochnaíonn na ranganna ar leath i ndiaidh a dó. I ndiaidh na scoile, téim chuig an chlub ríomhaireachta. **(Sheá, 16 bliana)**

14. Gapped translation

a. Usually, Sheá gets up ______________.

b. He leaves the house at __________ past ___________.

c. He usually goes to school on foot or ___ ___________.

d. When it ___________, he goes there by car.

e. Every day, he has ____________ classes in total.

f. On Monday, his ______________ class is maths.

g. On Monday, his ______________ class is Irish.

h. His teacher plays ________________ in class!

i. During lunch, he ____________________ and plays football or handball with his school friends.

j. School finishes at __________________ past two.

k. He goes to the ______________ club.

13. Find in Sheá's text the Irish equivalent for the following

a. Usually:

b. I get up:

c. I have a shower:

d. I put on:

e. I leave the house:

f. I go:

g. In the morning:

h. In the afternoon:

i. Last:

j. In total:

k. I learn:

l. Handball:

m. Lunchtime:

n. I eat a sandwich:

o. Classes end:

p. After school:

15. Translate into English the following phrases taken from Sheá's text

a. De ghnáth, éirím go luath.

b. Bíonn cith agam.

c. Cuirim orm m'éide scoile.

d. Siúlaim ar scoil.

e. Bíonn sé ag cur fearthainne.

f. Bíonn cúig rang agam gach lá.

g. Is í Gaeilge an t-ábhar is fearr liom.

h. Ag am lóin, ithim ceapaire.

16. Answer the questions about Sheá in Irish

a. Cén t-am a n-éiríonn sé ar maidin?

b. Cén t-am a bhfágann sé an teach?

c. Cén t-am a mbaineann sé an scoil amach?

d. Cén t-am a gcríochnaíonn an scoil?

e. Cén t-am a mbíonn sos ann?

f. Cén t-am a mbíonn lón ann?

g. Cé mhéad rang a bhíonn aige gach lá?

h. Cén t-ábhar scoile is fearr leis?

De ghnáth, éirím go luath, thart faoi leath i ndiaidh a sé ar maidin. Ansin, ním mé féin, ithim mo bhricfeasta agus faighim mo mhála scoile. Fágaim an teach ar leath i ndiaidh a seacht le dul ar scoil. De ghnáth, téim ar an rothar ach má bhíonn sé ag cur fearthainne, téim ar an bhus. Bainim an scoil amach ar deich go dtí a naoi, deich mbomaite roimh an chéad rang. Bíonn trí rang agam ar maidin agus bíonn rang amháin agam sa tráthnóna. Bíonn ceithre rang ann gach lá agus maireann gach rang uair agus deich mbomaite san iomlán. Ar an Luan, bíonn ceimic agam don chéad rang agus tíreolaíocht don rang deireanach. Bíonn sos againn ar cheathrú go dtí a naoi agus bíonn lón ann ar fhiche go dtí a haon. Ag am lóin, ithim lón sa cheaintín, bím ag comhrá le mo chairde agus bímid ag gáire go minic. Críochnaíonn na ranganna ar fiche go dtí a trí. I ndiaidh sin, téim go dtí an chlub litríochta mar ba mhaith liom a bheith i mo scríbhneoir. Nuair a fhágaim an scoil, téim go dtí an pháirc le mo chairde.

(Caitríona, 15 bliana)

18. Spot the wrong statements and correct them

a. Éiríonn Caitríona go mall ar maidin.

b. Téann Caitríona ar scoil sa charr.

c. Fágann sí an teach ar a hocht a chlog.

d. Bíonn cúig rang ann gach lá.

e. Maireann gach rang daichead bomaite.

f. Bíonn lón ann ar a haon a chlog.

g. Ní itheann sí lón.

h. Ba mhaith léi a bheith ina múinteoir.

i. Tosaíonn an scoil ar leath i ndiaidh a naoi.

j. Críochnaíonn an scoil ar fiche i ndiaidh a trí.

k. Téann sí díreach abhaile i ndiaidh na scoile.

l. Bíonn Béarla aici don chéad rang ar an Luan.

m. Ní bhíonn sos ann.

n. Téann sí go dtí an pháirc lena stócach.

17. Answer in English

a. At what time does Caitríona get up?

b. What does she do first after getting up?

c. At what time does she leave home?

d. How does she usually go to school?

e. When does she get to school?

f. How many classes does she have in the afternoon?

g. How long does a class last?

h. What is her last class on a Monday?

i. What does she do at lunchtime?

j. What is her extracurricular activity?

k. What does she do when she leaves school?

l. Who goes to the park with her?

19. Translate into English

a. Go luath

b. Thart faoi

c. Mo mhála scoile

d. Ním mé féin

e. Roimh an chéad rang

f. Maireann gach rang

g. Ag gáire

h. Go minic

i. Club litríochta

j. I ndiaidh sin

20. Translate into Irish

a. *I get up at six o'clock*: É _ _ _ _ a_ a s _ a c _ _ _ _ .

b. *I do art for the first class*: D _ _ _ _ _ _ e _ _ _ _ _ d _ c _ _ _ _ r _ _ _

c. *I go on bike with my friend Ciara*: T _ _ _ a _ r _ _ _ _ _ l _ m _ c _ _ _ _ Ciara.

d. *I have three classes in the morning*: B _ _ _ _ t _ _ r _ _ a _ _ a _ m _ _ _ _ .

e. *During break, I eat in the canteen*: I r _ _ _ a _ t _ _ _ _ , I _ _ _ _ s _ c _ _ _ _ _ _ _ _ .

f. *Classes end at three*: C _ _ _ _ _ _ _ _ _ _ _ r _ _ _ _ _ _ a _ a t _ _ .

g. *I go to the debate club*: T _ _ _ g _ d _ _ a _ c _ _ _ _ d _ _ _ _ _ _ _ _ _ _ .

21. Translate into Irish

a. Usually, I get up early.

b. I leave the house at 7:30.

c. I go to school by bike.

d. If it's raining, I go by bus.

e. I usually arrive at school at 7:45.

f. Classes start at 8:10.

g. Every Thursday, for the first class, I do English.

h. I hate Chemistry.

i. After school, I go to the art club.

j. At night, I have a shower, I listen to music, then I do my homework.

22. Correct the spelling/grammar errors

a. Bíonn meta agam don chéad rang.

b. Éirím ar leath i ndiaidh a sheacht.

c. Siúlaim ar soilc.

d. Gach Luan, déanaim Gaelige.

e. Don rang deireanach, bíonn ceol aegam.

f. De ghnáth, ag am lóin, imrím peil le mo chairdie.

g. Téim go dtí an chlub oibir bhaile.

h. Críochneíonn an scoil ar leath i ndiaidh a trí.

23. Write a paragraph in the FIRST person (mé) for Áinín and the THIRD person (sé) for Máirtín using the prompts given in the grid

	Morning	Afternoon	Evening
Áinín	▪ Wakes up at 6:30 ▪ Leaves the house to go to school at 7:30 ▪ Every Monday, first class is English	▪ Lunch break is at 12:20 ▪ Last class is French ▪ Classes finish at 3:20 ▪ After school goes to music club ▪ Goes back home at 4:30	▪ Rests a bit ▪ Does homework in her bedroom ▪ Chats with boyfriend ▪ Has dinner with family ▪ Watches a movie
Máirtín	▪ Wakes up at 6:45 ▪ Leaves the house to go to school at 7:30 ▪ On Friday, first class is Art ▪ Second class is Physical Education	▪ Lunch break is at 12:45 ▪ Last class is geography ▪ Classes finish at 3:45 ▪ After school goes to debate club ▪ Goes back home around five	▪ Drinks tea ▪ Does homework in the kitchen ▪ Goes to the gym ▪ Has dinner with friends ▪ Goes on social media

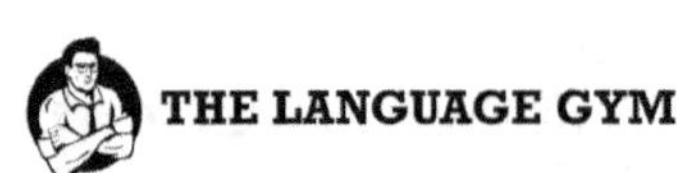

Key questions

Inis dom faoi ghnáthlá scoile	*Tell me about a typical school day*
Cén t-am a n-éiríonn tú ar maidin?	*At what time do you get up?*
Cén t-am a bhfágann tú an teach le dul ar scoil?	*At what time do you leave home in the morning to go to school?*
Cad é mar a théann tú ar scoil?	*How do you go to school?*
Cén t-am a dtosaíonn an scoil?	*At what time does school start?*
Cén t-am a gcríochnaíonn an scoil?	*At what time does school finish?*
Cé mhéad rang a bhíonn agat gach lá?	*How many classes a day do you have?*
Cad iad na hábhair a dhéanann tú ar scoil?	*What subjects do you do at school?*
Cén t-am a mbíonn sos ann?	*At what time is break?*
Cad é a dhéanann tú i rith an tsosa?	*What do you do during the break?*
Cén t-am a mbíonn lón ann?	*At what time is lunch break?*
Cad é a dhéanann tú ag am lóin?	*What do you at lunchtime?*
Cá fhad a mhaireann gach rang?	*How long does every class last?*
An bhfuil tú i do bhall de chlub ar bith ar scoil?	*Are you a member of any club at school?*
Cad é a dhéanann tú i ndiaidh na scoile?	*What do you do after school?*

ANSWERS – Unit 4

1. Match: I rith an tsosa – During break   **téim sa charr** – I go by car   **siúlaim** – I walk   **i ndiaidh na scoile** – after school
Don dara rang, déanaim – For the 2nd class, I do   **fágaim an teach** – I leave the house   **Don chéad rang, déanaim** – for the first class, I do **Ag am lóin** – at lunchtime   **tosaíonn ranganna** – classes begin   **téim ar scoil** – I go to school
críochnaíonn ranganna – classes end   **téim ar rothar** –I go by bike **De ghnáth, ithim** – usually, I eat   **éirím**– I get up

2. Complete with the missing word: a) éirím   b) chéad   c) siúlaim   d) rith   e) ranganna   f) ar   g) déanaim   h) mheánlae

3. Translate: a) I get up   b) I leave the house   c) I reach school   d) classes start   e) classes finish   f) every Monday
g) for the first class, I do   h) for the last class, I do   i) usually   j) lunchtime   k) during break   l) after school   m) firstly

4. Guess the phrases: a) éirím ar a hocht a chlog   b) don chéad rang, déanaim   c) don rang deireanach   d) am lóin
e) tosaíonn na ranganna   f) de ghnáth, ithim   g) téim ar rothar   h) críochnaíonn na ranganna

5. Sort the words: Am: 6 ; 12 ; 16 ; 17   Caitheamh Aimsire: 5 ; 10 ; 11 ; 13 ; 15   Bia: 3 ; 4 ; 8 ; 9 ; 14
Modh taistil 1 ; 2 ; 7 ;

6. Gapped translation: a) get up   b) leave the house   c) morning   d) Monday   e) swimming   f) usually   g) friends
h) second

7. Broken words: 1) e   2) g   3) h   4) a   5) c   6) b   7) f   8) d

8. Complete: a) maidin   b) teach   c) scoil   d) déanaim   e) imrím   f) ranganna   g) sos   h) ndiaidh   i) bhaile

9. Multiple choice quiz: I get up (b)   I leave the home (c)   I go (a)   classes start (c)   Every Monday (c)
during (a)   classes (b)   school (a)   I leave school (b)   around (c)   usually (b)

10. Rewrite the word: a) chéad   b) bhus   c) labhraím   d) fágaim   e) déanaim   f) maidin   g) ghnáth   h) scoile

11. Faulty translation: a) I get up   b) -   c) After break   d) Classes finish   e) after school   f) I reach school
g) at breakfast time   h) -

12. Slalom translation: 1) éirím thart faoi leath i ndiaidh a sé   2) Siúlaim ar scoil gach Céadaoin   3) Téim le mo dheartháir níos sine 4) Gach lá, bíonn cúig rang agam 5) Dé Luain, don chéad rang, déanaim Béarla 6) Ag am lóin, ithim sceallóga agus feoil

13. Find: a) de ghnáth   b) éirím   c) bíonn cith agam   d) cuirim orm   e) fágaim an teach   f) téim   g) ar maidin   h) tráthnóna
i) deireanach   j) san iomlán   k) foghlaimím   l) liathróid láimhe   m) am lóin   n) ithim ceapaire   o) críochnaíonn ranganna
p) i ndiaidh na scoile

14. Gapped translation: a) early   b) quarter, eight   c) by bike   d) rains   e) five   f) first   g) last
h) guitar i) eats   j) half   k) computer

15. Translate: a) normally, I get up early   b) I have a shower   c) I put on my uniform   d) I walk to school   e) it is raining
f) I have five classes every day   g) Irish is my favorite subject   h) at lunchtime, I eat a sandwich

16. Answer: a) go luath/thart faoi a sé a chlog   b) ceathrú i ndiaidh a hocht   c) leath i ndiaidh a hocht   d) leath i ndiaidh a dó
e) ceathrú i ndiaidh a deich   f) cúig go dtí a dó dhéag   g) cúig   h) Gaeilge

17. Answer: a) early/around 6.30 a.m.   b) she washes herself   c) 7.30 a.m.   d) by bike   e) 8:50/10 minutes before classes
start   f) one   g) 1 hour 10 minutes   h) geography   i) she eats lunch in the canteen, talks and laughs with her friends
j) literature/book club   k) goes to the park   l) her friends

18. Spot the wrong statements: a) go mall- go luath   b) sa charr – ar rothar/ar an bhus c) 8:00 – 7:30   d) cúig – ceithre
e) daichead – uair agus deich   f) 1:00 – 12:40   g) itheann sí lón   h) múinteoir - scríbhneoir   i) 9:30 – 9:00   j) 3:20 – 2:40
k) téann sí go dtí an pháirc   l) Béarla - ceimic   m) bíonn sos ann   n) stócach – cairde

19. Translate: a) early   b) around   c) my school bag d) I wash myself   e) before the 1st class f) each class lasts
g) laughing h) often   i) literature/book club j) after that

20. Translate into Irish: a) éirím ar a sé a chlog   b) déanaim ealaín don chéad rang c) Téim ar rothar le mo chara, Ciara
d) Bíonn trí rang agam ar maidin   e) I rith an tsosa, ithim sa cheaintín   f) críochnaíonn ranganna ar a trí
g) téim go dtí an chlub díospóireachta

21. Translate: a) De ghnáth, éirím go luath b) Fágaim an teach ar leath i ndiaidh a seacht c) Téim ar scoil ar rothar
d) Má bhíonn sé ag cur fearthainne, téim ar an bhus   e) De ghnáth, bainim an scoil amach ar cheathrú go dtí a hocht
f) Tosaíonn ranganna ar deich i ndiaidh a hocht   g) Gach Déardaoin, don chéad rang, déanaim Béarla
h) Is fuath liom ceimic i) I ndiaidh na scoile, téim go dtí an chlub ealaíne
j) San oíche, bíonn cith agam, éistim le ceol agus ansin, déanaim m'obair bhaile

22. Correct the spelling/grammar errors: a) mata   b) seacht   c) scoil   d) Gaeilge   e) agam   f) chairde
g) obair   h) críochnaíonn

23. Write a paragraph in the FIRST person (mé) for Áinín and the THIRD person (sé) for Mairtín using the prompts given in the grid

Áinín: Ar maidin, músclaím ar leath i ndiaidh a sé. Fágaim an teach le dul ar scoil ar leath i ndiaidh a seacht. Gach Luan, don chéad rang, déanaim Béarla. Bíonn lón ann ar fiche i ndiaidh a dó dhéag. Críochnaíonn ranganna ar fiche i ndiaidh a trí. I ndiaidh na scoile, téim go dtí an chlub ceoil. Téim ar ais abhaile ar leath i ndiaidh a ceathair. San oíche, ligim mo scíth ar feadh tamaillín, déanaim m'obair bhaile sa seomra leapa. Labhraím le mo stócach agus ithim dinnéar le mo theaghlach. Amharcaim ar scannán.

Máirtín: Ar maidin, músclaíonn sé ar cheathrú go dtí a seacht. Fágann sé an teach le dul ar scoil ar leath i ndiaidh a seacht. Dé hAoine, don chéad rang, déanann sé ealaín, don dara rang, déanann sé corpoideachas. Bíonn lón ann ar cheathrú go dtí a haon. Don rang deireanach, déanann sé tíreolaíocht. Críochnaíonn ranganna ar cheathrú go dtí a hocht. I ndiaidh na scoile, téann sé go dtí an chlub díospóireachta. Téann sé ar ais abhaile thart faoi a cúig. San oíche, ólann sé tae, déanann sé obair bhaile sa chistin agus téann sé go dtí an tsólann. Itheann sé dinnéar le cairde agus téann sé ar na meáin shóisialta.

Unit 5. Describing what I do after school

Téim abhaile *I go home*	**ar** *at* **thart faoi** *around*	**cheathrú go dtí a sé** *5.45* **cheathrú i ndiaidh a trí** *3.15* **leath i ndiaidh a ceathair** *4.30*

Téim *I go*	**sa charr** *by car* **ar an bhus** *by bus*	**ar chos** *on foot* **ar rothar** *by bike*

I ndiaidh na scoile, *After school,*	**bíonn cith agam** *I have a shower* **imrím ar an ríomhaire** *I play on the computer* **ithim** *I eat* **léim leabhar** *I read a book* **ligim mo scíth ar feadh tamaillín** *I relax for a bit* **siúlaim leis an mhadadh** *I walk the dog* **téim amach le mo chairde** *I go out with my friends* **téim amach le mo chara** *I go out with my friend* **téim ar na meáin shóisialta** *I go on social media* **téim go dtí an tsólann** *I go to the gym*

Má bhíonn ocras orm, ithim *If I am hungry, I eat*	**brioscaí** *biscuits* **ceapaire** *a sandwich* **píosa cáca** *a piece of cake* **torthaí** *fruit*	**agus** *and*	**ólaim** *I drink*	**bainne** *milk* **cupán tae** *a cup of tea* **uisce** *water*

Ansin, *Then,*	**déanaim m'obair bhaile** *I do my homework* **ithim dinnéar** *I eat dinner* **téim ag rothaíocht** *I go cycling* **tugaim cuairt ar mo chara** *I visit my friend*

I ndiaidh an dinnéir, *After the dinner,*	**amharcaim ar an teilifís** *I watch TV* **ligim mo scíth ag éisteacht le ceol** *I relax listening to music* **ním na soithí** *I wash the dishes* **téim amach le cairde** *I go out with friends*

Roimh dhul a luí, *Before going to bed,*	**éistim le ceol** *I listen to music* **imrím ar mo ghuthán** *I play on my phone* **léim úrscéal** *I read a novel*	**bíonn cith agam** *I have a shower* **bíonn folcadh agam** *I have a bath* **scuabaim m'fhiacla** *I brush my teeth*

Téim a luí *I go to bed*	**ar** *at* **thart faoi** *around*	**a haon déag a chlog** *11.00* **leath i ndiaidh a deich** *10.30* **mheán oíche** *00.00*

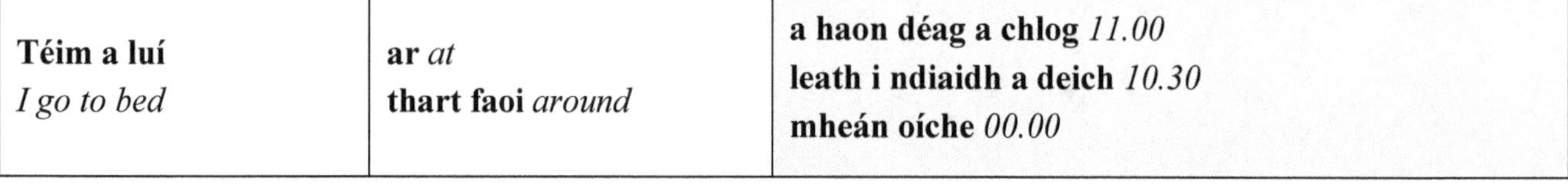

1. Match

Imrím cluichí ar líne	I relax
Bíonn folcadh agam	I do my homework
Ligim mo scíth	I come home again
Titim i mo chodladh	I go for a walk
Tagaim abhaile arís	I have a bath
Ním na soithí	I don't do anything
Téim ar shiúlóid	I fall asleep
Déanaim obair an tí	I wash the dishes
Amharcaim ar scannán	I help my mother
Ní dhéanaim rud ar bith	I brush the floor
Scuabaim an t-urlár	I play games online
Cuidím le mo mháthair	I watch a film
Déanaim m'obair bhaile	I do housework

2. Complete the phrases with the missing letters

a. Cuid _ _ — *I help*

b. Té _ m — *I go*

c. Imr _ _ — *I play*

d. Déana _ _ — *I do*

e. Lé _ _ — *I read*

f. Óla _ _ — *I drink*

g. Téim ar shiúló _ _ — *I go for a walk*

h. Ith _ _ — *I eat*

i. Ligim mo sc _ _ _ — *I relax*

j. Amharc _ _ _ — *I watch*

k. Scuab _ _ _ — *I brush*

l. N _ _ mé féin — *I wash myself*

m. Éis _ _ _ le — *I listen to*

n. Cu _ _ _ _ — *I put*

o. Téim a l _ _ — *I go to bed*

3. Faulty translation: spot and correct the wrong translations

a. Scuabaim m'fhiacla i gcónaí: *I always brush the floor*

b. Uaireanta, cuidím le mo mháthair: *Sometimes, I help my father*

c. Ar a trí a chlog, ligim mo scíth: *At two o'clock, I relax*

d. Roimh dhul a luí, bíonn folcadh agam agus léim úrscéal:
Before going to bed, I have a bath and I read a magazine

e. Caithim uair a chloig ar an ríomhaire:
I spend an hour on the Internet

f. Éistim le m'athair: *I listen to music*

g. Téim ag rith: *I go shopping*

4. Tangled translation: some words in the sentences below have been left in English. Translate them into Irish

a. Caithim dhá uair on the computer.

b. Uaireanta, ním the dishes.

c. I come back home ar cheathrú go dtí a hocht.

d. Roimh dhul to bed, léim úrscéal.

e. Gach oíche, i ndiaidh an dinnéir, téim on the social media.

f. Téim to bed thart faoi mheán oíche.

g. Sa tráthnóna, i ndiaidh na scoile, imrím football with my friends in aice leis an shopping centre.

h. At three o'clock, ligim mo scíth.

5. Break the flow

a. Deghnáthtágaimabhaileónscoil

b. Ansinligimmoscíthaguséistimleceol

c. Uaireantacuidímlemomháthair

d. Nímnasoithílemodheartháir

e. Ithimdinnéararaséachlog

f. Imrímcispheillemochairdescoile

g. Scuabaimant-urlársachistin

h. Léimúrscéalgachoíche

i. Téimaluíarleathindiaidhadeich

6. Translate into English

a. Folcadh

b. Roimh dhul a luí

c. Tagaim ar ais

d. Ligim mo scíth

e. Ithim lón

f. Na soithí

g. Imrím cluichí ar líne

h. Ní dhéanaim rud ar bith

i. Scuabaim m'fhiacla

j. Ólaim cupán tae

7. Fill the gaps

a. I ___________ na scoile, téim _________ ar an bhus.   *After school, I go home by bus*

b. _________ m'obair bhaile ó _____ go dtí a _____.   *I do my homework from five to six*

c. Ní dhéanaim rud ar __________. Éistim le ___________.   *I don't do anything. I listen to music*

d. Ag am lóin, __________ iasc agus ____________.   *At lunch time, I eat fish and chips*

e. Ansin, _______ amach le mo ___________ is fearr.   *Then, I go out with my best friend*

f. Go minic, téim go dtí an ___________ ____________ le mo _________.

I often go to the shopping centre with my girlfriend

g. I ndiaidh an _________, ním na __________.   *After dinner, I wash the dishes*

h. _________ dhul a ____________, _______ úrscéal.   *Before going to bed, I read a novel*

8. Spot the missing word and add it in

a. Ó am go ham, ním soithí

b. Ithim mo dhinnéar ar a sé chlog

c. Rud bith

d. Uaireanta, ligim scíth

e. Téim go dtí an pháirc le mo chara fearr

f. Gach maidin, m'fhiacla

g. I ndiaidh na scoile, téim rith

h. Déanaim bhaile sa chistin

i. Gach oíche, éistim ceol

j. Roimh dhul a luí, bíonn folcadh

k. Amharcaim ar scannán ar an

l. Téim ar scoil an rothar

9. Match questions and answers

Cén t-am a n-éiríonn tú ar maidin? (1)	Ním na soithí gach Luan.
Cad é a itheann tú ag am lóin? (2)	Sa pháirc.
Cén t-am a gcríochnaíonn an scoil? (3)	Idir a sé agus a seacht
Cad é mar a théann tú ar scoil? (4)	Labhraím le mo chairde.
Cén t-am a ndéanann tú obair bhaile? (5)	Trí huaire.
Cad é a dhéanann tú le cuidiú le do thuismitheoirí? (6)	Úrscéal.
Cá dtéann tú ag siúl? (7)	Ithim ceapairí ag am lóin.
Cé leis a dtéann tú ag rith? (8)	Thart faoi a haon déag a chlog gach oíche.
Cad é a dhéanann tú ar an idirlíon? (9)	Ar an bhus.
Cé mhéad ama a chaitheann tú ar do ríomhaire? (10)	**Éirím ar leath i ndiaidh a sé. (1)**
Cén t-am a dtéann tú a luí? (11)	Mo chara is fearr.
Cad é a léann tú roimh dhul a luí? (12)	Críochnaíonn an scoil ar fiche i ndiaidh a trí.

10. Split sentences: form logical sentences joining one bit from each column

Léim	cluichí
Roimh	an teilifís
Ligim	abhaile
Ní dhéanaim	úrscéal
Amharcaim ar	mo scíth
Déanaim	le ceol
Tagaim ar ais	a luí
Éistim	rud ar bith
Imrím	m'obair bhaile
Téim	dhul a luí

11. Complete as appropriate

a. Músclaím ______________ a sé a chlog.

b. Ithim bricfeasta sa ___________ .

c. Déanaim m'obair ______________ .

d. Téim ar scoil ______________ an rothar.

e. Téim _________ le mo chairde.

f. Roimh dhul a luí, bíonn ______ agam.

g. Éistim le ______________ .

h. San oíche, ________________ úrscéal.

12. Arrange these actions in the correct order in which they usually occur

Músclaím	1
Tosaíonn ranganna	
Téim abhaile sa charr	
Críochnaíonn ranganna	
Ithim bricfeasta	
Téim ar scoil ar an bhus	
Téim go dtí an chlub díospóireachta	
Amharcaim ar an teilifís gach oíche	
Cuirim orm m'éide scoile	
Bíonn sos ann	
Imrím peil i ndiaidh na scoile	
I ndiaidh an bhricfeasta, ním mé féin	

13. Translate into Irish

a. I get up

b. After dinner

c. I go to sleep

d. I have a shower

e. I eat dinner

f. I relax

g. I go out with my friends

h. I listen to music

i. I go back home

j. I read a novel

14. Slalom translation: translate the sentences in the grey column by selecting and numbering off the appropriate boxes as shown in the example

Téim (1)	le mo	ghuthán	ceol	**I go out with my friend (1)**
I ndiaidh	éistim	le mo	riamh	I never do my homework (2)
Téim	**amach (1)**	ním	shóisialta	I go on social media (3)
Imrím	m'obair	le	dheirfiúr	I play with my mobile phone (4)
San oíche	na scoile	**le mo (1)**	póca	Normally, I go running (5)
Ní dhéanaim	ag rothaíocht	ag	**chara (1)**	I go cycling with my sister (6)
I ndiaidh	ar na	ligim	na soithí	After school, I relax (7)
Téim	an dinnéir	bhaile	mo scíth	After dinner, I wash the dishes (8)
De ghnáth,	téim	meáin	rith	At night, I listen to music (9)

15. Match

Ag rothaíocht	My boyfriend
Na meáin shóisialta	The dishes
Roimh dhinnéar	Usually
Ligim mo scíth	Before dinner
Guthán póca	In the afternoon/evening
De ghnáth	A mobile phone
Mo stócach	I relax
I ndiaidh na scoile	Cycling
Na soithí	I have a shower
Sa tráthnóna	Social media
Bíonn cith agam	After school

16. Guess the mystery phrases

a. T _ _ _ a l _ _

b. S _ t _ _ _ _ _ _ _ _

c. I n _ _ _ _ _ _ a _ d _ _ _ _ _ _

d. N _ _ n _ s _ _ _ _ _ _

e. D _ g _ _ _ _ _ _

f. É _ _ _ _ _ l _ c _ _ _ _

g. N _ m _ _ _ _ s _ _ _ _ _ _ _ _ _ _

h. L _ _ _ _ m _ s _ _ _ _

17. Sentence puzzle: arrange the words below in the correct order

a. abhaile a cheathrú ar i Téim ndiaidh ceathair

b. an scoil bhus ar ar Téim

c. mo na scíth ndiaidh Ligim i scoile

d. leis Siúlaim an ansin mhadadh

e. ar De scoil rothar ghnáth téim ar

f. oíche mo gach ríomhaire Imrím ar

g. a amharcaim luí ar dhul an Roimh teilifís

h. bhaile chistin sa m'obair Déanaim

Ceist: Cad é a dhéanann tú i ndiaidh na scoile?

Freagraí:

Tómás: Ligim mo scíth sa bhaile ag éisteacht le ceol nó ag imirt cluichí ar líne.

Dáithí: Bíonn cith agam láithreach bonn. Ansin ithim mo dhinnéar agus téim a luí.

Caolán: Cuirim scairt ar mo chara is fearr agus ansin, cuidím le mo thuismitheoirí agus déanaim obair tí.

Sinéad: Téim amach ag rothaíocht le mo chairde.

Máire: Téim ag rith sa pháirc in aice le mo theach.

Aisling: Téim ag siopadóireacht le mo chairde san ionad siopadóireachta in aice leis an scoil.

Séamas: Téim go dtí an chlub peile le mo dheartháir agus imrímid iománaíocht.

Róise: Téim abhaile agus déanaim m'obair bhaile.

18. Find someone who

a. Has some food and then goes to bed after school

b. Goes running

c. Goes to the shopping centre with their friends

d. Plays hurling with his brother

e. Does their homework after returning home

f. Goes for a bike ride

g. Showers immediately

h. Plays online games

i. Does the housework

19. Find the Irish equivalent in the texts

a. I go out cycling

b. I go running

c. I go shopping

d. We play hurling

e. I go home

f. With my friends

g. I help my parents

h. Listening to music

i. Housework

j. I do my homework

k. I have a shower

l. I relax

20. Translate into Irish

a. *After school, I take a shower*: I n __________ n_____ s___________, b________ c______ a________.

b. *I help my parents*: C __________ l ___ m ____ t _____________.

c. *I go to the shopping centre*: T________ g__ d ____ a ___ t- ________ s _________________.

d. *I go cycling with my friend*: T____ a ____ r _________ l ____ m ____ c ________.

e. *I listen to music every night*: É _______ l ___ c ________ g ______ o __________.

f. *I eat my dinner around six o'clock*: I ________ m ___ d _______ t ______ f _____ a s _____ a c ________.

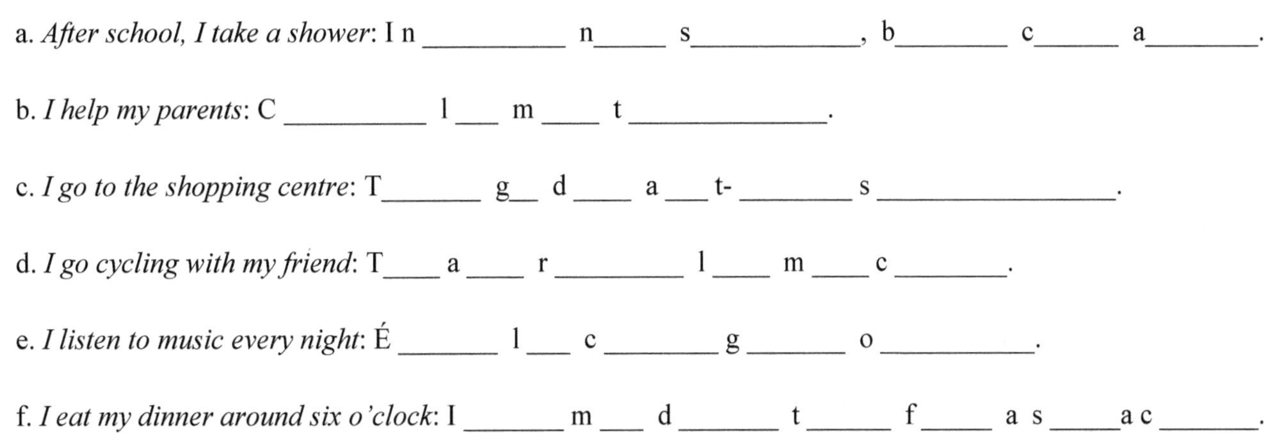

De ghnáth, éirím ar leath i ndiaidh a sé. Ar dtús, bíonn cith agam agus scuabaim m'fhiacla. Ansin, cuirim orm m'éide scoile agus faighim mo mhála scoile. Ithim bricfeasta le mo dheirfiúr agus le mo dheartháir. Thart faoi leath i ndiaidh a seacht, fágaimid an teach le dul ar scoil. De ghnáth, siúlaimid ar scoil ach má bhíonn sé ag cur fearthainne, téimid ann ar an bhus.

Tosaíonn na ranganna ar fiche i ndiaidh a hocht agus críochnaíonn siad ar fiche i ndiaidh a trí. Bíonn lá fada agam! I ndiaidh na scoile, téim go dtí an chlub ríomhaireachta. Maireann an club uair a chloig. I ndiaidh sin, téim go dtí an t-ionad siopadóireachta in aice leis an scoil le mo chairde.

Thart faoi a cúig a chlog, téim abhaile. Déanaim m'obair bhaile láithreach bonn. Is fuath liom í. Ní maith liom a bheith ag stáidéar. Ní maith liom mata nó eolaíocht. De ghnáth, críochnaím m'obair bhaile ar a seacht a chlog. Caithim am ar na meáin shóisialta, go háirithe Facebook agus TikTok. Labhraím le mo chairde ar líne agus roinnim griangraif leo.

An chuid is mó den am, bíonn dinnéar againn thart faoi a hocht a chlog. Ní ithim mórán: feoil nó iasc agus sceallóga nó glasraí. Téim chuig mo sheomra leapa i ndiaidh an dinnéir. Amharcaim ar scannán nó ar shraith chláir ar Netflix. Ag deireadh an lae, thart faoi a deich a chlog, bíonn cith agam agus ligim mo scíth. Uaireanta, léim leabhar nó éistim le ceol. Téim a luí ar a haon déag a chlog. **(Ardal, 16 bliana)**

21. Find the Irish equivalent in the text

a. I brush my teeth:

b. Then:

c. We leave the house:

d. We walk:

e. If it rains:

f. They finish:

g After school:

h. The club lasts an hour:

i. Shopping centre:

j. Near the school:

k. Instantly:

l. I don't like studying:

m. I spend time:

n. I talk to my friends:

o. I share photos:

p. Vegetables:

q. I don't eat much:

r. My room:

s. I read a book:

t. I go to bed:

22. Answer the questions

a. List five things Ardal does before leaving for school:

b. When does Ardal go to school by bus?

c. How long is the school day?

d. List four things he does before dinner:

e. How much does he eat?

f. What does he do after his dinner and before he goes to bed? (2 details)

23. Complete the translation (there are two extra words in the grid)

I ndiaidh na scoile, téim _____ _______ an chlub drámaíochta. I ndiaidh sin, téim go dtí an __________ siopadóireachta in aice leis an scoil le mo ________ is fearr. Ólaim cupán tae agus ithim ___________ sa bhialann. Ansin, téim ag siúl sa ___________ in aice le mo theach. Is breá _______ a bheith ag siúl.

Thart _____ a sé a chlog, __________ abhaile. Déanaim __________ bhaile. Is maith liom a bheith ag stáidéar. Is í __________ an t-ábhar scoile is _____ liom. De ghnáth, _________ m'obair bhaile ar a hocht a chlog. Ithim mo _________ ar leath i ndiaidh a hocht. Féachaim ar na _________ shóisialta, go háirithe Tiktok agus Instagram. Labhraím le mo __________ agus roinnim griangraif agus fiseáin leo. Téim a ___________ thart faoi mheán oíche. Roimh dhul a luí, ligim mo ________ ag éisteacht le _________. **(Mairéad, 17 mbliana)**

tíreolaíocht	liom
téim	madadh
sceallóga	críochnaím
faoi	go dtí
m'obair	luí
scíth	pháirc
fearr	dhinnéar
t-ionad	chairde
meáin	chara
maith	ceol

24. Translate into Irish

a. I come back from school

b. I have a shower

c. I do my homework

d. I read a novel

e. I go to sleep

f. I don't do anything

g. I relax listening to music

h. I call my boyfriend

i. I go to the gym

j. I eat lunch

k. I go to the shopping centre

l. I go on social media

25. Write a paragraph for Lára & Marcas using FIRST person (mé) & for Pól using THIRD person (sé)

Lára	Marcas	Pól
▪ Comes back home at 4	▪ Comes back home at 5	▪ Comes back home at 4
▪ Showers and listens to music	▪ Showers, relaxes and reads a book	▪ Showers, relaxes and watches cartoons
▪ Does her homework	▪ Does his homework	▪ Goes cycling with friends
▪ Goes to the gym	▪ Goes out cycling	▪ Does his homework
▪ Has dinner at 8	▪ Has dinner at 7	▪ Has dinner at 8.30
▪ Goes on social media	▪ Goes on social media	▪ Watches television
▪ Calls her boyfriend	▪ Calls his girlfriend	▪ Calls his best friends
▪ Goes to bed at 11	▪ Goes to bed at 10.30	▪ Goes to bed at midnight
▪ Before going to bed has a bath and reads a book	▪ Before going to bed has a hot shower and reads a book	▪ Before going to bed has a hot bath and reads a novel

Key questions

Inis dom faoi ghnáthlá scoile.	*Tell me about a typical school day.*
Cad é a dhéanann tú i ndiaidh na scoile?	*What do you do after school?*
Cén t-am a bhfágann tú an scoil?	*At what time do you leave school?*
Cá dtéann tú?	*Where do you go?*
Cé leis/léi a dtéann tú ann/inti?	*Who with?*
Cad é a dhéanann tú ann/inti?	*What do you do there?*
Cad é mar a théann tú abhaile?	*How do you go back home?*
Cén t-am a dtagann tú abhaile?	*At what time do you get back home?*
Cad é a dhéanann tú nuair a thagann tú abhaile ?	*What do you do after returning home?*
Cad é a itheann tú?	*What do you eat?*
Cé mhéad ama a chaitheann tú ar d'obair bhaile?	*How long do you spend doing your homework?*
Cén t-am a ndéanann tú d'obair bhaile?	*At what time do you do your homework?*
Cad é a dhéanann tú nuair a chríochnaíonn tú d'obair bhaile?	*What do you do once you have finished your homework?*
Cad é mar a chuidíonn tú sa bhaile?	*How do you help at home?*
Cén t-am a mbíonn dinnéar ann de ghnáth?	*At what time do you usually dine?*
Cé leis/léi a mbíonn dinnéar agat?	*Who with?*
Cén áit?	*Where?*
Cad é a itheann tú don dinnéar?	*What do you eat for dinner?*
Cad é a dhéanann tú i ndiaidh an dinnéir?	*What do you do after dinner?*
Cén t-am a dtéann tú a luí?	*At what time do you go to bed?*
Cad é a dhéanann tú roimh dhul a luí?	*What do you do before going to bed?*

ANSWERS – Unit 5

1. Match: imrím cluichí ar líne – I play games online **bíonn folcadh agam** – I have a bath **ligim mo scíth** – I relax
titim i mo chodladh – I fall asleep **tagaim abhaile arís** – I come home again **ním na soithí** – I wash the dishes
téim ar shiúlóid– I go for a walk **déanaim obair an tí** – I do housework **amharcaim ar scannán** – I watch a film
ní dhéanaim rud ar bith – I don't do anything **scuabaim an t-urlár**– I brush the floor **cuidím le mo mháthair** – I help
my mother **déanaim m'obair bhaile** – I do my homework

2. Complete the phrases with the missing letters: a) cuid**ím** b) t**éim** c) im**rím** d) déan**aim** e) l**éim** f) ól**aim**
g) shiúl**óid** h) it**him** i) sc**íth** j) amharc**aim** k) scuab**aim** l) n**ím** m) éist**im** n) cu**irim** o) l**uí**

3. Faulty translation: a) my teeth b) my mother c) at three o'clock d) novel e) I spend an hour on the computer
f) to my father g) I go running

4. Tangled translation: a) Caithim dhá uair ar an ríomhaire b) Uaireanta, ním na soithí c) Tagaim abhaile arís ar cheathrú
go dtí a hocht d) Roimh dhul a luí, léim úrscéal e) Gach oíche, i ndiaidh an dinnéir, téim ar na meáin shóisialta
f) Téim a luí thart faoi mheán oíche g) Sa tráthnóna, i ndiaidh na scoile, imrím peil le mo chairde in aice leis an t-ionad
siopadóireachta h) Ar a trí a chlog, ligim mo scíth

5. Break the flow: a) De ghnáth tagaim abhaile ón scoil b) Ansin ligim mo scíth agus éistim le ceol c) Uaireanta cuidím le
mo mháthair d) Ním na soithí le mo dheartháir e) Ithim dinnéar ar a sé a chlog f) Imrím cispheil le mo chairde scoile
g) Scuabaim an t-urlár sa chistin h) Léim úrscéal gach oíche i) Téim a luí ar leath i ndiaidh a deich

6. Translate into English: a) bath b) before going to bed c) I come back d) I rest/relax e) I eat lunch f) the dishes
g) I play games online h) I don't do anything i) I brush my teeth j) I drink a cup of tea

7. Fill the gaps: a) ndiaidh/abhaile b) déanaim/chúig/sé c) bith/ceol d) ithim/sceallóga e) téim/chara
f) t-ionad siopadóireachta/chailín,ghirseach g) dinnéir/ soithí h) roimh/luí/léim

8. Spot the missing word and add it in: a) **na** soithí b) **a** chlog c) rud **ar** bith d) **mo scíth** e) **is** fearr
f) **scuabaim** m'fhiacla g) **ag** rith h) **obair** bhaile i) **le** ceol j) folcadh **agam** k) an **teilifís** l) **ar** an rothar

9. Match questions and answers: (1) Éirím ar leath i ndiaidh a sé (2) Ithim ceapairí ag am lóin (3) Críochnaíonn an scoil
ar fiche i ndiaidh a trí (4) Ar an bhus (5) Idir a sé agus a seacht (6) Ním na soithí gach Luan (7) Sa pháirc (8) mo chara is
fearr (9) Labhraím le mo chairde (10) Trí huaire (11) Thart faoi a haon déag a chlog gach oíche (12) Úrscéal

10. Split sentences: léim úrscéal ; **roimh** dhul a luí ; **ligim** mo scíth ; **ní dhéanaim** rud ar bith ; **amharcaim ar** an teilifís
déanaim m'obair bhaile ; **tagaim ar ais** abhaile ; **éistim** le ceol ; **imrím** cluichí ; **téim** a luí

11. Complete as appropriate: a) ar b) chistin c) bhaile d) ar e) amach f) cith/folcadh g) ceol h) léim

12. Arrange these actions in the correct order: Músclaím; Ithim bricfeasta; I ndiaidh an bhricfeasta, ním mé féin; Cuirim
orm m'éide scoile; Téim ar scoil ar an bhus; Tosaíonn ranganna; Bíonn sos ann; Críochnaíonn ranganna; Téim go dtí an
chlub díospóireachta; Imrím peil i ndiaidh na scoile; Téim abhaile sa charr; Amharcaim ar an teilifís gach oíche

13. Translate into Irish: a) éirím b) I ndiaidh (an) dinnéir c) téim a luí d) bíonn cith agam e) ithim dinnéar
f) ligim mo scíth g) Téim amach le mo chairde h) éistim le ceol i) Téim ar ais abhaile j) Léim úrscéal

14. Slalom translation: (1) Téim amach le mo chara (2) Ní dhéanaim m'obair bhaile riamh (3) Téim ar na meáin
shóisialta (4) Imrím le mo ghuthán póca (5) De ghnáth téim ag rith (6) Téim ag rothaíocht le mo dheirfiúr
(7) I ndiaidh na scoile, ligim mo scíth (8) I ndiaidh an dinnéir, ním na soithí (9) San oíche, éistim le ceol

15. Match: ag rothaíocht – cycling **na meáin shóisialta** – social media **roimh dhinnéar** – before dinner **Ligim mo scíth**
– I relax **guthán póca** – a mobile phone **de ghnáth**– usually **mo stócach** – my boyfriend **I ndiaidh na scoile** – after
school **na soithí**– the dishes **sa tráthnóna** – in the afternoon/evening **bíonn cith agam** – I have a shower

16. Guess the mystery phrases: a) téim a luí   b) sa tráthnóna c) I ndiaidh an dinnéir   d) ním na soithí   e) de ghnáth
f) éistim le ceol   g) na meáin shóisialta   h) ligim mo scíth

17. Sentence puzzle:

a) Téim abhaile ar cheathrú i ndiaidh a ceathair
b) Téim ar scoil ar an bhus
c) Ligim mo scíth i ndiaidh na scoile
d) Siúlaim ansin leis an mhadadh

e) De ghnáth, téim ar scoil ar rothar
f) Imrím ar mo ríomhaire gach oíche
g) Roimh dhul a luí, amharcaim ar an teilifís
h) Déanaim m'obair bhaile sa chistin

18. Find someone who: a) Dáithí   b) Máire   c) Aisling   d) Séamas   e) Róise   f) Sinéad   g) Dáithí   h) Tómás   i) Caolán

19. Find in the text the Irish equivalent: a) téim amach ag rothaíocht   b) téim ag rith   c) téim ag siopadóireacht
d) imrímid iománaíocht   e) téim abhaile   f) le mo chairde   g) cuidím le mo thuismitheoirí   h) ag éisteacht le ceol
i) obair tí   j) déanaim m'obair bhaile   k) bíonn cith agam   l) ligim mo scíth

20. Translate into Irish: a) i ndiaidh na scoile, bíonn cith agam   b) cuidím le mo thuismitheoirí
c) téim go dtí an t-ionad siopadóireachta   d) téim ag rothaíocht le mo chara   e) éistim le ceol gach oíche
f) ithim mo dhinnéar thart faoi a sé a chlog

21. Find the Irish equivalent in the text: a) scuabaim m'fhiacla   b) ansin   c) fágaimid an teach   d) siúlaimid   e) má
bhíonn sé ag cur fearthainne   f) críochnaíonn siad   g) i ndiaidh na scoile   h) maireann an club uair a chloig   i) an t-ionad
siopadóireachta j) in aice leis an scoil k) láithreach bonn   l) ní maith liom a bheith ag stáidéar m) caithim am   n) labhraím
le mo chairde   o) roinnim griangraif p) glasraí   q) ní ithim mórán   r) mo sheomra (leapa)   s) léim leabhar   t) téim a luí

22. Answer the questions:
a) gets up, showers, brushes his teeth, puts his uniform on, gets his school bag, eats breakfast (any 5)
b) when it's raining   c) seven hours/ 8:20 – 3:20 d) homework, social media, chat with friends online, shares photos videos
e) not much   f) watches a film or a tv series on Netflix, has a shower, relaxes, reads a book or listens to music (any 2)

23. Complete the translation: go dtí ; t-ionad ; chara ; sceallóga ; pháirc ; liom ; faoi ; téim ; m'obair ; tíreolaíocht ; fearr;
críochnaím ; dhinnéar ; meáin ; chairde ; luí ; scíth ; ceol ;

24. Translate into Irish: a) tagaim ar ais ón scoil   b) bíonn cith agam c) déanaim m'obair bhaile   d) léim úrscéal
e) téim a luí   f) ní dhéanaim rud ar bith   g) ligim mo scíth ag éisteacht le ceol   h) cuirim scairt ar mo stócach
i) téim go dtí an tsólann j) ithim lón   k) téim go dtí an t-ionad siopadóireachta   l) téim ar na meáin shóisialta

25. Write a paragraph for Lára and Marcas using FIRST person and for Pól using THIRD person

Lára: Tagaim ar ais abhaile ar a ceathair a chlog. Bíonn cith agam agus éistim le ceol. Déanaim m'obair bhaile agus téim go
dtí an t-ionad sláinte/an tsólann. Ithim dinnéar ar a hocht a chlog. Téim ar na meáin shóisialta agus cuirim scairt ar mo
stócach. Téim a luí ar a haon déag a chlog. Roimh dhul a luí, bíonn folcadh agam agus léim leabhar

Marcas: Tagaim ar ais abhaile ar a cúig a chlog. Bíonn cith agam, ligim mo scíth agus léim leabhar. Déanaim m'obair bhaile
agus téim amach ag rothaíocht. Ithim dinnéar ar a seacht a chlog. Téim ar na meáin shóisialta agus cuirim scairt ar mo ghrá
geal. Téim a luí ar leath i ndiaidh a deich. Roimh dhul a luí, bíonn cith te agam agus léim leabhar.

Pól: Tagann sé ar ais abhaile ar a ceathair a chlog. Bíonn cith aige, ligeann sé a scíth agus amharcann sé ar chartúin. Déanann
sé a obair bhaile agus itheann sé dinnéar ar leath i ndiaidh a hocht. Amharcann sé ar an teilifís agus cuireann sé scairt ar a
chairde is fearr. Téann sé a luí ar mheánoíche. Roimh dhul a luí, bíonn folcadh te aige agus léann sé leabhar.

Unit 6. Talking about a typical weekend

Ar an Satharn, *On Saturday,* **Ar an Domhnach,** *On Sunday,* **Ag an deireadh seachtaine,** *At the weekend,*	**éirím** *I get up*	**ar a naoi** *at nine* **ar mheán lae** *at noon* **go mall** *late* **go luath** *early*
	bíonn luí isteach agam *I have a lie-in*	

Ansin, *Then,*	**bíonn cith agam** *I have a shower* **ithim bricfeasta** *I eat breakfast* **ním m'aghaidh agus mo lámha** *I wash my face and my hands* **scuabaim m'fhiacla** *I brush my teeth*

Don bhricfeasta, ithim *For breakfast, I eat*	**arán** *bread* **arán rósta** *toast* **calóga arbhair** *cornflakes* **uibheacha** *eggs*	**le** *with*	**him** *butter* **mil** *honey* **salann** *salt* **siúcra** *sugar* **subh** *jam*

agus ólaim *and I drink*	**cupán caife** *a cup of coffee* **cupán tae** *a cup of tea* **gloinne bainne** *a glass of milk* **sú oráiste** *orange juice*	**le** *with*	**bainne** *milk* **siúcra** *sugar*

Ansin, *Then,*	**cuidím le hobair an tí** *I help with the housework* **cuidím le m'athair** *I help my father* **imrím ar an PlayStation** *I play on the PS* **imrím ar an ríomhaire** *I play on the computer*	**ním na soithí** *I wash the dishes* **téim ar Aifreann** *I go to mass* **téim go dtí an linn snámha** *I go to the pool* **téim go dtí an t-ionad siopadóireachta** *I go to the shopping centre*

Sa tráthnóna, *In the* *afternoon/evening,*	**déanaim m'obair bhaile** *I do my homework* **imrím spórt** *I play sport* **ligim mo scíth** *I relax*	**amharcaim ar shráith teilifíse** *I watch a television series* **léim an nuachtán** *I read the newspaper* **ní dhéanaim rud ar bith** *I don't do anything*

San oíche, *At night,*	**buailim le mo chairde** *I meet my friends* **éistim le ceol** *I listen to music* **téim ag damhsa** *I go dancing* **téim amach le mo chara is fearr** *I go out with my best friend*	**amharcaim ar an teilifís** *I watch television* **téim go bialann** *I go to a restaurant* **téim go cóisir** *I go to a party* **téim go dtí an pháirc** *I go to the park* **téim go teach mo charad** *I go to my friend's house*

Téim a luí ar *I go to bed at*	**a deich a chlog** *10 o'clock* **mheán oíche** *midnight* **a haon a chlog** *1 o'clock*	**Roimh dhul a luí,** *Before going to bed,*	**léim leabhar** *I read a book* **scuabaim m'fhiacla** *I brush my teeth*

1. Match

Uibheacha	Bread
Glasraí	Eggs
Calóga arbhair	Honey
Subh	Milk
Mil	Vegetables
Im	Orange juice
Bainne	An apple
Sú oráiste	Jam
Úll	Toast
Arán rósta	Sausages
Ispíní	Butter
Arán	Cornflakes

2. Fill in the gaps with the options in the box

a. ______________ le mo chairde

b. __________ cith agam

c. __________ cispheil

d. __________ arán le him

e. __________ úrscéal

f. ______________ m'fhiacla

g. __________ go cóisir

h. __________ le m'athair

i. __________ le ceol

j. __________ ar fhíseáin ar YouTube

Léim	Téim	Scuabaim	Imrím	Buailim
Éistim	Amharcaim	Bíonn	Cuidím	Ithim

3. Gapped translation: complete with the missing pieces

a. Cóirím mo leaba: *I make my* ______________

b. Ólaim cupán tae: *I drink a cup of* ____________

c. Téim ar Aifreann: *I go to* __________

d. Ní dhéanaim rud ar bith: *I don't do* __________

e. Ithim arán le subh: *I eat bread with* __________

f. Téim amach le mo chara is fearr:
I go out with my __________ __________

g. Buailim le mo dheirfiúr is sine:
I meet ____ ______ __________

h. Cuidím le m'athair: *I* ___________ *my father*

4. Complete the words

a. Ligim mo s _ _ _ _ *I relax*

b. Imrím ar mo ríom _ _ _ _ _ *I play on my computer*

c. Ní dhéanaim rud ar b _ _ _ *I don't do anything*

d. Scuabaim m'fh _ _ _ _ _ *I brush my teeth*

e. T _ _ _ amach le mo chairde
I go out with my friends

f. Ithim bric _ _ _ _ _ _ *I eat breakfast*

g. Léim úrsc _ _ _ *I read a novel*

h. Téim ag rothaí _ _ _ _ *I go cycling*

5. Mystery foods and drinks: guess and complete the words

a. A _ _ _

b. Is _ _ n _

c. M _ lse _ n

d. Fe _ i _

e. I _

f. Calóga arb _ _ _ r

g. Sc _ al _ óg _

h. B _ in _ _

i. U _ _

j. S _ oráiste

k. C _ _ t e

l. Su _ _

6. Anagrams: rewrite the word in bold correctly	**7. Spot and add in the missing word**
a. **símMcúal** ar a seacht ___________	a. Téim Aifreann
b. **mBiiula** le mo chairde ___________	b. Ní dhéanaim ar bith
c. Ním na **htiosí** ___________	c. ag rothaíocht
d. **iCímdu** le m'athair ___________	d. Éirím mall
e. Téim ar **iolcs** ___________	e. Buailim mo chairde
f. Ní dhéanaim **rbaio** bhaile ___________	f. Téim luí ar a haon ar maidin
g. Don bhricfeasta, ithim **ráan** ___________	g. cith agam
h. Ligim mo **tíchs** ___________	h. Éistim ceol
i. **iméT** go dtí an linn snámha ___________	i. Téim amach mo stócach
j. Ólaim cupán **aet** ___________	j. Déanaim an tí

8. Translate into English

a. Sa tráthnóna	h. Ithim bricfeasta ar a hocht
b. Gach oíche	i. Imrím camógaíocht ar scoil
c. Déanaim obair an tí	j. Téim amach le mo chara is fearr
d. Ar an Satharn	k. Ligim mo scíth
e. Roimh dhul a luí, éistim le ceol	l. Uaireanta, amharcaim ar scannán ar an teilifís
f. Scuabaim m'fhiacla	m. Déanaim m'obair bhaile sa chistin
g. Cuidím le mo mháthair	n. Éirím go luath

9. Complete the sentences

a. Gach maidin, é _____________ ar fiche i ndiaidh a seacht.

b. Ansin, scuabaim m __________ agus ním mé f ___________.

c. Ar leath i ndiaidh a hocht, ithim b _________________.

d. Ní i ________ mórán. De ghnáth, ithim s ___________ agus ispíní do mo d ____________.

e. Sa tráthnóna, ólaim cupán caife agus ithim c __________.

f. Ansin, déanaim m'obair b ___________. Is fuath liom í.

g. Gach lá, b _________ le mo chairde.

h. De ghnáth, t ________ go dtí an t-ionad siopadóireachta in aice le mo theach.

10. Multiple choice quiz

	a	b	c
Ním na soithí	I do housework	I wash the dishes	I do the gardening
Téim go dtí an pháirc	I go to the cinema	I go to Mass	I go to the park
Ní dhéanaim rud ar bith	I don't do anything	I relax	I rest
Téim a luí	I wash	I get up	I go to bed
Ligim mo scíth	I eat breakfast	I relax	I wash
Imrím cártaí	I relax	I play cards	I rest
Déanaim obair tí	I go to bed	I sleep	I do house work
Ar an Domhnach	on Sunday	on Saturday	on Friday
Léim úrscéal	I read a book	I read a novel	I read a comic
Imrím ficheall	I play chess	I play cards	I play video games
Téim amach le mo chairde	I go out with my girlfriend	I go out with my friends	I go out with my boyfriend
Téim go dtí an linn snámha	I go to the park	I go to the shopping centre	I go to the swimming pool

11. Sentence puzzle: arrange the sentences in the correct order

a. Satharn an deich a ar Éirím ar

b. agam Bíonn bricfeasta ansin

c. sin m'fhiacla scuabaim I ndiaidh

d. bhaile Déanaim ar an m'obair Domhnach

e. Aifreann Domhnach Ar an téim ar le mo mháthair

f. pháirc tráthnóna Dé Sathairn sa le mo Buailim chairde

12. Faulty translation

a. Don bhricfeasta, ithim uibheacha: *For breakfast, I eat cereal.*

b. San oíche, ní dhéanaim rud ar bith: *In the evening, I don't do anything.*

c. Téim go dtí an pháirc le m'athair: *I go to the park with my mother.*

d. Roimh dhul a luí, léim leabhair: *Before going to bed, I have a shower.*

e. Ar an Aoine, ligim mo scíth: *On Sunday, I relax.*

f. Ligim mo scíth ag éisteacht le ceol: *I spend time listening to music.*

g. Ním na soithí: *I tidy up my room.*

13. Slalom translation: translate the sentences by selecting the appropriate squares as shown in the example

1. Before going to bed, I read a novel	5. I relax listening to music
2. Usually, I get up around 6:30	6. I have a shower and then I eat cornflakes
3. In the evening, I don't do anything	7. On Saturday, I go dancing
4. On Friday, I play a lot of sport	8. On Sunday, I spend the whole day with my girlfriend

Roimh (1)	mo scíth	imrím	calóga arbhair.
De ghnáth	**dhul a luí (1)**	rud	a sé.
Sa tráthnóna	caithim an lá ar fad	**léim (1)**	damhsa.
Ar an	agus ansin	le mo	chailín.
Ligim	téim	leath i ndiaidh	**úrscéal. (1)**
Bíonn cith agam	éirím thart faoi	ag	ar bith.
Ar an Satharn	Aoine	Ithim	le ceol.
Ar an Domhnach	Ní dhéanaim	ag éisteacht	a lán spóirt.

14. Match

Éirím	Nothing
Ar an Satharn	Then
Téim a luí	On Saturday
Ansin	I eat
Ólaim	I get up
Úrscéal	At night
Rud ar bith	I help
Caithim	A novel
San oíche	I drink
Téim	I go to bed
Linn snámha	I put
Tosaím	I go
Thart faoi	Around
Ithim	Toast
Cuidím le	I spend
Arán rósta	Swimming pool
Cuirim	I start

15. Break the flow

a. Roimhdhulaluíléimleabhar

b. AranSatharnimrímpeilghaelachlemochairde

c. GachDomhnachtéimagrothaíochtlemodheartháir

d. Déanaimm'obairbhailesachistin

e. Éirímgoluathgachmaidin

f. Deghnáthnímnasoithí

g. OícheDéDomhnaighamharcaimarscannánlem'athair

16. Translate

a. Músclaím:

b. Ním mé féin:

c. Bíonn cith agam:

d. Ithim dinnéar:

e. Cuidím le m'athair:

f. Buailim le mo stócach:

g. Déanaim m'obair bhaile:

h. Téim ag rith:

Is mise Ciara agus beidh mé ag caint leat faoi na rudaí a dhéanaim ag an deireadh seachtaine. Maidin Dé Sathairn, éirím go mall agus ithim bricfeasta sa ghairdín. Don bhricfeasta, glacaim mo chuid ama, ithim uibheacha, arán rósta agus ólaim cupán caife. De ghnáth, téim go dtí an t-ollmhargadh le mo mháthair agus le mo dheirfiúr. Ag an bhomaite, is é 'An Bia Gasta' an bhialann is fearr liom san ionad siopadóireachta i lár an bhaile. De ghnáth, bíonn sú oráiste agam agus ithim iasc agus sceallóga. Itheann mo mháthair agus mo dheirfiúr anraith an lae. Anois agus arís, bíonn milseog againn fosta.

Tráthnóna Dé Sathairn, tugaim cuairt ar mo chara Aingeal, tá sí ina cónaí in aice liom. Labhraímid le chéile, éistimid le ceol agus imrímid cártaí. Réitímid go maith lena chéile mar tá sí iontach greannmhar. San oíche, caithim am le mo theaghlach de ghnáth. Tugann mo sheanmháthair cuairt orainn, itheann sí dinnéar linn agus, an chuid is mó den am, amharcaimid ar scannán le chéile.

Ar an Domhnach, téim ar Aifreann le m'athair. Ansin, bíonn lón againn le m'aintín agus le m'uncail. Imrímid cártaí le mo thuismitheoirí. Uaireanta, téim ag rothaíocht le mo dheirfiúr. Déanann mo mháthair dinnéar deas dúinn agus bíonn uachtar reoite againn. Ar an drochuair, gach Domhnach, déanaim m'obair bhaile. Nuair a chríochnaím m'obair bhaile, léim leabhar nó amharcaim ar an teilifís tamaillín. Roimh dhul a luí, ním na soithí agus scuabaim an t-urlár sa chistin. Téim a luí go luath thart faoi leath i ndiaidh a deich mar bíonn tuirse an domhain orm. **(Ciara, 15 bliana)**

17. Find the Irish equivalent	**18. Answer the comprehension questions**
a. I will talk to you about	a. When does she get up on Saturday?
b. Saturday morning	b. What does she usually have for breakfast? (3 details)
c. I get up late	c. Where is their favourite restaurant located?
d. At the minute	d. What does she usually order there?
e. I visit	e. What does her mum and sister usually eat?
f. Beside me	f. When does she visit her friend Aingeal?
g. Most of the time	g. What does she do at her friend Aingeal's? (3 details)
h. Mass	h. Where does she go on Sunday?
i. Soup of the day	i. What does she do with her sister?
j. A nice dinner	j. When does she do her homework?
k. Ice-cream	k. Why does she go to bed so early?
l. We get along well with	
m. With my aunt and my uncle	
n. With my parents	
o. I read a book	
p. Very tired	

Dia duit, Emmett an t-ainm atá orm, beidh mé ag caint leat faoi na rudaí a dhéanaim ag an deireadh seachtaine de ghnáth. Maidin Dé Sathairn, éirím go luath agus téim ag rith sa pháirc mar ní bhíonn mórán daoine ann ag an am sin den lá. Nuair a fhillim abhaile, ithim mo bhricfeasta sa chistin agus amharcaim ar an teilifís. Is maith liom a bheith ag amharc ar chartúin. Ansin, téim go dtí an linn snámha le m'athair agus le mo dheartháir. Is breá liom a bheith ag snámh. Ina dhiaidh sin, ithimid i mbialann Iodalách in aice le mo theach le mo mháthair agus le mo dheirfiúr is óige. Ní maith le mo dheirfiúr is óige snámh agus mar sin de, ní thagann sí go dtí an linn snámha linn. San oíche, tugaimid cuairt ar ár gcomharsana le mo chailín, Síofra. Tá mo chomharsana iontach cainteach agus greannmhar agus tá mac acu, Marcas, atá ar chomhaois liom. Bíonn atmaisfear deas ann sa teach i gcónaí agus bíonn am deas againn le chéile. An Satharn seo chaite, bhí mo chol ceathrair ann fosta. Chuaigh mé a luí thart faoi mheán oíche ach sula ndeachaigh mé a luí, shiúil mé le mo chailín go dtí a teach.

Maidin Dé Domhnaigh, téim chuig an chlub peile mar bíonn traenáil peile agam. Ansin, téim chuig bialann le mo theaghlach. Ina dhiaidh sin, tugaimid cuairt ar mo sheantuismitheoirí a chónaíonn cóngarach go leor dúinn. Is daoine deasa iad agus bíonn cístí agus milseáin acu de ghnáth. San oíche, amharcaim ar scannán nó ar shraith theilifíse le mo dheartháir i ndiaidh an dinnéir. Is breá linn scannáin uafáis. Ní maith linn scannáin le fótheidil. An Domhnach seo chaite, d'amharc muid ar scannán bleachtaireachta a thaitin go mór linn. Bhí sé iontach suimiúil. De ghnáth, téim a luí thart faoi a haon déag a chlog, ach bím iontach tuirse oíche Dhomhnaigh.
(Emmett, 16 bliana)

<table>
<tr><td>

19. Find the Irish equivalent

a. About what I usually do at the weekend

b. I get up early

c. At that time of day

d. Cartoons

e. Then

f. Swimming pool

g. We eat

h. Our neighbours

i. Very talkative and funny

j. A nice atmosphere

k. My cousin

l. At around midnight

m.Close enough to us

n. Cakes

o. Before I went to bed

p. Films with subtitles

</td><td>

20. Answer the questions below

a. When does Emmett get up on a Saturday?

b. What does he watch on tv?

c. Where does he go with his father and brother?

d. Why does his sister not go to the pool?

e. What type of restaurant do they go to on a Saturday?

f. Where is the restaurant situated?

g. Who did he walk home before going to bed?

h. Who else went to their neighbours house last Saturday?

i. Where does he go on a Sunday morning?

j. What type of people are his grandparents?

k.Who does he watch a film with on Sunday nights?

l. How does he describe the film he watched last Sunday?

</td></tr>
</table>

21. Split sentences

Sa tráthnóna, fanaim	mheán oíche
Téimid go dtí an	sa bhaile
Éirím	le mo mháthair
Cuidím	leabharlann
Léim leabhar sa	chlub oíche
Ní dhéanaim	go luath
Téim a luí ar	tuirseach
Bím	rud ar bith

22. Complete the words

a. De g _ _ _ _ _ : *Usually*

b. É _ _ _ _ : *I get up*

c. Ithim b _ _ _ _ _ _ _ _ _ : *I eat breakfast*

d. Sa t _ _ th _ _ _ _ : *In the afternoon/evening*

e. San o _ _ _ _ : *At night*

f. T _ _ _ : *I go*

Usually, I get up late on Saturdays. Then I shower, brush my teeth and I eat breakfast. Most of the time, I don't eat much, toast and a cup of tea. After breakfast, I do my homework for an hour and then meet up with my best friend. We usually go to the shopping centre near my home or in the town centre. We go to a local café and we drink coffee or tea. In the afternoon, I go to the cinema or to the park with my girlfriend. At night, I go to a night club with my friends. **(Lorcan, 17 d'aois)**

23. Complete the translation of Lorcan's text

De ghnáth, _____________ go mall ar an _________ . Ansin, bíonn _________ agam, _________ m'fhiacla agus _________ bricfeasta. An chuid is mo den am, ní _____________ móran, arán rósta agus cupán tae. I ndiaidh an bhricfeasta, _____________ m'obair bhaile ar feadh uaire agus ansin _________ le mo chara is ___________. De ghnáth, téimid go dtí an lár-ionad siopadóireachta in _______ le mo _________ nó i lár an bhaile. Téimid go caifé áitiúil agus _____________ caife nó tae. Sa tráthnóna, _____________ go dtí an _________ nó go dtí an _____________ le mo ___________. San oíche, téim go club _________ le mo chairde.

24. Translate into Irish

a. I get up

b. I wash myself

c. I have a shower

d. I eat eggs

e. I drink a cup of tea

f. I wash the dishes

g. I go out

h. I go to the library

i. I go to the night club

j. I rest

k. I help my father

l. I go to bed

m. I read a novel

n. I don't do anything

o. Before going to bed

25. Write a paragraph in the FIRST person singular (mé) including the following:

- On Saturdays, I get up late
- I get up at 11 then I have a shower
- I eat breakfast. I eat eggs and fruit
- Then I call my best friend and we go out
- We usually go to the town centre
- We eat lunch in a local restaurant
- In the afternoon, I go out with my girlfriend/boyfriend
- We go to the cinema
- I eat dinner at home with my parents at around eight
- I go to bed at around ten
- Before going to bed, I have a shower and read a book

Key questions

Cad é mar a chaitheann tú an deireadh seachtaine de ghnáth?	*How do you usually spend the weekend?*
Cad é a dhéanann tú ar an Satharn?	*What do you (usually) do on Saturday?*
Cad é a dhéanann tú ar an Domhnach?	*What do you (usually) do on Sunday?*
Cad é a dhéanann tú ag an deireadh seachtaine?	*What do you do at the weekend?*
Cad é a dhéanann tú ar maidin?	*What do you do in the morning?*
Cad é a dhéanann tú sa tráthnóna?	*What do you do in the afternoon/evening?*
Cad é a dhéanann tú san oíche?	*What do you do at night?*
Cá dtéann tú oíche Shathairn?	*Where do you go on Saturday evenings?*
Cad é a itheann tú?	*What do you eat?*
An gcaitheann tú am le do theaghlach?	*Do you spend time with your family?*
An imríonn tú spórt ar bith?	*Do you play any sport?*
Cá dtéann tú? Cé leis? Cad é a dhéanann tú?	*Where do you go?* *Who with?* *What do you do?*

ANSWERS – Unit 6

1. Match: uibheacha – eggs **glasraí** – vegetables **calóga arbhair** – cornflakes **subh** – jam **mil** – honey **im** – butter **bainne** – milk **sú oráiste** – juice **úll** – an apple **arán rósta** – toast **ispíní** – sausages **arán** - bread

2. Fill in the gaps: a) buailim b) bíonn c) imrím d) ithim e) léim f) scuabaim g) téim h) cuidím i) éistim j) amharcaim

3. Gapped translation: a) bed b) tea c) Mass d) anything e) jam f) best friend g) my oldest sister h) help

4. Complete the words: a) s**cíth** b) río**mhaire** c) **bith** d) m'f**hiacla** e) t**éim** f) bric**feasta** g) úrsc**éal** h) rotha**íocht**

5. Mystery foods and drinks: a) arán b) ispíní c) milseán d) feoil e) im f) calóga arbhair g) sceallóga h) bainne i) ubh/úll j) sú oráiste k) císte l) subh

6. Anagrams: a) músclaím b) buailim c) soithí d) cuidím e) scoil f) obair g) arán h) scíth i) téim j) tae

7. Spot and add in the missing word: a) ar Aifreann b) dhéanaim rud c) téim ag d) go mall e) le mo f) a luí g) bíonn cith h) le ceol i) le mo j) obair an

8. Translate: a) in the afternoon/evening b) Every night c) I do housework d) on Saturday e) Before going to bed, I listen to music f) I brush my teeth g) I help my mother h) I eat breakfast at 8 i) I play camogie at school j) I go out with my best friend k) I relax l) Sometimes, I watch a film on the TV m) I do my homework in the kitchen n) I get up early

9. Complete: a) é**irím** b) m'**fhiacla/féin** c) b**ricfeasta** d) ithim/**sceallóga**/d**hinnéar** e) císte f) b**haile** g) b**uailim** h) t**éim**

10. Multiple choice quiz: Ním na soithí (b) téim go dtí an pháirc (c) ní dhéanaim rud ar bith (a) téim a luí (c) ligim mo scíth (b) imrím cártaí (b) déanaim obair tí (c) Ar an Domhnach (a) léim úrscéal (b) imrím ficheall (a) téim amach le mo chairde (b) téim go dtí an linn snámha (c)

11. Sentence puzzle:
a) Éirím ar a deich ar an Satharn
b) Bíonn bricfeasta agam ansin
c) I ndiaidh sin, scuabaim m'fhiacla
d) (Ar an Domhnach) Déanaim m'obair bhaile ar an Domhnach
e) Ar an Domhnach, téim ar Aifreann le mo mháthair
f) Buailim le mo chairde sa pháirc tráthnóna Dé Sathairn

12. Faulty translation: a) I eat eggs b) At night c) with my father d) I read a book e) On Friday f) I relax g) I wash the dishes

13. Slalom translation: 1) Roimh dhul a luí, léim úrscéal 2) De ghnáth, éirím thart faoi leath i ndiaidh a sé 3) Sa tráthnóna, ní dhéanaim rud ar bith 4) Ar an Aoine, imrím a lán spóirt 5) Ligim mo scíth ag éisteacht le ceol 6) Bíonn cith agam agus ansin ithim calóga arbhair 7) Ar an Satharn, téim ag damhsa 8) Ar an Domhnach, caithim an lá ar fad le mo chailín

14. Match: éirím – I get up **ar an Satharn** – on Saturday **téim a luí** – I go to bed **ansin** – then **ólaim** – I drink **úrscéal** – a novel **rud ar bith** – nothing **caithim** – I spend **san oíche** – at night **téim** – I go **linn snámha** – swimming pool **tosaím** – I start **thart faoi** -around **ithim** – I eat **cuidím le** – I help **arán rósta** – toast **cuirim** – I put

15. Break the flow:
a) Roimh dhul a luí, léim leabhar
b) Ar an Satharn, imrím peil ghaelach le mo chairde
c) Gach Domhnach, téim ag rothaíocht le mo dheartháir
d) Déanaim m'obair bhaile sa chistin
e) Éirím go luath gach maidin
f) De ghnáth ním na soithí
g) Oíche Dé Domhnaigh, amharcaim ar scannán le m'athair

16. Translate: a) I wake b) I wash myself c) I have a shower d) I eat dinner e) I help my father f) I meet my boyfriend g) I do my homework h) I go running

17. Find the Irish equivalent: a) beidh mé ag caint leat faoi   b) maidin Dé Sathairn   c) éirím go mall   d) ag an bhomaite
e) tugaim cuairt ar   f) in aice liom   g) an chuid is mó den am   h) Aifreann   i) anraith an lae   j) dinnéar deas
k) uachtar reoite   l) réitímid go maith lena chéile   m) le m'aintín agus le m'uncail   n) le mo thuismitheoirí
o) léim leabhar   p) tuirse an domhain

18. Answer: a) late   b) toast, eggs, cup of coffee   c) in the shopping centre   d) fish,chips and orange juice
e) soup of the day   f) Saturday afternoon/evening   g) chat, listen to music and play cards   h) Mass   i) cycling
j) every Sunday   k) very tired

19. Find the Irish equivalent: a) faoi na rudaí a dhéanaim ag an deireadh seachtaine de ghnáth   b) éirím go luath
c) ag an am sin den lá   d) c(h)artúin   e) ansin   f) linn snámha   g) ithimid   h) ár gcomharsana
i) iontach cainteach agus greannmhar   j) atmaisfear deas   k) mo chol ceathair   l) thart faoi mheán oíche
m) cóngarach go leor dúinn   n) cístí   o) sula ndeachaigh mé a luí p) scannáin le fótheidil

20. Answer: a) early   b) cartoons   c) to the swimming pool   d) she doesn't like to swim   e) Italian   f) beside the house
g) his girlfriend   h) his cousin   i) the football club   j) nice people   k) his brother   l) detective film/interesting

21. Split sentences: Sa tráthnóna, fanaim sa bhaile ; téimid go dtí an chlub oíche ; éirím go luath ; cuidím le mo mháthair ;
léim leabhar sa leabharlann ;   ní dhéanaim rud ar bith ; téim a luí ar mheán oíche ; bím tuirseach

22. Complete: a) de g**hnáth**   b) **éirím**   c) ithim b**ricfeasta**   d) sa t**ráthnóna**   e) san o**íche**   f) t**éim**

23. Complete: éirím ; Satharn ; cith ; scuabaim ; ithim ; ithim ; déanaim ; buailim ; fearr ; aice ; theach ; ólaimid/ólann
muid ; téim ; phictiúrlann ;pháirc ; chailín/ghrá geal ; oíche

24. Translate: a) éirím b) ním mé féin   c) bíonn cith agam   d) ithim uibheacha   e) ólaim cupán tae   f) ním na soithí
g) téim amach   h) téim go dtí an leabharlann   i) Téim go dtí an chlub oíche   j) ligim mo scíth   k) cuidím le m'athair
l) téim a luí   m) léim úrscéal   n) Ní dhéanaim rud ar bith   o) roimh dhul a luí

25. Write a paragraph in the FIRST person singular (mé):
Ar an Satharn, éirím go mall, éirím ar a haon déag a chlog agus ansin bíonn cith agam. Ithim bricfeasta, ithim uibheacha agus
torthaí. Ansin, cuirim scairt ar mo chara agus téimid amach. De ghnáth, téimid go lár an bhaile. Ithimid lón i mbialann áitiúil.
Sa tráthnóna, téim amach le mo stócach/chailín/ghrá geal/ghirseach. Téimid go dtí an phictiúrlann. Ithim dinnéar sa bhaile le
mo thuismitheoirí thart faoi a hocht a chlog. Téim a luí thart faoi a deich. Roimh dhul a luí, bíonn cith agam agus léim
leabhar.

Unit 7. Talking about what I did last weekend

An deireadh seachtaine seo caite, *Last weekend,*	**d'éirigh mé** *I got up*	**ar a deich a chlog** *at ten* **ar mheán lae** *at midday* **go mall** *late*
An Domhnach seo caite, *Last Sunday,* **An Satharn seo caite,** *Last Saturday,*	**chodail mé go mall** *I had a lie-in*	

Ansin, *Then,*	**bhí cith agam** *I had a shower* **bhí folcadh agam** *I had a bath*	**d'ith mé bricfeasta** *I ate breakfast* **nigh mé mé féin** *I washed myself*

Don bhricfeasta, d'ith mé *For breakfast, I ate*	**arán rósta** *toast* **arbhar** *cereals* **bagún** *bacon* **pancóga** *pancakes* **uibheacha** *eggs*	**le** *with*	**bainne** *milk* **him** *butter* **mil** *honey* **siúcra** *sugar* **subh** *jam*

Ansin, *Then,*	**chuaigh mé go dtí an leabharlann** *I went to the library* **chuaigh mé go lár an bhaile** *I went to the town centre* **chuidigh mé le m'athair** *I helped my father*	**bhain mé an féar** *I cut the grass* **bhuail mé le cairde** *I met friends* **d'imir mé ar an ríomhaire** *I played on the computer* **nigh mé na soithí** *I washed the dishes*

San iarnóin, *In the afternoon,*	**d'imir mé spórt** *I played sport* **lig mé mo scíth** *I relaxed* **rinne mé m'obair bhaile** *I did my homework*	**d'amharc mé ar scannán** *I watched a film* **léigh mé úrscéal** *I read a novel* **sheinn mé an giotár** *I played the guitar*

Sa tráthnóna, *In the afternoon/evening,* **San oíche,** *In the night,*	**chuaigh mé go ceolchoirm** *I went to a concert* **chuaigh mé go cóisir** *I went to a party* **chuaigh mé go teach mo charad** *I went to my friend's house* **d'éist mé le ceol** *I listened to music*	**chuaigh mé amach do bhéile** *I went out for a meal* **chuaigh mé amach le cairde** *I went out with friends* **chuaigh mé go club oíche** *I went to a night club* **sheinn mé an fheadóg stáin** *I played the tin whistle*

Chuaigh mé a luí ar *I went to bed at*	**a haon a chlog** *1 o'clock* **a haon déag a chlog** *at 11 o'clock* **mheán oíche** *midnight*	**Sula ndeachaigh mé a luí,** *Before I went to bed*	**scuab mé m'fhiacla** *I brushed my teeth*

1. Match

D'amharc mé ar scannán	I went to bed
Nigh mé mé féin	I didn't do anything
D'ith mé bricfeasta	I read a book
D'éist mé le ceol	I made my bed
Chuaigh mé a luí	I watched a film
Léigh mé leabhar	I washed myself
Ní dhearna mé rud ar bith	I met a friend
Bhí cith agam	I showered
Bhuail mé le cara	I listened to music
Chóirigh mé mo leaba	I ate breakfast

2. Complete with the correct word

a. _ _ _ _ _ mé leabhar.

b. Rinne mé m'obair _ _ _ _ _ _ .

c. _ _ _ _ _ mé leadóg.

d. _ _ _ _ _ _ _ mé ar scannán.

e. Nigh mé mé _ _ _ _ .

f. _ _ _ _ mé mo dhinnéar.

g. _ _ _ mé cupán tae.

h. _ _ _ _ _ _ _ mé a luí go mall.

i. _ _ _ _ _ _ mé le mo chairde.

3. Gapped translation

a. Chuidigh mé le m'athair: *I ___________ my father.*

b. Scuab mé m'fhiacla: *I _______________ my teeth.*

c. An Domhnach seo caite, d'éirigh mé go mall: *Last ____________, I got up late.*

d. Sula ndeachaigh mé a luí, léigh mé leabhar: *Before _________________, I read a book.*

e. An Satharn seo caite, chuaigh mé go cóisir: *Last Saturday, I went to a ___________ .*

f. Le cuidiú le mo mháthair, nigh mé na soithí: *To help my mother, I _______________________ .*

g. Oíche Dé Sathairn, chuaigh mé go ceolchoirm: *Saturday night, I went _____________ .*

h. An Domhnach seo caite, d'éirigh mé go luath: *Last Sunday, I got up _____________ .*

i. Maidin Dé Sathairn, d'ith mé arán rósta le subh: *On Saturday morning, I ate ________ with ______ .*

4. Multiple choice quiz

	a	b	c
Nigh mé na soithí	I washed the dishes	I did my homework	I played sport
D'ith mé cáis	I ate cheese	I ate eggs	I ate chicken
Chuaigh mé ag siúl	I went cycling	I did some reading	I went for a walk
Léigh mé leabhar	I read comics	I watched tv	I read a book
Níor ith mé rud ar bith	I didn't do anything	I saw nothing	I ate nothing
Chuaigh mé amach	I stayed in	I went clubbing	I went out
Chuaigh mé go club oíche	I went to a night club	I went to a park	I went to the cinema
Chuaigh mé go dtí an trá	I went to the park	I went out for dinner	I went to the beach
Bhí folcadh agam	I had a shower	I washed	I had a bath
D'ith mé arán	I ate honey	I ate bread	I ate jam
D'ith mé sceallóga	I drank chocolate	I ate chips	I ate chocolate
Lig mé mo scíth	I went cycling	I had fun	I relaxed

5. Rewrite the words in bold in the correct order

a. D'ith mé **esbcrifata**

b. Nigh mé na **híoist**

c. D'ith mé **nará trósa**

d. Chuaigh mé go dtí an **neharllnbaa**

e. **hD'irégi** mé go luath

f. Léigh mé **céúrsal**

g. Dé Domhnaigh, chuaigh mé ag **rsdóipoaethcia**

h. D'amharc mé ar **nánscan** uafáis

i. Chuaigh mé a **uíl**

6. Complete the words

a. Bhí c _ _ _ agam   *I had a shower*

b. Ní dhearna mé r _ _ ar bith   *I didn't do anything*

c. Nigh mé na s _ _ _ _ _   *I washed the dishes*

d. Chuaigh mé a l _ _   *I went to bed*

e. Bhu _ _ _ mé le mo chairde   *I met my friends*

f. Bhí folcadh _ _ _ _   *I had a bath*

g. D'éirigh mé go m _ _ _   *I got up late*

h. D'ith mé m _ _   *I ate honey*

7. Complete the sentences below with the words provided in the grid

a. Ar an Domhnach, _____________ mé go mall.

b. An Satharn seo caite, léigh mé _______________.

c. D'ith mé arán rósta le him agus _____________.

d. Sa tráthnóna, d'amharc mé ar shraith ___________ ar Netflix.

e. Nigh mé mé féin agus __________ mé m'fhiacla.

f. Oíche Dé Sathairn, chuaigh mé __________ .

g. Dé Domhnaigh, d'imir mé __________ sa pháirc.

h. Sa tráthnóna, ____________ mé m'obair bhaile.

scuab	d'éirigh
irisleabhar	amach
rinne	theilifíse
subh	cispheil

8. Match

Chuaigh mé amach don lón	I brushed the floor
Nigh mé na soithí	I didn't do anything
Bhí folcadh agam	I had a bath
Ní dhearna mé rud ar bith	I went cycling
Chóirigh mé mo leaba	I washed the dishes
Scuab mé an t-urlár	I had a shower
Rinne mé obair an tí	I made my bed
Bhí cith agam	I did the housework
Chuaigh mé ag rothaíocht	I went out for lunch

9. Split sentences: connect the chunks of language to form logical sentences

D'éirigh mé	cith agam
Bhuail mé	leabhar maith
D'imir mé	ar scannán ar Netflix
Lig mé	calóga arbhair
Léigh mé	iománaíocht
D'amharc mé	le mo chara is fearr
Bhí	go mall
D'ith mé	mo scíth

10. Slalom translation: translate the following sentences ticking the relevant boxes in the grid below as shown in the example.

a. On Friday, I went to a night club.

b. Before lunch, I played on my computer.

c. In the afternoon, I read a magazine.

d. In the morning, I did my homework.

e. After that, I went out with my friends.

f. Last Sunday, I went to bed early.

Dé hAoine, (a)	chuaigh mé	An Domhnach	le mo	m'obair	ríomhaire.
Ar maidin,	**mé (a)**	d'imir mé	tráthnóna	chuaigh mé	chairde.
Roimh	lón	mé	léigh	mé	**club oíche. (a)**
Ina dhiaidh sin	sa	amach	**go (a)**	a luí	go luath.
chuaigh (a)	rinne	seo caite,	ar mo	irisleabhar.	bhaile.

11. Categories: What do you do in each place?

1. **Chodail mé**	2. Léigh mé biachlár	3. D'éirigh mé
4. Cheannaigh mé éadaí	5. Chuaigh mé a luí	6. Shnámh mé
7. D'imir mé peil	8. Scuab mé an t-urlár	9. D'imir mé leadóg
10. D'ordaigh mé sceallóga	11. Cheannaigh mé cóta	12. D'amharc mé ar scannán
13. Rinne mé m'obair bhaile	14. Labhair mé le freastalaí	15. D'imir mé ar mo ríomhaire

I mo theach	San ionad siopadóireachta	San ionad spóirt	Sa bhialann
1			

12. Complete with the missing verb

a. ____________ mé go luath.

b. ____________ mé na soithí.

c. __________ mé mo bhricfeasta.

d. __________ mé le mo chairde.

e. ____________ cith agam.

f. ________ mé ar chlár teilifíse.

g. ______ mé camógaíocht.

h. ____________ mé a luí.

i. ____________ mé m'fhiacla.

13. Translate into English

a. D'ól mé sú oráiste

b. An Satharn seo caite

c. D'amharc mé ar scannán

d. Lig mé mo scíth

e. Bhí dinnéar agam i mbialann

f. Chuaigh mé go dtí an phictiúrlann

g. Chuaigh mé a luí

h. Bhuail mé le mo dheirfiúr is sine

i. Bhí folcadh agam

j. D'éirigh mé go luath

k. Chuaigh mé go dtí an t-ionad siopadóireachta

l. Rinne mé m'obair bhaile

Ar an Satharn seo caite, d'éirigh mé ar a haon déag a chlog. D'ith mé bricfeasta le mo dheirfiúr is sine. D'ith mé uibheacha, úlla agus arán le subh. D'ól mé sú oráiste. Ansin chuir mé scairt ar mo stócach agus labhair muid le chéile ar feadh uair go leith.

Ag meán lae, chuaigh mé go dtí an t-ionad siopadóireachta le héadaí nua a cheannach. Cheannaigh mé geansaí dubh agus péire bríste liath. Ar a haon, bhí lón agam i mbialann áitiúil le mo chara. Bhí a lán daoine ann. Bhí an aimsir go maith agus mar sin de, chuaigh muid ag siúl sa pháirc. Bhí an pháirc dubh le daoine.

Tháinig mé abhaile thart faoi a cúig a chlog. Bhí cith agam agus ansin, rinne mé m'obair bhaile ag éisteacht le ceol go dtí leath i ndiaidh a seacht. Bhí sé leadránach. Bhí dinnéar againn ar a hocht agus d'amharc mé ar an tsraith theilifíse is fearr liom. Chuaigh mé a luí go mall. Sula ndeachaigh mé a luí, léigh mé leabhar. **(Caitríona, 16 bliana)**

14. Find the Irish in Caitríona's text

a. Last Saturday

b. With my oldest sister

c. Bread with jam

d. I called my boyfriend

e. To buy new clothes

f. I had lunch in a local restaurant

g. There were a lot of people there

h. The park was packed

i. I had a shower

j. Until half seven

k. It was boring

l. Before I went to bed

15. Answer the questions in English

a. At what time did Caitríona get up?

b. Who did she have breakfast with?

c. What did she have for breakfast?

d. Who did she talk with for an hour and a half?

e. Why did she go to the shopping centre?

f. Where did she eat lunch?

g. What did they go to the park for?

h. What did the park have in common with her local restaurant?

i. At what time did she get back home?

j. What did she do before going to bed?

k. When time did she go to bed?

16. Complete the statements below based on Caitríona's text

a. Last ____________, I got up at 11.

b. I had breakfast with my _______ sister.

c. I had ______, apples and bread with _________.

d. I called my boyfriend and we talked for __ _____ ____ _ _____.

e. In town, I bought a black _________ and a grey pair of ____________.

f. There were a lot of ___________ at my local restaurant.

g. The weather was ________ so we went to the park.

h. At around five, I _____ ______ ______.

i. After the shower, I _________ _____ _________ while _______ ___ _________ until half past seven.

17. Translate the following phrases from Caitríona's text into English

a. Le mo dheirfiúr is sine

b. Chuir mé scairt ar

c. Le héadaí nua a cheannach

d. I mbialann áitiúil

e. Bhí an pháirc dubh le daoine

f. Ag éisteacht le ceol

g. Bhí sé leadránach

h. Sula ndeachaigh mé a luí

An Domhnach seo caite, mar is gnách, d'éirigh mé go mall. D'ith mé bricfeasta le mo dhearthári is sine. D'ith mé uibheacha, calóga arbhair, uibheagán, ispíní agus arán rósta le him agus subh. Bhí ocras orm. D'ól mé gloine sú oráiste. I rith an bhricfeasta, d'amharc mé ar chartúin sa seomra suí.

Ar mheán lae, chuaigh mé ag snámh san ionad spóirt le mo chara Caolán. Is ionad spóirt an-mhór é. Tá linn snámha ollmhór ann, seomra aclaíochta, dhá sheomra feitis agus balla mór dreapadóireachta. Chaith muid uair a chloig ann. Bhí sé sultmhar ach bhí barraíocht daoine san áit sin. Ina dhiaidh sin, chuaigh muid go bialann mar bhí ocras orm arís. D'ith mé ceapaire liamhais agus d'ól mé gloine bainne. Bhí sailéad agus cupán tae ag Caolán.

San iarnóin, bhí an aimsir go maith agus mar sin de, chuaigh muid ag rothaíocht sa pháirc. Bhí scaifte mór ann. Bhain mé an-sult as an aimsir dheas.

Tháinig mé abhaile thart faoi leath i ndiaidh a sé. Rinne mé m'obair bhaile mata agus eolaíochta ag éisteacht le ceol. Is fuath liom obair bhaile! Bhí dinnéar agam le mo theaghlach thart faoi a sé a chlog. Ansin, chaith mé tamall ag amharc ar fhíseáin ar Youtube. Chuaigh mé a luí go mall, thart faoi a haon a chlog. Sula ndeachaigh mé a luí, labhair mé le mo mháthair tamaillín. **(Maitiú, 15 bliana)**

---

18. Find the Irish equivalent for the phrases below in Maitiú's text

a. As usual

b. I ate breakfast

c. With my oldest brother

d. With butter and jam

e. I drank

f. I was hungry

g. With my friend

h. We spent an hour there

i. It was enjoyable

j. Too many people

k. The weather was nice

l. I really enjoyed the weather

m. I hate homework

n. I had dinner

o. I spent a while

p. I talked to my mother

---

19. Complete with the options in the grid

a. An Domhnach seo caite, D'éirigh Maitiú ___ ______.

b. D'ith sé _________ agus d'ól sé sú ____________.

c. Bhí a lán _________ sa linn snámha.

d. Is ____________ iad Maitiú agus Caolán.

e. I ndiaidh an linn snámha, ________ Maitiú ceapaire.

f. Sa tráthnóna, chuaigh Maitiú ag ____________ sa pháirc.

g. Ní maith _________ obair __________.

h. Bhí an aimsir go ____________.

i. Sula ndeachaigh sé a luí, _______ sé lena ____________.

bhaile	daoine
d'ith	go mall
leis	rothaíocht
mháthair	cairde
oráiste	labhair
maith	ispíní

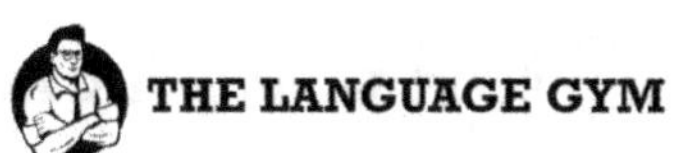

20. Translate into Irish

a. *Last Sunday, I got up late*:   A ___ D__________ s____ c____, d________ m__ g__ m____ .

b. *The weather was nice*:   B________ a____a________ g__ d______ .

c. *I went to the sports centre*:   C______ m__ g__ d____ a____ t-______ s______ .

d. *Then, I went to the park*:   A________, c______ m__ g____ d______ a__ p________ .

e. *I met my friend*:   B________ m___ l__ m____ c______ .

f. *I ate dinner at eight*:   D______ m___ d________ a__ a h______ .

g. *After dinner, I read a book*:   I n__________ d________, l______ m__ l__________ .

---

21. Translate into Irish

a. I got up at seven

b. I ate breakfast

c. I washed myself

d. I had a shower

e. After that

f. I drank a cup of tea

g. I went to the town centre

h. In the morning, I went swimming

i. In the afternoon, I went cycling

j. In the evening, I played Gaelic football

22. Correct the spelling/grammar errors

a. Bhí cith agm

b. Nig mé na soithí

c. Labhair mé le dheirfiúr is sine

d. A lán daoin

e. D'éirigh mé go mal

f. D'imir mé leadig

g. D'ith mé aron rósta le him

h. D'ól mé cupán tay

i. Ansin, léigh mé leabar

---

23. Write a paragraph in the FIRST person (mé) for Eilís and Méabh and one in the THIRD person (sé) for Aodh using the prompts given in the grid

	Morning	**Midday**	**Evening**
Eilís	<ul><li>Got up at 10</li><li>Ate breakfast</li><li>Went running</li></ul>	<ul><li>Went to park</li><li>Played netball with her friends</li><li>Enjoyed the weather</li></ul>	<ul><li>Went to shopping centre</li><li>Bought some clothes</li><li>Went back home</li><li>Did her homework</li></ul>
Méabh	<ul><li>Got up at 11</li><li>Ate fruit</li><li>Did homework</li></ul>	<ul><li>Went to swimming pool</li><li>Then went running</li><li>Was tired</li></ul>	<ul><li>Went to the park</li><li>Went cycling</li><li>Went to cinema</li><li>Had dinner at a restaurant</li></ul>
Aodh	<ul><li>Got up late</li><li>Ate eggs and toast with honey</li><li>Went to the library</li></ul>	<ul><li>Washed the dishes</li><li>Did homework</li><li>Listened to music</li><li>Watched his favourite TV series on Netflix</li></ul>	<ul><li>Played on the computer</li><li>Played the piano</li><li>Met girlfriend</li><li>Had dinner at 7:30</li></ul>

Key questions

Cad é mar a chaith tú an deireadh seachtaine?	*How did you spend the weekend?*
Cad é a rinne tú an Satharn seo caite?	*What did you do last Saturday?*
Cad é a rinne tú an Domhnach seo caite?	*What did you do last Sunday?*
Cad é a rinne tú ag an deireadh seachtaine?	*What did you do at the weekend?*
Cad é a rinne tú ar maidin?	*What did you do in the morning?*
Cad é a rinne tú i ndiaidh na scoile?	*What did you do after school?*
Cad é a rinne tú aréir?	*What did you do last night?*
Cá ndeachaigh tú oíche Shathairn?	*Where did you go on Saturday night?*
Cén t-am ar éirigh tú Dé Sathairn?	*What time did you get up at on Saturday?*
Cad é mar a chuaigh tú ar scoil?	*How did you get to school?*
Cad é a d'ith tú don bhricfeasta? **Cad é a d'ith tú don lón?** **Cad é a d'ith tú don dinnéar?**	*What did you eat for breakfast?* *What did you eat for lunch?* *What did you eat for dinner?*
Ar imir tú spórt? **Cén spórt?**	*Did you play sport?* *Which sport?*
Cá ndeachaigh tú? **Cé leis a ndeachaigh tú?** **Cad é a rinne tú?**	*Where did you go?* *Who did you go with?* *What did you do?*
Cad é mar a bhí an aimsir?	*How was the weather?*

ANSWERS – Unit 7

1. Match: **d'amharc mé ar scannán** – I watched a film   **Nigh mé mé féin** – I washed myself   **d'ith mé bricfeasta** – I ate breakfast   **d'éist mé le ceol** – I listened to music   **chuaigh mé a luí** – I went to bed   **leigh mé leabhar** – I read a book   **ní dhearna mé rud ar bith**– I didn't do anything   **bhí cith agam** – I showered   **bhuail mé le cara** – I met a friend   **chóirigh mé mo leaba** – I made my bed

2. Complete: a) **léigh** b) **bhaile** c) **d'imir** d) **d'amharc** e) **féin** f) **d'ith** g) **d'ól** h) **chuaigh** i) **bhuail**

3. Gapped translation: a) helped b) brushed c) Sunday d) I went to bed e) party f) washed the dishes
g) to a concert h) early i) toast with jam

4. Multiple choice quiz: nigh mé na soithí (a)   d'ith mé cáis (a)   chuaigh mé ag siúl (c)   léigh mé leabhar (c)   níor ith mé rud ar bith (c)   chuaigh mé amach (c)   chuaigh mé go club oíche (a)   chuaigh mé go dtí an trá (c)   bhí folcadh agam (c)   d'ith mé arán (b)   d'ith mé sceallóga (b)   lig mé mo scíth (c)

5. Rewrite the words: a) bricfeasta b) soithí c) arán rósta d) leabharlann e) d'éirigh f) úrscéal g) siopadóireacht
h) scannán   i) luí

6. Complete the words: a) **cith** b) **rud**   c) **soithí** d) **luí** e) bhu**ail** f) **agam**   g) m**all** h) **mil**

7. Complete the sentences: a) d'éirigh b) irisleabhar c) subh d) theilifíse e) scuab   f) amach g) cispheil h) rinne

8. Match: chuaigh mé amach don lón – I went out for lunch   **nigh mé na soithí** – I washed the dishes   **bhí folcadh agam** – I had a bath   **ní dhearna mé rud ar bith** – I didn't do anything   **chóirigh mé mo leaba** – I made my bed   **scuab mé an t-urlár** – I brushed the floor   **rinne mé obair an tí** – I did housework   **bhí cith agam** – I had a shower   **Chuaigh mé ag rothaíocht**– I went cyling

9. Split sentences: d'éirigh mé go mall ; bhuail mé le mo chara is fearr ; d'imir mé iománaíocht ; lig mé mo scíth ; léigh mé leabhar maith ; d'amharc mé ar scannán ar Netflix ; Bhí cith agam ; D'ith mé calóga arbhair

10. Slalom translation: a) Dé hAoine, chuaigh mé go club oíche b) Roimh lón, d'imir mé ar mo ríomhaire
c) Sa tráthnóna, léigh mé irisleabhar.   d) Ar maidin, rinne mé m'obair bhaile
e) Ina dhiaidh sin, chuaigh mé amach le mo chairde.   f) An Domhnach seo caite, chuaigh mé a luí go luath.

11. Categories: I mo theach: 1, 3, 5, 8, 12, 13, 15   San ionad siopadóireachta: 4, 11   San ionad spóirt : 6, 7, 9
Sa bhialann: 2, 10, 14,

12. Complete: a) d'éirigh b) nigh c) d'ith d) bhuail e) bhí f) d'amharc g) d'imir h) chuaigh i) scuab

13. Translate:
a) I drank orange juice   b) last Saturday   c) I watched a film   d) I relaxed   e) I had dinner in a restaurant
f) I went to the cinema   g) I went to bed   h) I met my oldest sister   i) I had a bath   j) I got up early
k) I went to the shopping centre   l) I did my homework

14. Find in the text: a) an Satharn seo caite b) le mo dheirfiúr is sine   c) arán le subh   d) chuir mé scairt ar mo stócach
e) le héadaí nua a cheannach f) bhí lón agam i mbialann áitiúil g) bhí a lán daoine ann h) bhí an pháirc dubh le daoine
i) bhí cith agam j) go dtí leath i ndiaidh a seacht k) bhí sé leadránach l) Sula ndeachaigh mé a luí

15. Answer: a) at 11 am   b) her oldest sister c) eggs, apples, bread with jam, orange juice d) her boyfriend
e) to buy new clothes f) at a local restaurant g) to go for a walk h) both were crowded   i) at around 5 pm
j) read a book   k) late

16. Complete: a) Saturday b) oldest c) eggs/honey d) an hour and a half e) jumper/trousers f) people g) nice/good
h) came back home i) did my homework/listening to music

17. Translate: a) with my oldest sister b) I called/phoned c) to buy new clothes d) in a local restaurant
e) the park was packed/black with people f) listening to music   g) it was boring h) before I went to bed

18. Find the Irish equivalent: a) mar is gnách b) d'ith mé bricfeasta c) le mo dheartháir is sine   d) le him agus subh
e) d'ól mé   f) bhí ocras orm   g) le mo chara   h) chaith muid uair a chloig ann   i) bhí sé sultmhar   j) barraíocht daoine
k) bhí an aimsir go maith l) bhain mé an-sult as an aimsir dheas   m) is fuath liom obair bhaile   n) bhí dinnéar agam
o) chaith mé tamall p) labhair mé le mo mháthair

19. Complete: a) go mall b) ispíní/oráiste c) daoine d) cairde e) d'ith f) rothaíocht g) leis/bhaile
h) maith i) labhair/mháthair

20. Translate: a) An Domhnach seo caite, d'éirigh mé go mall b) Bhí an aimsir go deas
c) Chuaigh mé go dtí an t-ionad spóirt   d) Ansin, chuaigh mé go dtí an pháirc e) bhuail mé le mo chara
f) D'ith mé dinnéar ar a hocht   g) I ndiaidh dinnéir, léigh mé leabhar

21. Translate: a) d'éirigh mé ar a seacht b) d'ith mé bricfeasta c) nigh mé mé féin d) bhí cith agam e) ina dhiaidh sin
f) d'ól mé cupán tae g) chuaigh mé go lár an bhaile h) ar maidin, chuaigh mé ag snámh
i) sa tráthnóna/san iarnóin, chuaigh mé ag rothaíocht j) sa tráthnóna/san oíche/san iarnóin, d'imir mé peil ghaelach

22. Correct the spelling/grammar errors: a) cith agam   b) nigh mé c) **mo** dheirfiúr d) lán daoine e) go mall
f) mé leadóg g) arán rósta h) cupán tae   i) mé leabhar

**23. Write a paragraph in the FIRST person (mé) for Eilís and Méabh and one in the THIRD person (sé) for Aodh
using the prompts given in the grid**

Eilís: Ar maidin, d'éirigh mé ar a deich a chlog. D'ith mé bricfeasta agus chuaigh mé ag rith. Sa tráthnóna, chuaigh mé go dtí
an pháirc agus d'imir mé líonpheil le mo chairde. Bhain mé sult as an aimsir. San oíche, chuaigh mé go dtí an t-ionad
siopadóireachta, cheannaigh mé éadaí agus chuaigh mé ar ais abhaile. Rinne mé m'obair bhaile.

Méabh: Ar maidin, d'éirigh mé ar a haon déag a chlog. D'ith mé torthaí agus rinne mé m'obair bhaile. San iarnóin, chuaigh
mé go dtí an linn snámha agus ansin, chuaigh mé ag rith. Bhí tuirse orm. San oíche, chuaigh mé go dtí an pháirc agus chuaigh
mé ag rothaíocht. Chuaigh mé go dtí an phictiúrlann agus bhí dinnéar agam i mbialann.

Aodh: Ar maidin, d'éirigh sé go mall. D'ith sé uibheacha agus arán rósta le mil. Chuaigh sé go dtí an leabharlann. Sa
tráthnóna, nigh sé na soithí, rinne sé obair bhaile agus d'éist sé le ceol. D'amharc sé ar an tsraith theilifíse is fearr leis ar
Netflix. San oíche, d'imir sé ar an ríomhaire agus sheinn sé an pianó. Bhuail sé lena chailín agus bhí dinnéar aige ar leath i
ndiaidh a seacht.

Unit 8. Talking about when I was younger

Deich mbliana ó shin *Ten years ago* Nuair a bhí mé beag *When I was small* Nuair a bhí mé ocht mbliana d'aois *When I was eight years old* Nuair a bhí me óg *When I was young*		bhí mé *I was*	beag *short* ciapach *annoying* greannmhar *funny* spórtúil *sporty*	ciotach *clumsy* gleoite *cute* ramhar *chubby*

Bhí mé *I was*	ní *more*	b'fhalsa *lazy* ba chaintí *talkative* ba chairdiúla *friendly* ba chiúine *quiet* ba ghreannmhaire *funny*	ná *than*	anois *now*

Chaithinn *I used to wear*	caipín *a cap* léine *a shirt*	gúnaí deasa bándearga *pretty pink dresses* spéaclaí *glasses*

I m'am saor *In my free time*	théinn *I used to go*	go dtí an linn snámha go dtí an pháirc go teach an phobail	*to the swimming pool* *to the park* *to church*
	dhéanainn *I used to do*	damhsa *dance* gleacaíocht *gymnastics*	dornalaíocht *boxing* rothaíocht *cycling*
	d'imrínn *I used to play*	leadóg liathróid láimhe peil	*tennis* *handball* *football*

Ba é	galf *golf*	sacar *soccer*	snúcar *snooker*	an spórt ab fhearr liom *was my favourite sport*
Ba í	iománaíocht *hurling*	peil ghaelach *Gaelic football*	reathaíocht *running*	

Réitínn go maith le *I used to get along well with*	m'athair *my father* mo dheartháir *my brother* mo dheirfiúr *my sister* mo mháthair *my mother*	ach ba ghnách liom a bheith ag argóint le *but I used to argue with*	m'aintín *my aunt* m'uncail *my uncle* mo chol ceathrair *my cousin*

I dtaca le hobair scoile de, With regard to schoolwork,	bhí é *I was*	iontach *very* measartha *quite*	dícheallach *hard-working* falsa *lazy*	agus *and*	bhí dúil agam sna teangacha *I liked languages* bhí grá agam don Ghaeilge *I loved Irish* bhí mé go maith/go holc ag Béarla *I was good/bad at English* bhí mé go maith/go holc ag mata *I was good/bad at maths* bhí mé múinte *I was mannerly* fuair mé grádanna maithe *I got good grades*

1. Complete

a. Nuair a bhí mé ______________: *When I was young*

b. Bhí mé ní ____________ chaintí ná anois: *I was more talkative than now*

c. ______________ spéaclaí: *I used to wear glasses*

d. ______________ damhsa ar an trá: *I used to dance at the beach*

e. Théinn go ___________ mo sheantuismitheoirí: *I used to go to my grandparents' house*

f. __________ mé measartha dícheallach: *I was quite hard-working*

g. Chaithinn _____________ deasa bándearga: *I used to wear pretty pink dresses*

h. Bhí mé ní ba ghleoite ná _________________: *I was cuter than now*

i. ________________ go maith le mo thuismitheoirí: *I used to get along well with my parents*

j. Ba í ________________ an spórt ab fhearr liom: *My favourite sport was basketball*

2. Match

Dícheallach	Chubby
Ramhar	Annoying
Falsa	Naughty
Spórtúil	Funny
Gleoite	Clumsy
Ciapach	Hard-working
Dóighiúil	Ugly
Leithleasach	Lazy
Gránna	Sporty
Dalba	Cute
Ciotach	Selfish
Greannmhar	Good-looking

3. Complete the words

a. C _ _ _ _ _ _ h: *Talkative*

b. D _ _ _ a: *Naughty*

c. D _ _ _ _ _ _ _ _ _ h: *Hard-working*

d. G _ _ _ _ _: *Ugly*

e. C _ _ _ _ _ _: *Clumsy*

f. C _ _ _ _ _ h :   *Annoying*

g. G _ _ _ _ _ e: *Cute*

h. B _ _ g: *Small*

4. Translate into English

a. Ionraic

b. Cainteach

c. Beag

d. Ciapach

e. Falsa

f. Ramhar

g. Cairdiúil

h. Mífhoighneach

i. Spéaclaí

5. Complete the table

Gaeilge	Béarla
	Hard-working
	Quiet
Iontach	
Measartha	
	Funny
Beag	
Spórtúil	
	Honest

6. Multiple choice quiz

	a	b	c
Am saor	Reading time	Homework	Free time
Ní ba chaintí	More talkative	Lazier	Chubbier
Bhínn	I used to be	I used to eat	I used to have
Théinn	I used to go	I used to do	I used to be
Réitínn le	I used to get along with	I used to argue with	I used to behave well
Chuaigh mé	There was	I went	I was
M'aintín	My sister	My niece	My aunt
Ramhar	Clumsy	Chubby	Lazy
Léitheoireacht	Marbles	Canines	Reading
Spéaclaí	Dresses	Glasses	Shoes
I dtaca le…de	In addition to	With regard to	To make things worse
Chaithinn	I used to have	I used to behave	I used to wear

7. Complete with the missing verbs

a. Nuair a _______________ mé óg.

b. Nuair a _______________ mé deich mbliana d'aois.

c. _______________ mé ní ba chaintí ná anois.

d. _______________ mo chuid gruaige rua.

e. _______________ spéaclaí.

f. _______________ leadóg nuair a bhí mé óg.

g. _______________ a lán ama le mo thuismitheoirí.

h. _______________ madadh dubh agus bán agam.

8. Split sentences

Ba ghnách liom	le m'obair scoile de
Bhí mé ní ba	beag agam anois
Théinn	an trá le mo chairde
Tá cat	le mo dheirfiúr
I dtaca	mé óg
Théinn go dtí	a bheith ag argóint
Réitínn go maith	ag rith gach Satharn
Nuair a bhí	líonpheil ar scoil
D'imrínn	spéaclaí
Bhí mé go maith ag	chairdiúla
Chaithinn	Béarla

9. Find and write in

a. A sport starting with 'C':

b. A type of clothing starting with 'G':

c. An adjective starting with 'T':

d. A verb starting with 'T':

e. The opposite of 'Iontach':

f. A type of clothing starting with 'L':

g. An adjective starting with 'M':

10. Sort the items into the categories below

1. Chaithinn	2. Dalba	3. Aintín
4. Leadóg	5. Dílis	6. Rothar
7. Bhí	8. Athair	9. Rinne
10. Fionn	11. Caipín	12. Mór

Verbs	Adjectives	Nouns
1.		

11. Faulty translation: spot the errors in the English translations below and correct them

a. Nuair a bhí mé óg, bhí mé ciúin: *When I was young, I was annoying*

b. Nuair a bhí mé deich mbliana d'aois, bhí mé ní ba chairdiúla: *When I was ten years old, I was cuter*

c. Ba í rothaíocht an spórt ab fhearr liom: *My favourite sport was running*

d. Deich mbliana ó shin, bhínn níos airde: *Ten years ago, I used to be thinner*

e. Bhí mé ní b'fhalsa: *I was more hard-working*

f. Ba ghnách liom a bheith ag argóint le mo sheantuismitheoirí: *I used to argue with my parents*

g. Bhí mé dalba ar scoil: *I was mannerly at school*

h. Bhí mé go maith ag an stair: *I was good at maths*

---

12. Translate into English

a. I m'am saor

b. Nuair a bhí mé beag

c. Nuair a bhí mé deich mbliana d'aois

d. I dtaca le hobair scoile de

e. Ba ghnách liom…

f. Théinn go dtí an linn snámha

g. Bhí madadh agam

h. D'imrínn iománaíocht

i. Thaitin marcaíocht capaill liom

---

13. Complete the paragraph with the missing words

Nuair a ___________ mé óg, bhí mo chuid gruaige rua.

Bhí mé ní ___________ chiúine ná anois.

___________ spéaclaí agus ___________ deasa

bándearga. I m'am ___________, d'imrínn peil agus

___________ go dtí an pháirc peile. Ba í eitpheil an

___________ ab fhearr liom. Réitínn go

___________ le mo thuismitheoirí, ach ba ghnách

liom a bheith ag ___________ le mo dheartháir.

---

14. Slalom translation: translate the following sentences ticking the relevant boxes in the grid below as shown in the example. Proceed from top to bottom

a. Ten years ago, I was fatter.

b. When I was young, I used to wear glasses.

c. When I was small, I was very annoying.

d. I was good at English.

e. I used to argue with my parents.

f. In my free time, I used to play a lot of sport.

Deich mbliana (a)	I m'am saor	beag	mé óg	le mo	spórt
Bhí mé	Nuair a	a bheith ag	bhí mé	an	**raimhre (a)**
ó shin (a)	bhí mé	bhí	ag	chaithinn	Bhéarla
Nuair a	**ní ba (a)**	go maith	argóint	d'imrínn	spéaclaí
bhí mé (a)	Ba ghnáth liom	saor	iontach ciapach	a lán	thuismitheoirí

Nuair a bhí mé ocht mbliana d'aois, bhí mé go hiomlán difriúil ná mar atá mé anois. Ar an chéad dul síos, bhí mé i bhfad ní ba raimhre agus chaithinn spéaclaí. Bhí mo chuid gruaige fionn, catach. Bhí mé ní ba ghleoite! Bhí an-dúil agam i saol na scoile mar bhí a lán cairde agam i mo rang agus d'imríodh muid cluichí le chéile an t-am ar fad. Réitínn go maith le mo mhúinteoirí agus bhí dúil acu ionam fosta mar bhínn maith agus múinte. Dhéanainn m'obair bhaile i gcónaí agus d'éistinn leo sa rang. Ba í ealaín an t-ábhar scoile ab fhearr liom. Bhain mé sult as blathanna a tharraingt. I m'am saor, d'imrínn a lán spórt. D'imrínn sacar, leadóg agus cispheil fosta. Chomh maith leis sin, théinn ag rothaíocht le m'athair faoin tuath gach Domhnach. Ba ghnách liom dul ag rith le mo mhadadh sa pháirc go minic. Spota an t-ainm a bhí air. **(Seosamh, 16 bliana)**

16. Complete

a. When he was eight, Seosamh was much ______________ and used to wear ______________.

b. His hair was blond and ______________.

c. He was ______________.

d. He used to love school life because he had many ______________ in his class.

e. He used to ______________ his teachers.

f. They liked him because he was good and well-behaved, he always ______________ and always ______________ to them.

g. His favourite subject was ______________.

h. He used to love ______________ flowers.

i. In his free time, he used to play a lot of sport such as football, tennis and ______________.

j. Every Sunday, he used to ______________ in the ______________ with his father.

15. Find in Seosamh's text the Irish for

a. When I was eight years old:

b. Now:

c. Chubbier:

d. I used to wear glasses:

e. My hair was blond:

f. Curly:

g. I had a lot of friends:

h. School life:

i. I used to be good and mannerly:

j. I enjoyed drawing flowers:

k. I used to play a lot of sports:

l. I used to play football:

m. I used to go cycling in the countryside:

17. Translate into English

a. Go hiomlán difriúil…

b. …ná mar atá mé anois

c. Mo mhúinteoirí

d. A lán cairde

e. Chaithinn spéaclaí

f. Ar an chéad dul síos

g. Chomh maith leis sin

h. I m'am saor

i. Ag rothaíocht

j. Faoin tuath

k. Ag rith

Nuair a bhí mé ocht mbliana d'aois, bhí mé go hiomlán difriúil ná mar atá mé anois. Ar an chéad dul síos, bhí mé ní ba thanaí agus bhí mo chuid gruaige donn, fada. Sílim go raibh mé ní ba dheasa ach deir mo chairde nach bhfuil sé sin fíor. Chaithinn gúnaí i gcónaí, chaithinn gúnaí deasa gorma. Níor thaitin saol na scoile liom mar ní raibh mórán cairde agam i mo rang agus bhí mo mhúinteoirí iontach dian. Ach sin ráite, bhí dúil agam i múinteoir amháin, múinteoir Aisling, mar bhí sí cairdiúil, cuidiúil agus lán le spraoi. Dhéanainn m'obair bhaile i gcónaí agus bhínn ciúin agus múinte sna ranganna. Ba í an Ghaeilge an t-ábhar scoile ab fhearr liom. Thaitin na ranganna ceoil agus na teangacha liom. I m'am saor, d'imrínn le mo chairde i ngairdín atá ar chúl m'arasáin. D'imrínn leadóg, líonpheil agus ficheall. Bhí mé go maith ag ficheall agus bhain mé a lán cluichí. Théinn amach ar an rothar le mo dheirfiúr is sine, Clara, ag an deireadh seachtaine. Tá sí iontach deas! Bhí a lán spraoi againn le chéile.
(Brídín, 15 bliana)

19. True, False or Not mentioned? Correct any wrong statements you identify

a. Brídín hasn't changed much compared to when she was 8

b. Her hair was straighter

c. She was fatter

d. She loved school

e. Her teachers were very strict

f. She only liked Miss Aisling

g. In her free time, she used to play with her friends in the park

h. She used to play camogie

i. She went running at the weekend

21. Find in the text

a. An adjective starting with 'F': ______________

b. A noun starting with 'G': ______________

c. A verb starting with 'C': ______________

d. An adjective starting with 'D': ______________

e. A conjunction starting with 'A': ______________

f. A preposition starting with 'A': ______________

18. Find the Irish equivalent for the following words/phrases

a. I was completely different

b. First of all

c. Thinner

d. My hair was brown and long

e. Nicer

f. I always used to wear

g. I didn't have many friends

h. My teachers

i. I liked one teacher

j. She was friendly

k. Helpful

l. I used to be quiet and mannerly

m. I always did my homework

n. I enjoyed the music classes

o. My apartment

p. I used to play

q. We had a lot of fun

r. Together

20. Translate into English

a. Bhí mé go hiomlán difriúil ná mar atá mé anois

b. Ní ba thanaí

c. Sílim

d. I m'am saor

e. I gcónaí

f. Ach sin ráite

g. Amach ar an rothar

h. Mo dheirfiúr is sine

i. Lán le spraoi

j. Bhí dúil agam i múinteoir amháin

k. Ní raibh mórán cairde agam

l. Bhí mé go maith ag ficheall

m. Ag an deireadh seachtaine

22. Complete with the missing word

a. I m'am __________	*In my free time*	i. Bhí mé __________	*I was clumsy*
b. Nuair a ______ mé ocht	*When I was eight*	j. __________	*I used to play*
c. Bhí mé ní ba __________	*I was cuter*	k. Ní ba __________	*Thinner*
d. __________ spéaclaí	*I used to wear glasses*	l. Bhí mé __________	*I was annoying*
e. Théinn go dtí an ______	*I used to go to the park*	m. __________	*I used to wear*
f. I ______ le hobair scoile de	*With regard to school work*	n. Ag __________ le	*Arguing with*
g. Réitínn go __________ le	*I used to get along well with*	o. Ní ba __________	*Uglier*
h. Bhí mé ní ba __________	*I was prettier*	p. Ní ba __________	*Funnier*

23. Translate into Irish

a. With	j. Subject
b. Oldest	k. Strong
c. Clumsy	l. Languages
d. School life	m. Glasses
e. Funny	n. Dresses
f. My	o. Annoying
g. When	p. Chubby
h. Hard-working	q. Quite
i. Often	r. Cute

24. Translate into Irish

a. Ten years ago, I was cuter.

b. When I was eight, I was thinner.

c. With regards to school life, I was quiet.

d. I used to argue with my parents.

e. In my free time, I used to play handball.

f. I used to wear a jumper and a cap.

g. Often, I went to the park with my dad.

h. I used to be hard-working.

i. When I was small, I was very funny.

25. Write a short paragraph about each of the young people below in the FIRST person singular (mé) of the verbs provided. Feel free to add in any connective words or phrases you feel fit

	When	What I looked like and wore	My character	How I related to my family	What I was like in school
Deasún	10 years ago	I was very chubby and cute and I used to wear glasses	I was funny and fairly clumsy	I got along well with my parents but I argued with my brother all the time	I was hard-working and I got good marks
Áinín	When I was young	My hair was blond and I was prettier. I used to wear hats and pretty pink dresses	I was very annoying and noisy	I got along well with my father but I used to argue with my mother because she was too strict	I was very lazy and always got bad marks, especially in maths
Póilín	When I was 13	I was thinner, I had long hair and used to wear dresses and trainers	I used to be very quiet and stubborn	I got along well with my mother but I argued with my father a lot because he was too strict	I got along with my French teacher but I used to hate all the other teachers

USEFUL VOCABULARY

Here you will find vocabulary that you can use to talk about how you were as a young person.

Physical description		Character description	
Bhí mé…	*I was*	**Bhí mé…**	*I was*
…ard do m'aois	*tall for my age*	**…cainteach**	*talkative*
…beag do m'aois	*small for my age*	**…ceanndána**	*stubborn*
…dóighiúil	*good-looking*	**…ciallmhar**	*sensible*
…gleoite	*cute*	**…ciapach**	*annoying*
…gránna	*ugly*	**…cineálta**	*kind*
…lag	*weak*	**…cuidiúil**	*helpful*
…láidir	*strong*	**…dáiríre**	*serious*
…spórtúil	*sporty*	**…dalba**	*naughty*
…tanaí	*skinny*	**…greannmhar**	*funny*
…tinn	*sick*	**…leadránach**	*boring*

Other hobbies	
Chaithinn *I used to spend*	**a lán ama le mo thuismitheoirí** *a lot of time with my parents* **mo chuid ama ag súgradh le mo mhadadh** *my time playing with my dog*
Dhéanainn *I used to do*	**a lán snámha** *a lot of swimming* **a lán spóirt** *a lot of sport*
D'imrínn *I used to play*	**le Lego** *with Lego* **le mo bhábóga** *with my dolls* **le mo bhreagáin** *with my toys* **le mo mhadadh sa ghairdín** *with my dog in the garden* **le mo shaighdiúirí bréagáin** *with my toy soldiers* **le traein bheag adhmaid** *with a small wooden train*
Théinn *I used to go*	**go dtí an pháirc go minic** *to the park often* **go teach mo chailín Síle** *to my girlfriend Síle's house* **go teach mo charad, Piaras** *to my friend Piaras' house*

Pets I used to have			
Bhí *I had*	**budrágar** *a budgie* **cat** *a cat* **hamstar** *a hamster* **iasc órga** *a goldfish* **mac ghuine** *a guinea pig* **madadh** *a dog* **pearóid** *a parrot* **piongain** *a penguin* **turtar** *a turtle*	**agam**	**darb ainm** *which was called*

Bosco
Dinny
Fionn
Gleann
Lola
Patch
Rua
Spota
Susie
Ted

Key questions

Cad é mar a bhí tú nuair a bhí tú deich mbliana d'aois?	*What were you like when you were ten years old?*
Cad é mar a bhí tú nuair a bhí tú beag?	*What were you like when you were small?*
Cén saghas duine a bhíodh ionat nuair a bhí tú ní b'óige?	*What were you like when you were younger?*
Cad é mar a bhí tú i gcomparáid leis an dóigh a bhfuil tú anois?	*How were you compared to now?*
Cá raibh tú i do chónaí?	*Where did you live?*
Cén sort éadaí ar chaith thú?	*What clothes did you wear?*
Cad é a ndéantá i d'am saor?	*What did you use to do in your free time?*
Cén spórt ab fhearr leat?	*What was your favourite sport?*
Cad é a rinne tú ag an deireadh seachtaine na laethanta siúd?	*What did you do at the weekend back in those days?*
Cé a bhí mar chara is fearr agat?	*Who was your best friend?*
Cad é mar a réitigh tú le do thuismitheoirí?	*How did you get along with your parents?*
Cad é mar a réitigh tú le do dheartháir/dheirfiúr?	*How did you get along with your brother/sister?*
Cad chuige a raibh tú ag argóint le do thuismitheoirí?	*Why did you argue with your parents?*
Ar scoláire maith thú?	*Were you a good student?*
Cad é mar a bhí d'iompar ar scoil?	*How did you behave at school?*
Cén ábhar scoile ab fhearr leat?	*Which was your favourite subject?*

ANSWERS – Unit 8

1. Complete: a) óg   b) ba c) chaithinn   d) dhéanainn   e) teach   f) bhí   g) gúnaí   h) anois   i) Réitínn   j) cispheil

2. Match: dícheallach – hard-working **ramhar** – chubby **falsa**– lazy **spórtúil** – sporty **gleoite** – cute **ciapach** – annoying **dóighiúil** – good-looking **leithleasach** – selfish **gránna** – ugly **dalba** – naughty **ciotach** – clumsy **greannmhar** - funny

3. Complete the words: a) **cainteac**h b) **dalb**a c) **dícheallac**h d) **gránna** e) **ciotach** f) **ciapac**h g) **gleoite** h) **b**eag

4. Translate: a) honest   b) talkative   c) small   d) awkward   e) lazy   f) chubby   g) friendly   h) impatient i) glasses

5. Complete the table: Gaeilge: dícheallach, ciúin, greannmhar, ionraic ; **Béarla**: very, quite, small, sporty

6. Multiple choice quiz: am saor (c)   ní ba chaintí (a)   bhínn (a)   théinn (a)   réitínn le (a)   chuaigh mé (b) m'aintín (c)   ramhar (b)   léitheoireacht (c)   spéaclaí (b)   i dtaca le (b)   chaithinn (c)

7. Complete with the missing verbs: a) bhí   b) bhí   c) bhí d) bhí   e) chaithinn   f) d'imrínn   g) chaithinn h) bhí

8. Split sentences: ba ghnách liom a bheith ag argóint ; bhí mé ní ba chairdiúla ; théinn ag rith gach Satharn ; tá cat beag agam anois ; i dtaca le m'obair scoile de; théinn go dtí an trá le mo chairde ; réitínn go maith le mo dheirfiúr ; Nuair a bhí mé óg; d'imrínn líonpheil ar scoil; bhí mé go maith ag Béarla ; chaithinn spéaclaí

9. Find and write in: a) cispheil/camógaíocht   b) gúna   c) tanaí d) théinn   e) measartha   f) léine   g) mór/maith

10. Sort the items below in the categories: Verbs: 1, 7, 9 Adjectives: 2, 5, 10, 12   Nouns: 3, 4, 6, 8, 11

11. Faulty translation: a) quiet   b) friendlier   c) cycling d) taller   e) lazier   f) grandparents   g) bold h) history

12. Translate: a) in my free time   b) when I was little/small   c) when I was ten years old d) with regard to my school work   e) I used to...   f) I used to go to the swimming pool   g) I had a dog h) I used to play hurling   i) I enjoyed horse riding

13. Complete the paragraph: bhí ; ba ; chaithinn ; gúnaí ; saor ; théinn ; spórt ; maith ; argóint ;

14. Slalom translation: a) Deich mbliana ó shin, bhí mé ní ba raimhre   b) Nuair a bhí mé óg, chaithinn spéaclaí c) Nuair a bhí mé beag, bhí mé iontach ciapach d) Bhí mé go maith ag an Bhéarla e) Ba ghnách liom a bheith ag argóint le mo thuismitheoirí f) I m'am saor, d'imrínn a lán spóirt

15. Find in Seosamh's text: a) nuair a bhí mé ocht mbliana d'aois   b) anois c) ní ba raimhre   d) chaithinn spéaclaí e) bhí mo chuid gruaige fionn   f) catach g) bhí a lán cairde agam   h) saol na scoile i) bhínn maith, múinte j) bhain mé sult as blathanna a tharraingt k) d'imrínn a lán spórt l) d'imrínn sacar m) théinn ag rothaíocht faoin tuath

16. Complete: a) chubbier/glasses b) curly c) cuter d) friends e) get along well with f) did his homework/listened to them g) art h) drawing i) basketball j) go cycling/countryside

17. Translate: a) completely different   b) than I am now   c) my teachers   d) a lot of friends
e) I used to wear glasses   f) firstly   g) as well as that   h) in my free time   i) cycling   j) in the countryside
k) running

18. Find the Irish: a) bhí mé go hiomlán difriúil   b) ar an chéad dul síos   c) ní ba thanaí   d) bhí mo chuid
gruaige donn,fada   e) ní ba dheasa   f) chaithinn i gcónaí   g) ní raibh mórán cairde agam   h) mo mhúinteoirí
i) bhí dúil agam i múinteoir amháin   j) bhí sí cairdiúil   k) cuidiúil   l) bhínn ciúin agus múinte   m) dhéanainn
m'obair bhaile i gcónaí   n) thaitin na ranganna ceoil liom o) m'arasán   p) d'imrínn   p) bhí a lán spraoi againn
r) le chéile

19. True, False or Not mentioned? a) false, she used to be very different   b) not mentioned
c) false, she was thinner   d) false, she hated school   e) true   f) true
g) false, she used to play in the garden at the back of the apartment   h) not mentioned   i) false, she went cycling

20. Translate: a) I was completely different than I am now   b) thinner   c) I think   d) in my free time   e) always
f) but that said   g) out on the bike   h) my oldest sister   i) full of fun   j) I liked one teacher
k) I didn't have many friends   l) I was good at chess   m) at the weekend

21. Find in the text: a) fada b) gúnaí   c) chaithinn   d) donn/deas   e) agus   f) ar (accept any correct alternatives)

22. Complete: a) saor   b) bhí   c) ghleoite   d) chaithinn   e) pháirc f) dtaca   g) maith   h) dhóighiúla i) ciotach
j) d'imrínn   k) thanaí   l) ciapach   m) chaithinn   n) argóint   o) ghránna p) ghreannmhaire

23. Translate: a) le   b) is sine   c) ciotach   d) saol na scoile   e) greannmhar   f) mo   g) nuair h) dícheallach
i) go minic   j) ábhar scoile   k) láidir   l) teangacha   m) spéaclaí   n) gúnaí   o) ciapach   p) ramhar   q) measartha
r) gleoite

24. Translate: a) deich mbliana ó shin, bhí mé ní ba ghleoite
b) nuair a bhí mé ocht mbliana d'aois, bhí mé ní ba thanaí   c) I dtaca le saol na scoile de, bhí mé ciúin
d) ba ghnách liom a bheith ag argóint le mo thuismitheoiri   e) I m'am saor, d'imrínn liathróid láimhe
f) chaithinn geansaí agus caipín   g) chuaigh mé go dtí an pháirc go minic le m'athair   h) bhínn dícheallach
i) nuair a bhí mé beag, bhí mé iontach greannmhar

**25. Write a short paragraph about each of the young people below in the FIRST person singular (mé) of the
verbs provided. Feel free to add in any connective words or phrases you feel fit**

Deasún: Nuair a bhí mé deich mbliana d'aois, bhí mé iontach ramhar agus gleoite agus chaithinn spéaclaí. I dtaca
le mo phearsantacht de, bhí mé greannmhar agus measartha ciotach. Réitínn go maith le mo thuismitheoirí ach ba
ghnách liom a bheith ag argóint le mo dheartháir an t-am ar fad. Ar scoil, bhí mé dícheallach agus fuair mé
grádanna maithe.

Áinín: Nuair a bhí mé óg, bhí mo chuid gruaige fionn agus bhí mé ní ba dhoighiúla. Chaithinn hataí agus gúnaí
deasa bándearga. Bhí mé ciapach agus callánach. Réitínn go maith le m'athair ach ba ghnách liom a bheith ag
argóint le mo mháthair mar bhí sí ródhian. I dtaca le hobair scoile de, bhí mé iontach falsa agus fuair mé droch-
mharcanna, go háirithe sa mhata.

Póilín: Nuair a bhí mé trí bliana déag d'aois, bhí mé ní ba thanaí agus bhí mo chuid gruaige fada agus chaithinn
gúnaí agus bróga reatha. Bhínn iontach ciúin agus ceanndána. Réitínn go maith le mo mháthair ach ba ghnách
liom a bheith ag argóint le m'athair go minic mar bhí sé ródhian. Ar scoil, réitínn go maith le mo mhúinteoir
Fraincise ach b'fhuath liom na múinteoirí eile.

Unit 9. Discussing the qualities of a good friend

I mo bharúil, *In my opinion,*	**is cara maith é** *he is a good friend*	**mar tá sé** *because he is*	**cairdiúil** *friendly* **cineálta** *kind* **deas** *nice* **dílis** *loyal* **fial** *generous*
	is cara maith í *she is a good friend*	**mar tá sí** *because she is*	**foighneach** *patient* **grámhar** *affectionate* **greannmhar** *funny* **ionraic** *honest* **tuisceanach** *understanding*

Is cara maith *He/she is a good friend*	**é** **í**	**má** *if....*	**bhíonn sé/sí i gcónaí ann duit** *he/she is always there for you* **bhíonn sé/sí sásta lámh chuidithe a thabhairt duit** *he/she is happy to help you* **bhíonn meas aige/aici ar do thuairimí** *he/she respects your opinions* **bhíonn sibh ag gáire le chéile** *you laugh together* **bhíonn suim againn sna rudaí céanna** *we are interested in the same things* **éisteann sé/sí leat** *he/she listens to you* **réitíonn sé/sí go maith leis na daoine eile i do shaol** *he/she gets along well with the other people in your life* **tá féith an ghrinn aige/aici** *he/she has a sense of humour* **thuigeann sé/sí thú** *he/she understands you*

Ní cara maith *He/she is not a good friend*	**é** **í**	**má** *if.....*	**bhíonn sé/sí ag spiocadh asat i gcónaí** *he/she always makes fun of you* **bhíonn sé/sí mífhoighneach leat** *he/she is impatient with you* **chuireann sé/sí brú ort** *he/she puts pressure on you* **dhéanann sé/sí dearmad ort nuair atá fadhbanna agat** *he/she forgets about you when you have problems*

Tá *I have* **Níl** *I don't have*	**a lán cairde agam** *many friends*

Aoife/Peadar	**an t-ainm atá ar** *is the name of*	**mo chara is fearr** *my best friend*

Tá sé *He is* **Tá sí** *She is*	**cantalach** *cranky* **cliste** *smart* **flaithiúil** *generous*	**cainteach** *talkative* **ciúin** *quiet* **muiníneach** *trustworthy*	**ceanndána** *stubborn* **cuidiúil** *helpful*

<table>
<tr><td>

1. Match

I mo bharúil	Funny
Cara maith	In my opinion
Fial	Affectionate
Cineálta	Fairly
Grámhar	Helpful
Greannmhar	Understanding
Iontach	Generous
Dílis	Loyal
Ionraic	Smart
Tuisceanach	Honest
Ceanndána	A good friend
Measartha	Kind
Cuidiúil	Stubborn
Cliste	Very

</td><td>

2. Complete with the missing letters

a. Ci _ _ _ _ _ _   *Kind*

b. Muin _ _ _ _ _ _   *Trustworthy*

c. Tui _ _ _ _ _ _ _ _   *Understanding*

d. Cara m _ _ _ _   *A good friend*

e. I mo bh _ _ _ _ _   *In my opinion*

f. Foig _ _ _ _ _ _   *Patient*

g. Gre _ _ _ _ _ _ _   *Funny*

h. Cai _ _ _ _ _ _   *Talkative*

i. D _ _ _ _   *Loyal*

</td></tr>
</table>

3. Complete

a. Tá cara maith _________________.   *A good friend is loyal*

b. Caithfidh cara _____________ a bheith ionraic.   *A good friend has to be honest*

c. Tá _______ _______ flaithiúil.   *A good friend is generous*

d. Caithfidh cara maith a bheith ____________.   *A good friend has to be affectionate*

e. _________ cara _________ leat.   *A good friend listens to you*

f. __________ cara maith a bheith _______________.   *A good friend has to be kind*

g. Is cara ____________ é má thuigeann sé thú.   *He is a good friend if he understands you*

h. Caithfidh __________ maith a bheith ____________.   *A good friend has to be friendly*

<table>
<tr><td>

4. Spot the 5 wrong translations and correct them

a. Ionraic: *Funny*

b. Tuisceanach: *Patient*

c. Cainteach: *Talkative*

d. Cairdiúil: *Friendly*

e. Muiníneach: *Understanding*

f. Greannmhar: *Affectionate*

g. Cuidiúil: *Helpful*

h. Deas: *Kind*

i. Ciúin: *Quiet*

j. Fial: *Generous*

</td><td>

5. Match the opposites

Ciúin	Mífhoighneach
Greannmhar	Míchineálta
Dílis	Míthuisceanach
Cairdiúil	Bómánta
Tuisceanach	Leadránach
Deas	Cainteach
Foighneach	Lag
Láidir	Ciúin
Cineálta	Míchairdiúil
Cliste	Mídhílis
Cainteach	Cantalach

</td></tr>
</table>

6. Positive or negative?

Cairdiúil	Mífhoighneach	Grámhar	Deas	Ionraic	Dílis
Fial	Bómánta	Cantalach	Cuidiúil	Míthuisceanach	Greannmhar
Muiníneach	Tuisceanach	Falsa	Cliste	Míchairdiúil	Ciúin

Dearfach	Diúltach
Cairdiúil,	

7. Anagrams: rewrite the words correctly and translate them into English

a. rciinoa: ionraic

b. hreagnmrna

c. ades

d. hccnieaat

e. lúiiódigh

f. ncúii

g. chfteiaa

8. Translate into English

a. Ciúin

b. Flaithiúil

c. Ionraic

d. Foighneach

e. Cineálta

f. Deas

g. Míchairdiúil

h. Greannmhar

i. Cainteach

j. Grámhar

9. Spot the missing letter and correct

a. I mo bharúl: I mo bharúil

b. Cara math:

c. A lán carde:

d. Clste:

e. Ceandána:

f. Fil:

g. Muinínach:

h. Féith an grinn:

i. Fasa:

j. Díls:

k. An t-anm:

l. Díchealach:

10. For each noun write the corresponding adjective (see example)

Aidiacht	Ainmfhocal (noun)
Dílis	Dílseacht
	Clisteacht
	Flaithiúlacht
	Ionracas
	Cineáltas
	Foighne
	Ceanndánacht
	Ciúnas
	Cuidiúlacht

<table>
<tr><td>

11. Match

Dílseacht	Quietness
Ciúnas	Generosity
Cuidiúlacht	Sense of humour
Ionracas	Stubborness
Féith an ghrinn	Laziness
Ceanndánacht	Loyalty
Flaithiúlacht	Kindness
Foighne	Stupidity
Bómántacht	Patience
Falsacht	Honesty
Cineáltas	Helpfulness

</td><td>

12. Guess the word

a. Cui _ _ _ _ _ cht

b. F _ _ _ _ ne

c. Féith an g _ _ _ _ n

d. Ci _ _ _ _ _ _ s

e. Ion _ _ _ _ s

f. Díl _ _ _ _ ht

g. Cean _ _ _ _ _ _ ht

h. Bóm _ _ _ _ _ _ t

i. Fa _ _ _ _ ht

j. Fla _ _ _ _ _ _ acht

</td></tr>
</table>

13. Complete

a. Tá a lán cairde _ _ _ _. *I have a lot of friends*

b. Tá mo chara is fearr iontach _ _ _ _ _ _ _ _. *My best friend is very kind*

c. Tá mé _ _ _ _ _ _ _ _ _ _ _. *I am trustworthy*

d. Is cara maith é Seamas mar tá sé _ _ _ _ _ _ _ _ _ _. *Seamas is a good friend because he is generous*

e. Is _ _ _ _ maith é má bhíonn sé i gcónaí ann duit. *He is a good friend if he is always there for you*

f. Tá mo stócach iontach _ _ _ _ _ _ _ _ _ _ _. *My boyfriend is very trustworthy*

g. Ní cara maith í má _ _ _ _ _ _ _ _ sí brú ort. *She is not a good friend if she puts pressure on you*

h. Aoife an t-ainm atá ar mo _ _ _ _ _ is fearr. *Aoife is the name of my best friend*

i. Is cara maith é má réitíonn sé go maith leis na _ _ _ _ _ _ eile i do shaol.
He is a good friend if he gets along well with the other people in your life

14. Sentence puzzle: rewrite the sentences in the correct order

a. dílis is Tá chara fearr mo   *My best friend is loyal*

b. do thuairimí Bíonn aici meas ar   *She respects your opinions*

c. Ní é dearmad má sé ort nuair atá fadhbanna cara maith agat dhéanann
He is not a good friend if he forgets about you when you have problems

d. iontach Is maith mo chara greannmhar Caitríona mar tá liom sí
I like my friend Caitríona because she is very funny

e. sásta Is thabhairt cara duit maith chuidithe é má bhíonn sé lámh a
He is a good friend if he is happy to help you

f. iontach Tá fearr mo is ciúin chara   *My best friend is very quiet*

15. Complete

a. Is cara maith é má bhíonn sibh ag _ _ _ _ _ le chéile.   *He is a good friend if you laugh together*

b. ...bhíonn sé i _ _ _ _ _ _ ann duit.   *...he is always there for you*

c. ...bhíonn sé sásta lámh _ _ _ _ _ _ _ _ _ a thabhairt duit.   *...he is happy to help you*

d. Is cara maith í má _ _ _ _ _ _ _ _ _ sí thú.   *She is a good friend if she understands you*

e. I mo bharúil, is cara maith í mar tá sí _ _ _ _ _ _ _ _.
In my opinion, she is a good friend because she is honest

f. Is cara maith í má _ _ _ _ _ _ _ _ sí leat.   *She is a good friend if she listens to you*

g. ...má _ _ _ _ _ _ _ _ _ sé brú ort.   *...if he puts pressure on you*

h. Is cara _ _ _ _ _ í.   *She is a good friend*

i. Ní cara maith í má bhíonn sí ag _ _ _ _ _ _ _ _ _ _ asat i gcónaí.
She's not a good friend if she always makes fun of you

j. ....bhíonn _ _ _ _ aige ar do thuairimí.   *...he respects your opinions*

---

16. Spot and supply the missing word

a. Is cara maith í mar tá ionraic.

b. Is cara maith é tá sé foighneach.

c. Is cara maith é má éisteann leat.

d. Níl lán cairde agam.

e. Ní cara maith é má chuireann sé brú.

f. I mo bharúil, is cara í mar tá sí tuisceanach.

g. Is cara í má thuigeann sí thú.

h. Ní cara maith é má bhíonn mífhoighneach leat.

---

17. Correct the translations

a. Cuidíonn cara maith leat.

A good friend listens to you

b. Cuireann droch-chara brú ort.

A good friend pressures you

c. Bíonn cara maith sásta lámh chuidithe a thabhairt duit.

A good friend is never willing to help you

d. Déanann droch-chara dearmad ort.

A good friend forgets about you

e. Bíonn cara maith sásta nuair a bhíonn tú sásta.

A good friend is angry when you are happy

f. Bíonn meas ag cara maith ar do thuairimí.

A bad friend respects your opinions

---

18. Match the Irish and English

Irish	English
Dílis	Sense of humour
Déanann sé dearmad	Your opinions
Ag gáire	Always there for you
Mífhoighneach	Good friend
Do thuairimí	He forgets
Greannmhar	Loyal
Lámh chuidithe	Makes fun of you
Tuigeann sé	Problems
I gcónaí ann duit	He understands
Éisteann sé leat	Listens to you
Féith an ghrinn	Helping hand
Fadhbanna	Funny
Ag spiocadh asat	Laughing
Cara maith	Impatient

19. Gapped translation

a. Is cara <u>maith</u> é má <u>éisteann</u> sé leat: *He is a _______ friend if he _________ to you.*

b. Réitíonn fíorchara leis na <u>daoine</u> eile i do shaol: *A true friend gets along with the other _________ in your life.*

c. Níl mórán <u>cairde</u> agam: *I don't have many __________________.*

d. Ní cara maith í má <u>dhéanann</u> sí dearmad ort: *She is not a good friend if she _________________ about you.*

e. Bíonn cara maith <u>i gcónaí</u> ann duit: *A good friend is ____________ there for you.*

f. Bím i gcónaí <u>ag gáire</u> le mo chara <u>is fearr</u>:   *I am always _______________ with my________ friend.*

g. Bíonn <u>droch-chara</u> ag spiocadh asat i gcónaí: *A _______ _________ is always making fun of you.*

h. Bíonn cara maith <u>cineálta</u> i gcónaí: *A good friend is always _____________.*

i. Bíonn meas ag cara maith ar do <u>thuairimí</u>:   *A good friend respects your ________________.*

---

20. Slalom translation: translate the sentences below into Irish by selecting the correct square in the grid below, as shown in the example for sentence *a*

a. My best friend is happy when I am happy.	e. My best friend is always there (for me) .
b. She is a good friend if she understands you.	f. A good friend doesn't put pressure on you.
c. A good friend worries about you.	g. My friend Laura always supports me.
d. A bad friend is impatient with you.	h. A real friend respects your opinions.

Bíonn mo chara **(a)**	Laura	buartha	**bhím sásta.** **(a)**
Bíonn cara	mo chara is fearr	ar do	thú.
Bíonn meas ag	**is fearr** **(a)**	tacaíocht dom	ann dom.
Bíonn	má thuigeann	mífhoighneach	ort.
Tugann mo chara	cara maith	**sásta nuair a** **(a)**	fút.
Is cara maith í	fíorchara	sí	i gcónaí.
Ní chuireann	droch-chara	brú	leat.
Bíonn	maith	i gcónaí	thuairimí.

Cad iad na tréithe atá ag cara maith? I mo bharúil, is cara maith é má bhíonn sé i gcónaí ann duit. Bíonn cara maith buartha fút, bíonn sé ag smaoineamh ort agus bíonn sé sásta nuair a bhím sásta. Sílim go bhfuil sé iontach tábhachtach go bhfuil cara deas, ionraic agus cineálta. Bíonn fíorchara i gcónaí ann duit, go háirithe, nuair atá fadhbanna agat. Éisteann cara maith leat agus bíonn sé sásta lámh chuidithe a thabhairt duit. Ar bharr sin, bíonn meas ag cara maith ar do thuairimí. Bíonn cara maith dílis duit i gcónaí. Fearghal an t-ainm atá ar mo chara is fearr mar tá sé ionraic, greannmhar agus iontach tuisceanach. Tá féith an ghrinn aige agus bímid i gcónaí ag gáire le chéile. Réitíonn sé go maith le mo thuismitheoirí agus leis na daoine eile i mo shaol. Chomh maith leis sin, tá sé fíorchliste, dílis agus muiníneach. Sílim go bhfuil a fhlaithiúlacht an tréith is fearr atá aige. **(Seán, 16 bliana)**

22. Find the Irish equivalent in Seán's text

a. A good friend:

b. In my opinion:

c. Always there for you:

d. When I am happy:

e. He is happy. . :

f. …to give you a helping hand:

g. Respect:

h. Your opinions:

i. A good friend is loyal:

j. My best friend:

k. Sense of humour:

l. Trustworthy:

m. His best characteristic:

21. Gapped sentences based on Seán's text

a. In my opinion, he is a good friend if he is always
____________________.

b. He is happy when I ____________________.

c. A true friend is always there for you, especially
when ____________________.

d. A good friend listens to you and is always happy
____________________.

e. A good friend ____________________ your opinions.

f. Ferghal is my ____________________.

g. He is ____________________, ____________ and very
____________________.

h. He has a ____________________ and we are always
____________________ together.

i. He gets along well with my ____________________
and the ____________________ in my life.

j.__________ is his best characteristic.

23. Translate the following phrases taken from Seán's text into English

a. I mo bharúil:

b. Buartha fút:

c. I gcónaí:

d. Go háirithe:

e. Sílim:

f. Lámh chuidithe:

g. Ar bharr sin:

h. Féith an ghrinn:

i. Réitíonn sé go maith le:

j. Chomh maith leis sin:

k. Mo chara is fearr:

Cad iad na tréithe atá ag cara maith? I mo bharúil, is í an tréith is fearr atá ag cara ná dílseacht. Bíonn cara maith dílis i gcónaí, is cuma cad é a tharlaíonn. Bíonn cara maith i gcónaí ann duit, go háirithe nuair atá fadhbanna agat. Bíonn fíorchara buartha fút. Chomh maith leis sin, bíonn cara maith ionraic agus cuidiúil i gcónaí. Éisteann cara maith leat agus bíonn meas ag do chara ar do thuairimí. Tá sin iontach tábhachtach dom. Ní cara maith í má bhíonn sí ag spiocadh asat nó má dhéanann sí dearmad ort in am an ghátair. Ní cara maith í má chuireann sí brú ort. Sílim gur cara maith í má réitíonn sí go maith leis na daoine eile i do shaol. Caitlín an t-ainm atá ar mo chara is fearr. Is cara maith í mar tá sí cineálta, cairdiúil, tuisceanach agus iontach flaithiúil. Bímid i gcónaí ag gáire le chéile. Cad iad na tréithe is fearr atá aici? Dílseacht, clisteacht, ionracas agus foighne. Bíonn sí i gcónaí ann dom agus thig liom brath uirthi. **(Megan, 17 mbliana)**

24. Find the Irish equivalent in Megan's text

a. The best quality

b. Is always loyal

c. Always there for you

d. Especially

e. When you have problems

f. Worried about you

g. Your opinions

h. Very important to me

i. If she pressures you

j. She gets along with the other people in your life

k. Very generous

l. I can depend on her

25. Answer the questions on the text

a. What is the best quality of a true friend according to Megan?

b. What does a good friend do when you have problems?

c. What does a good friend think about your opinions?

d. What does a good friend not do?

e. What 4 adjectives does Megan use to describe Caitlín?

1.   3.

2.   4.

f. What are Caitlín's best qualities?

1.

2.

3.

g. What does the last sentence in Megan's text mean?

26. Find in the text the following

a. An adjective starting with 'C':

b. An adjective starting with 'M':

c. An adjective starting with 'F':

d. A conjunction starting with 'A':

e. A noun starting with 'C':

f. A verb starting with 'B':

g. An adjective starting with 'T':

h. A verb starting with 'É':

i. A time phrase (2 words) starting with 'I':

27. Translate into English

a. I mo bharúil

b. Cara maith

c. Dílis

d. Éisteann sé leat

e. Tuisceanach

f. Greannmhar

g. Cainteach

h. Cuidíonn sí liom

i. Míchairdiúil

j. Iontach

k. Tá sé tábhachtach dom

l. Réitíonn sé go maith leis

m. Tuigeann sé mé

n. Go háirithe

o. Lámh chuidithe

p. Fíorchara

q. Sásta

r. Droch-chara

s. Bíonn sé buartha fút

t. Do thuairimí

u. Nuair atá fadhbanna agat

28. Complete

a. I m__ b________, b__________ c______________ m______________ d______________ i g__________.
In my opinion, a good friend is always loyal

b. B______ c________ m________ a____ d________ n________ a____ f____________ a______ .
A good friend is there for you when you have problems

c. B________ c________ m____________ f__________ i g__________.
A good friend is always generous

d. É____________ c__________ m______________ l____________.
A good friend listens to you

e. T__ c________ m__________ c________________.
A good friend is kind

f. T__ m____ c__________ i____ f______ i________ g______________.
My best friend is very funny

29. Translate the following paragraphs into Irish

(a) I do not have a lot of friends but friendship is important to me. In my opinion, a good friend is kind, loyal, understanding and trustworthy. He listens to you when you have problems, he is always there for you, he worries about you and is happy when you are happy. My best friend, Liam, is very generous, honest, patient and very funny.

(b) I have a lot of friends. Friendship is very important to me. In my opinion, a good friend worries about you, calls you often and is always willing to help you. He is a good friend if he understands you and listens to you. He is a good friend if he respects your opinion. My best friend is very helpful, talkative and funny.

(c) I have one real friend. Her name is Fionnuala. She is very important to me. She is very kind, smart, honest, loyal and always very happy. Loyalty is very important to me. She also has a sense of humour. Fionnuala never pressures me. She listens to me and respects my opinions. She is always there for me when I have problems. The best thing about Fionnuala is that we have the same interests and she gets along well with the other people in my life.

Key questions

Inis dom faoi do chairde.	*Tell me about your friends.*
An bhfuil mórán cairde agat?	*Do you have a lot of friends?*
Cad é a dhéanann tú le do chairde?	*What do you do with your friends?*
Inis dom faoin uair dheireannach a bhí tú amuigh le cairde.	*Tell me about the last time you went out with friends.*
Cad iad na tréithe is tábhachtaí atá ag cara maith?	*What are the most important qualities of a good friend?*
An cara maith thú?	*Are you a good friend?*
Cé hé/hí do chara is fearr?	*Who is your best friend?*
Déan cur síos ar do chara is fearr.	*Describe your best friend*
Cad é a dhéanann sibh nuair a bhíonn sibh le chéile?	*What do you do when you are together?*
Cad chuige a réitíonn tú leis/léi?	*Why do you get along with him/her?*
An mbíonn tú ag argóint leis/léi? Cad chuige?	*Do you argue with him/her? Why?*

ANSWERS – Unit 9

1. Match: **I mo bharúil**– in my opinion **cara maith** – a good friend **fial** – generous **cineálta**– kind
grámhar – affectionate **greannmhar** – funny **iontach** – very **dílis** – loyal **ionraic** – honest
tuisceanach – understanding **ceanndána** – stubborn **measartha** – fairly **cuidiúil** – helpful **cliste** – smart

2. Complete: a) cineálta b) muiníneach c) tuisceanach d) maith e) bharúil f) foighneach
g) greannmhar   h) cainteach i) dílis

3. Complete: a) dílis b) maith c) cara maith d) grámhar e) éisteann/maith f) caithfidh/cineálta g) maith
h) maith/cairdiúil

4. Spot the 5 wrong translations and correct them
a) honest b) understanding c) - d) - e) trustworthy f) funny g) - h) nice i) - j) -

5. Match the opposites: ciúin – cainteach greannmhar – leadránach dílis – mídhílis cairdiúil – míchairdiúil
tuisceanach – míthuisceanach deas– cantalach foighneach – mífhoighneach láidir – lag
cineálta – míchineálta   cliste – bómánta cainteach – ciúin

6. Positive or negative?
Dearfach: cairdiúil, grámhar, deas, ionraic, dílis, fial, cuidiúil, greannmhar, muiníneach, tuisceanach, cliste
Diúltach: mífhoighneach, bómánta, cantalach, míthuisceanach, falsa, míchairdiúil, ciúin (could be a positive)

7. Anagrams: a) ionraic = honest b) greannmhar = funny c) deas = nice d) cainteach = talkative e) dóighiúil = good-looking f) ciúin = quiet g) faiteach = shy

8. Translate: a) quiet b) generous c) honest d) patient e) kind f) nice g) unfriendly h) funny i) talkative
j) affectionate

9. Spot the missing letter: a) i mo bharúil b) cara maith c) a lán cairde d) cliste e) ceanndána f) fial
g) muiníneach h) féith an ghrinn i) falsa j) dílis k) an t-ainm l) dícheallach

10. For each noun write the corresponding adjective: *dílis* ; cliste ; flaithiúil ; ionraic ; cineálta ;
foighneach ; ceanndána ; ciúin ; cuidiúil

11. Match: dílseacht – loyalty **ciúnas** – quietness **cuidiúlacht** – helpfulness **ionracas**– honesty
féith an ghrinn – sense of humour **ceanndánacht** – stubborness **flaithiúlacht** – generosity **foighne** – patience
bómántacht – stupidity **falsacht** – laziness **cineáltas** – kindness

12. Guess the word: a) cuidiúlacht b) foighne c) féith an ghrinn d) cineáltas e) Ionracas f) dílseacht
g) ceanndánacht h) bómántacht i) falsacht j) flaithiúlacht

13. Complete: a) agam b) cineálta c) muiníneach d) flaithiúil e) cara f) muiníneach g) chuireann h) chara
i) daoine

14. Sentence puzzle: a) tá mo chara is fearr dílis b) bíonn meas aici ar do thuairimí
c) ní cara maith é má dhéanann sé dearmad ort nuair atá fadhbanna agat
d) is maith liom mo chara Caitríona mar tá sí iontach greannmhar
e) is cara maith é má bhíonn sé sásta lámh chuidithe a thabhairt duit f) tá mo chara is fearr iontach ciúin

15. Complete: a) gáire b) gcónaí c) chuidithe d) thuigeann e) ionraic f) éisteann g) chuireann h) maith
i) spiocadh j) meas

16. Spot and write in the missing word: a) sí   b) má   c) sé   d) a   e) ort   f) maith   g) maith   h) sé

17. Correct the translations: a) helps you   b) a bad friend   c) is always willing to help you   d) bad friend
e) is happy when you are happy   f) good friend

18. Match: dílis – loyal   **déanann sé dearmad** – he forgets   **ag gáire** – laughing   **mífhoighneach** – impatient
do thuairimí– your opinions   **greannmhar** – funny   **lámh chuidithe** – helping hand   **tuigeann sé** – he
understands   **i gcónaí ann duit** – always there for you   **éisteann sé leat** – he listens to you
féith an ghrinn – sense of humour   **fadhbanna** – problems   **ag spiocadh asat** – makes fun of you
cara maith – good friend

19. Gapped translation: a) good/listens   b) people   c) friends   d) forgets   e) always   f) laughing/best
g) bad friend   h) kind   i) opinions

20. Slalom translation: a) Bíonn mo chara is fearr sásta nuair a bhím sásta   b) Is cara maith í má thuigeann sí thú
c) Bíonn cara maith buartha fút   d) Bíonn droch-chara mífhoighneach leat
e) Bíonn mo chara is fearr i gcónaí ann dom   f) Ní chuireann cara maith brú ort
g) Tugann mo chara Laura tacaíocht dom i gcónaí   h) Bíonn meas ag fíorchara ar do thuairimí

21. Gapped sentences: a) there for you   b) are happy   c) you have problems   d) to help you   e) respects
f) best friend   g) honest, funny and very understanding   h) good sense of humour/ laughing
i) parents/other people   j) generosity

22. Find the Irish equivalent: a) cara maith   b) i mo bharúil   c) i gcónaí ann duit   d) nuair a bhím sásta
e) bíonn sé sásta   f) lámh chuidithe a thabhairt duit   g) meas   h) do thuairimí   i) bíonn cara maith dílis
j) mo chara is fearr   k) féith an ghrinn   l) muiníneach   m) an tréith is fearr atá aige

23. Translate: a) in my opinion   b) worries about you   c) always   d) especially   e) I think   f) a helping hand
g) on top of that   h) sense of humour   i) he gets along well with   j) as well as that   k) my best friend

24. Find the Irish: a) an tréith is fearr   b) dílis i gcónaí   c) i gcónaí ann duit   d) go háirithe   e) nuair atá
fadhbanna agat   f) buartha fút   g) do thuairimí   h) iontach tábhachtach dom   i) má chuireann sí brú ort
j) réitíonn sí go maith leis na daoine eile i do shaol   k) iontach flaithiúil   l) thig liom brath uirthi

25. Answer: a) loyalty   b) always there for you   c) she respects them
d) makes fun of you/ forgets about you in a time of need/ puts pressure on you   (accept any one)
e) kind, friendly, understanding, generous   f) loyalty, intelligence, honesty, patience
g) she is always there for me and I can depend on her

26. Find in the text: a) cuidiúil/cineálta/cairdiúil   b) maith   c) flaithiúil   d) agus   e) cara/ Caitlín   f) bíonn
g) tuisceanach   h) éisteann   i) i gcónaí

27. Translate:
a) in my opinion   b) a good friend   c) loyal   d) he listens to you   e) understanding   f) funny   g) talkative
h) she helps me   i) unfriendly   j) very   k) it's important to me   l) he gets along well with him   m) he understands
me   n) especially   o) a helping hand   p) a true friend   q) happy   r) a bad friend   s) he worries about you
t) your opinions   u) when you have problems

28. Complete: a) I mo bharúil, bíonn cara maith dílis i gcónaí
b) Bíonn cara maith ann duit nuair atá fadhbanna agat
c) Bíonn cara maith i gcónaí fial/flaithiúil   d) Éisteann cara maith leat   e) Tá cara maith cineálta
f) Tá mo chara is fearr iontach greannmhar   g) Tugann mo chara is fearr lámh chuidithe dom

29. Translate the following paragraphs into Irish

a) Níl a lán cairde agam, ach tá cairdeas iontach tábhachtach dom. I mo bharúil, tá cara maith cineálta, dílis, tuisceanach agus muiníneach. Éisteann sé leat nuair atá/ a bhíonn fadhbanna agat, bíonn sé i gcónaí ann duit, bíonn sé buartha fút agus bíonn sé sásta nuair a bhíonn tú sásta. Tá mo chara is fearr, Liam, iontach fial/flaithiúil, ionraic, foighneach agus iontach greannmhar.

b) Tá a lán cairde agam. Tá cairdeas iontach tábhachtach dom. I mo bharúil, bíonn cara maith buartha fút, cuireann sé/sí scairt ort go minic agus bíonn sé/sí i gcónaí sásta lámh chuidithe a thabhairt duit. Is cara maith é má thuigeann sé thú agus má éisteann sé leat. Is cara maith é má tá meas aige ar do thuairimí. Tá mo chara is fearr cuidiúil, cainteach agus greannmhar.

c) Tá fíorchara amháin agam. Fionnuala an t-ainm atá uirthi. Tá sí iontach tábhachtach dom. Tá sí iontach cineálta, cliste, ionraic, dílis agus iontach sásta i gcónaí. Tá dílseacht tábhachtach dom. Tá féith an ghrinn aici fosta. Ní chuireann Fionnuala brú orm riamh. Éisteann sí liom agus bíonn meas aici ar mo thuairimí. Bíonn sí i gcónaí ann dom nuair atá fadhbanna agam. An rud is fearr faoi Fhionnuala ná go bhfuil suim againn sna rudaí céanna agus réitíonn sí go maith leis na daoine eile i mo shaol.

Unit 10. Describing the qualities of a good partner

Bheadh *would be*	**mo chéile foirfe** *my ideal partner*	**cineálta** *kind* **dílis** *loyal* **foighneach** *patient* **gealgháireach** *cheerful* **grámhar** *affectionate* **iontaofa** *reliable* **paiseanta** *passionate* **tuisceanach** *understanding*	**aibí** *mature* **fial** *generous* **goilliúnach** *sensitive* **greannmhar** *funny* **ionraic** *honest* **láidir** *strong* **maiteach** *forgiving* **rómánsúil** *romantic*

Ardaíonn sé/sí mo chroí nuair a bhím brónach *He/she cheers me up when I am sad* **Bíonn meas aige/aici ar mo thuairimí** *He/she respects my opinions* **Bíonn muinín aige/aici asam** *He/she trusts me* **Caitheann sé/sí go deas liom** *He/she treats me well* **Déanann sé/sí iarracht mé a chur ag gáire** *He/she tries to make me laugh* **Déanann sé/sí iarracht mé a thuiscint** *He/she tries to understand me* **Éisteann sé/sí liom nuair a bhíonn fadhb agam** *He/she listens to me when I have a problem* **Is annamh a bhíonn sé/sí feargach liom** *He/she is rarely angry with me* **Ní bhíonn sé/sí mídhílis dom** *He/she doesn't cheat on me* **Ní insíonn sé/sí bréaga dom** *He/she doesn't lie to me* **Níl suim aige/aici mé a chur faoi smacht** *He/she doesn't want to control me* **Tugann sé/sí bronntanais dheasa dom** *He/she gives me nice gifts* **Tugann sé/sí croí isteach dom** *He/she gives me a hug* **Tugann sé/sí tacaíocht dom** *He/she supports me*	**an t-am ar fad** *the whole time* **anois is arís** *now and again* **go hannamh** *rarely* **go minic** *often*

Bíonn a lán spraoi againn le chéile *We have a lot of fun together*	**Ní bhíonn muid ag argóint go minic** *We don't argue often*

Tá suim againn sna rudaí céanna *we are interested in the same things*

Is *Is*	**é**	**cineáltas** *kindness* **ionracas** *honesty*	**an tréith is fearr atá ag mo chéile** *my partner's best quality*
	í	**dílseacht** *loyalty* **flaithiúlacht** *generosity*	

Is *Is*	**é**	**díomas** *arrogance* **leithleachas** *selfishness*	**an tréith is measa atá ag mo chéile** *my partner's worst quality*
	í	**tiarnúlacht** *bossiness*	

Author's note: *If the adjective is masculine, use* **é**. *For example,* **Is é cineáltas an tréith** ..... *If the adjective is feminine, use* **í**, *For example* ..**is í flaithiúlacht an tréith**....

1. Match up

Goilliúnach	Loyal
Láidir	Generous
Gealgháireach	Affectionate
Foighneach	Honest
Rómánsúil	Sensitive
Fial	Understanding
Cineálta	Romantic
Tuisceanach	Mature
Grámhar	Kind
Dílis	Patient
Ionraic	Cheerful
Aibí	Strong
Greannmhar	Funny

2. Missing letters

a. Ion__aic

b. Gr__mhar

c. A__bí

d. Dí__is

e. Tuiscean_ch

f. Fia__

g. Foi__hne__ch

h. Lái__ir

i. Greann__har

j. Cine__lta

3. Complete

a. _ _ _ _ _ _ _ _ _ _ _ _ _ _   *Cheerful*

b. _ _ _ _ _ _ _   *Affectionate*

c. _ _ _ _   *Mature*

d. _ _ _ _   *Generous*

e. _ _ _ _ _ _ _   *Honest*

f. _ _ _ _ _ _ _ _ _ _   *Funny*

g. _ _ _ _ _ _ _ _   *Kind*

h. _ _ _ _ _ _   *Strong*

i. _ _ _ _ _ _ _ _ _   *Passionate*

4. Translate into English

Gaeilge	Béarla
Dílis	
Tuisceanach	
Grámhar	
Foighneach	
Fial	
Cineálta	
Ionraic	
Gealgháireach	
Greannmhar	
Aibí	

USEFUL VOCABULARY

Grá mo chroí: love of my heart

M'anamchara: my soulmate

M'fhear céile: my husband

Mo bhean chéile: my wife

Mo ghrá geal/mo ghirseach: my girlfriend

Mo mhuirnín: my sweetheart

Mo rún: my love

Mo stócach/mo bhuachaill: my boyfriend

Mo chéile: my partner/spouse (male or female)

Mo thaisce: my treasure

5. Translate into English

a. Tá mé iontaofa agus láidir.

b. Tá mo chéile iontach foighneach.

c. Tá mo bhean chéile dílis.

d. Tá m'fhear céile grámhar.

e. Tá mo stócach iontach foighneach.

f. Tá mo ghirseach iontach fial.

g. Tá m'fhear céile iontach gealgháireach.

h. Tá mo mhuirnín aibí dá haois.

i. Tá m'anamchara measartha tuisceanach.

j. Tá mo bhean chéile iontach greannmhar agus ionraic.

6. Match the opposites

Ciúin (1)	Bómánta
Láidir	Mídhílis
Foighneach	**Cainteach (1)**
Aibí	Mífhlaithiúil
Cairdiúil	Mí-ionraic
Dílis	Leadránach
Tuisceanach	Lag
Cliste	Mí-aibí
Flaithiúil	Míthuisceanach
Ionraic	Mífhoighneach
Greannmhar	Míchairdiúil

USEFUL VOCABULARY

Ardaíonn sé/sí mo chroí nuair a bhím brónach	*He/she cheers me up when I am sad*
Bíonn muinín aige/aici asam	*He/she trusts me*
Bíonn sé/sí i gcónaí ann dom	*He/she is always there for me*
Caitheann sé/sí go maith liom	*He/she treats me well*
Déanann sé/sí iarracht mé a chur ag gáire	*He/she tries to make me laugh*
Déanann sé/sí iarracht mé a thuiscint	*He/she tries to understand me*
Éisteann sé/sí liom nuair a bhíonn fadhb agam	*He/she listens to me when I have a problem*
Ní bhíonn sé/sí mídhílis dom	*He/she doesn't cheat on me*
Ní chaithfidh sé/sí a bheith ceart i gcónaí	*He/she doesn't always have to be right*
Ní duine éadmhar é/í	*He/she is not a jealous person*
Ní éiríonn sé/sí feargach liom gan fáth	*He/she doesn't get angry with me for no reason*
Spreagann sé/sí mé	*He/she inspires me*
Tá na suimeanna céanna againn	*We have the same interests*
Tá meas aige/aici ar mo thuairimí agus ar mo roghanna	*He/she respects my choices and opinions*
Tá muid ar an phort céanna	*We are on the same wavelength*
Tugann sé/sí barróga dom	*He/she gives me hugs*
Tugann sé/sí bronntanais dheasa dom	*He/she gives me nice gifts*
Tugann sé/sí tacaíocht dom i gcónaí	*He/she always supports me*

7. Complete based on the vocabulary above

a. Bíonn sé i gcónaí __________ dom.

b. Bíonn meas aici ar mo ____________ agus ar mo roghanna.

c. Ní duine __________ é.

d. Tá muid ar an __________ céanna.

e. Caitheann sí ____ __________ liom.

f. Tá na ____________ céanna againn.

g. Tugann sí ____________ dom.

8. Spot and write in the missing word

a. Ní sé mídhílis dom

b. Tugann sí dheasa dom.

c. Spreagann sé.

d. Ní éadmhar í.

e. Bíonn muinín aige.

f. Tugann sí tacaíocht dom gcónaí.

g. Éisteann sí liom nuair a bhíonn agam.

h. Ní bhíonn muid argóint go minic.

9. Select from the "Useful Vocabulary" box above the top 5 traits of your ideal partner and list them here

1.

2.

3.

4.

5.

THE LANGUAGE GYM

10. Six of the eight sentences below have been translated incorrectly. Spot and fix them

a. Ardaíonn mo stócach mo chroí nuair a bhím brónach: *My partner cheers me up when I am sad.*

b. Ní insíonn mo bhean chéile bréaga dom: *My husband never lies to me.*

c. Ní chaitheann mo chailín go deas liom: *My boyfriend doesn't treat me well.*

d. Bíonn m'fhear céile mídhílis dom: *My girlfriend cheats on me.*

e. Déanann mo bhean chéile iarracht mé a thuiscint: *My wife tries to understand me.*

f. Éisteann mo stócach liom nuair a bhíonn fadhbanna agam:
My boyfriend listens to me when I have problems.

g. Bheadh mo chéile foirfe foighneach: *My ideal partner would be impatient.*

h. Tugann mo chéile bronntanais dheasa dom: *My spouse gives me cheap gifts.*

Máire: Tá meas ag mo stócach orm. Ní éiríonn sé feargach gan fáth.

Siún: Déanann m'fhear céile iarracht mé a chur ag gáire, níl sé leadránach.

Séamus: Ní insíonn mo chailín bréaga dom am ar bith. Tá sé seo iontach tábhachtach dom.

Póilín: Tugann mo chéile tacaíocht dom i gcónaí. Is í dílseacht an tréith is tábhachtaí.

Pilib: Tá mo bhean chéile iontach foighneach agus tuisceanach. Éisteann sí liom i gcónaí.

Oisín: Tá muinín ag m'fhear céile ionam. Ní duine éadmhar é.

Cara: Is fearr liom daoine greannmhara. Ardaíonn mo bhuachaill mo chroí nuair a bhím brónach.

Eimhear: Níl suim ag m'fhear céile mé a chur faoi smacht. Tá sé seo iontach tábhachtach.

---

11. Answer the questions from the sentences above

a. Who thinks that not telling lies is very important?

b. What does Pilib like about his wife? (3 details)

c. Who has a partner who is not jealous?

d. What does Siún's partner do?

e. Who has a partner who cheers them up when they are sad?

f. Who believes loyalty is important in a partner?

g. What does Póilín say about her partner?

h. Whose partner rarely gets angry?

12. Gapped translation

a. Tugann m'fhear céile _ _ _ _ _ _ _ dom i gcónaí: *My husband always hugs me.*

b. Ní bhíonn mo stócach _ _ _ _ _ _ _ _ dom: *My boyfriend doesn't cheat on me.*

c. Tugann mo chéile _ _ _ _ _ _ tacaíocht dom: *My ideal partner supports me.*

d. Éisteann mo bhean _ _ _ _ _ _ liom i gcónaí: *My wife always listens to me.*

e. Tá na suimeanna _ _ _ _ _ _ againn: *We have the same interests.*

f. Caitheann mo ghrá _ _ _ _ go deas liom: *My girlfriend treats me well.*

g. Ní éiríonn m'fhear céile _ _ _ _ _ _ _ _ liom: *My husband does not get angry with me.*

h. Ní duine _ _ _ _ _ _ _ í mo chailín: *My girlfriend is not jealous.*

i. Bíonn a lán _ _ _ _ _ _ againn le chéile: *We have a lot of fun together.*

13. Sentence puzzle: rewrite the sentences in the correct order

a. m'fhear annamh Is fearg ar a bhíonn céile

b. chailín mo Tugann i dom gcónaí tacaíocht

c. bhuachaill éadmhar Ní é duine mo

d. ceart bheith Ní mo bhean a i chéile gcónaí chaithfidh

e. gan feargach mo fáth chéile liom éiríonn Ní

f. muinín mo asam ag stócach Bíonn

g. mo Ardaíonn geal chroí brónach mo a bhím nuair ghrá

h. croí dom i Tugann thaisce mo isteach gcónaí

14. Match

Déanann sé/sí iarracht mé a chur ag gáire	He/she doesn't get angry for no reason
Caitheann sé/sí go deas liom	He/she doesn't always have to be right
Tugann sé/sí bronntanais dheasa dom	He/she tries to make me laugh
Ní insíonn sé/sí bréaga dom	He/she always hugs me
Éisteann sé/sí liom nuair a bhíonn fadhb agam	He/she doesn't tell lies to me
Bíonn muinín aige/aici asam	He/she treats me well
Tugann sé/sí tacaíocht dom i gcónaí	We have the same interests
Tá na suimeanna céanna againn	He/she gives me nice gifts
Ní bhíonn sé/sí mídhílis dom	He/she doesn't cheat on me
Ní éiríonn sé/sí feargach gan fáth	He/she listens to me when I have a problem
Tugann sé/sí barróga dom i gcónaí	He/she trusts me
Ní chaithfidh sé/sí a bheith ceart i gcónaí	He/she always supports me

Bheadh mo chéile foirfe tuisceanach, cliste agus greannmhar. Chomh maith leis sin, bheadh sé foighneach agus cineálta. Bheadh air éisteacht liom agus tacaíocht a thabhairt dom i gcónaí. Ar bharr sin, ba cheart dó iarracht a dhéanamh mé a thuiscint. I mo bharúil, is é cineáltas an tréith is tábhachtaí. **(Seáinín)**

Bheadh mo chéile foirfe ionraic, dílis agus iontach fial. Bheadh sé aibí, foighneach agus bheadh muinín aige asam. Chomh maith leis sin, bheadh meas aige ar mo thuairimí. Ní éiríodh sé feargach gan fáth agus beidh muid ar an phort céanna. I mo bharúil, is iad ionracas agus flaithiúlacht na tréithí is tábhachtaí. Ar bharr sin, tá sé tábhachtach barróga a thabhairt dom go minic. **(Gráinne)**

Ba mhaith liom stócach a bheadh fial, dáiríre, díograiseach agus foighneach. Ar bharr sin, caithfidh sé a bheith grámhar agus ionraic. Caithfidh sé éisteacht liom i gcónaí agus tacaíocht a thabhairt dom. I mo bharúil, is í dílseacht an tréith is tábhachtaí. Ba bhreá liom stócach a bheadh iontach dílis dom, ní inseodh sé bréaga dom. Ar ndóigh, bheadh sé dóighiúil agus paiseanta. **(Fiona)**

16. Find in Seáinín's text the Irish equivalent of the following

a. Smart:

b. Funny:

c. He would have to:

d. Always:

e. On top of that:

f. In my opinion:

g. The most important quality:

15. Find someone who…

a. …believes kindness is the most important quality of a good partner.

b. … wants a partner who trusts them.

c. …thinks an ideal partner is smart and funny.

d. …seeks a partner who is affectionate, patient and honest.

e. …wants a partner who respects their opinions and doesn't get angry for no reason.

f. ... …wants an attractive and passionate partner.

g. ...says that her ideal partner is someone who would support and always listen to her.

h. …thinks loyalty is the most important quality of a good partner.

i. …thinks honesty and generosity are the most important qualities of a good partner.

17. Complete the translation of Fiona's text below

I would like a boyfriend that is ______________, serious, hard-working and ______________. On top of that, he has to be ___________ and ___________. He needs to always listen to me and give me _______________. In my opinion, ____________ is the most important quality and I would love a ____________ that is very __________ to me. He won't tell me lies. Of course, he would be ___________ and _____________ .

18. Translate into English the following phrases/sentences taken from Gráinne's text

a. Chomh maith leis sin

b. Feargach gan fáth

c. Meas aige ar mo thuairimí

d. Na tréithí is tábhachtaí

e. Bheadh muinín aige asam

f. Mo chéile foirfe

g. I mo bharúil

h. Ar bharr sin

19. Complete with an appropriate word

a. Bíonn sé i gcónaí _______________ dom.

b. Bíonn meas aige ar mo _______________.

c. Ardaíonn sé mo _________ nuair a bhím brónach.

d. Tugann sé _______________ dheasa dom.

e. Ní duine _______________ é.

f. Bíonn a lán _______________ againn le chéile.

g. Ní éiríonn sé _______________ liom gan fáth.

h. Is é cineáltas an ___________ is fearr.

i. Ní insíonn sé ___________ dom.

j. _______________ sé tacaíocht dom.

20. Slalom translation: translate the sentences below selecting and numbering off the appropriate boxes as shown in the example

1. My partner trusts me	2. My husband doesn't lie to me	3. My boyfriend doesn't always have to be right	4. My girlfriend is rarely angry with me
5. My wife respects my opinions	6. My partner cheers me up when I am sad	7. My husband is not a jealous person	8. We have the same interests

Bíonn (1)	mo stócach	mo chailín	dom
Tá meas	muinín ag (1)	mo chroí nuair atá	thuairimí
Ardaíonn	na suimeanna	mo chéile (1)	m'fhear céile
Tá	a bhíonn	céanna	i gcónaí
Ní insíonn	duine éadmhar	ar mo	againn
Ní	m'fhear céile	bheith ceart	ionam (1)
Ní chaithfidh	mo chéile	é	feargach liom
Is annamh	ag mo bhean chéile	bréaga	mé brónach

21. Translate into Irish

a. My best friend

b. My husband

c. My wife

d. My girlfriend

e. My boyfriend

f. My soulmate

g. My partner

22. Match

Dílseacht	Bossiness
Ionracas	Selfishness
Leithleachas	Kindness
Tiarnúlacht	Lies
Cineáltas	Love
Díomas	Honesty
Flaithiúlacht	Loyalty
Grá	Generosity
Bréaga	Arrogance

23. Translate from memory

a. Tá muinín ag m'fhear céile asam

b. Ní duine éadmhar í mo ghrá geal

c. Caitheann mo bhuachaill go deas liom

d. Ní insíonn mo bhean chéile bréaga dom

e. Tugann mo chéile barróga dom

f. Bheadh mo chéile foirfe dílis

g. Ní éiríonn m'fhear céile feargach gan fáth

h. Tugann mo stócach tacaíocht dom i gcónaí

i. Bheadh mo chéile foirfe foighneach agus cliste

j. Tá meas aige ar mo thuairimí agus ar mo roghanna

k. Tá sí ionraic agus cineálta

l. Tá na suimeanna céanna againn

m. Ardaíonn mo bhuachaill mo chroí nuair a bhím brónach

n. Éisteann mo chailín liom nuair a bhíonn fadhbanna agam

24. Translate into Irish

a. My girlfriend is kind and understanding:

b. My boyfriend is very patient:

c. My husband is affectionate and reliable:

d. My ideal partner would be cheerful, funny and intelligent:

e. My partner doesn't get angry with me for no reason:

f. My wife respects my choices and opinions:

g. My husband treats me well:

h. My husband always supports me:

i. My boyfriend cheers me up when I am sad:

j. My wife always tries to make me laugh:

25. Write a paragraph for each of the people below in the FIRST person singular (mé)

Gobnait	Pascal	Nuala
Her ideal partner would be affectionate, honest, reliable, understanding and would have a good sense of humour. He listens to her, never gets angry, always tries to understand her and is always loyal. He hugs her often. His best quality is honesty. Loyalty is also important.	His ideal partner would be loyal, honest, reliable, kind and patient. She listens to him, respects his choices and always supports him. She treats him well and often gives him nice gifts. Her best qualities are honesty and generosity.	Her ideal partner would be helpful, kind, funny, and cheerful. He listens to her and they have the same interests. He is mature and always tries to understand her. He inspires her and always supports her. He is not a jealous person and he doesn't cheat on her. His best quality is intelligence.

Key questions

Cad iad na tréithí is tábhachtaí atá ag céile, i do bharúil?	*What are the most important qualities of a partner, in your opinion?*
Cad é mar atá do chaidreamh le do bhuachaill/do chailín?	*What is your relationship with your boyfriend/girlfriend like?*
An mbíonn tú ag argóint leis/léi go minic?	*Do you argue often with him/her?*
Cad chuige a mbíonn sibh ag argóint?	*Why do you both argue?*
Cad í an chúis is coitianta le do chuid argóintí?	*What is the most frequent cause of your arguments?*
Cad é mar is féidir argóint a sheachaint?	*How could you avoid these arguments?*
An grá geal maith nó dona thú, i do bharúil? **Cad chuige?**	*Are you a good or bad girlfriend, in your opinion?* *Why?*
An stócach maith nó dona thú, i do bharúil? **Cad chuige?**	*Are you a good or bad boyfriend, in your opinion?* *Why?*
Cad é mar is féidir leat feabhas a chur ar an chaidreamh atá agat le do chailín/do bhuachaill?	*What could you do to improve your relationship with your girlfriend/boyfriend?*

ANSWERS – Unit 10

1. Match: goilliúnach – sensitive **láidir** – strong **gealgháireach** – cheerful **foighneach** – patient **rómánsúil** – romantic **fial** – generous **cineálta** – kind **tuisceanach** – understanding **grámhar** – affectionate **dílis** – loyal **ionraic** – honest **aibí** – mature **greannmhar** – funny

2. Missing letters: a) ionraic b) grámhar c) aibí d) dílis e) tuisceanach f) fial g) foighneach h) láidir
i) greannmhar j) cineálta

3. Complete: a) gealgháireach b) grámhar c) aibí d) fial e) ionraic f) greannmhar g) cineálta h) láidir i) paiseanta

4. Translate into English: loyal ; understanding ; affectionate ; patient ; generous ; kind ; honest ; cheerful ; funny ; mature ;

5. Translate: a) I am reliable and strong b) my partner is very patient c) my wife is loyal d) my husband is affectionate
e) my boyfriend is very patient f) my girlfriend is very generous g) my husband is very cheerful
h) my sweetheart is mature for her age i) my soulmate is quite/fairly understanding j) my wife is very funny and honest

6. Match the opposites: ciúin – cainteach **láidir** – lag **foighneach** – mífhoighneach **aibí** – mí-aibí
cairdiúil – míchairdiúil **dílis** – mídhílis **tuisceanach** – míthuisceanach **cliste** – bómánta **flaithiúil** – mífhlaithiúil
ionraic – mí-ionraic **greannmhar** - leadránach

7. Complete based on the vocabulary above: a) ann b) thuairimí c) éadmhar d) phort e) go deas/maith
f) suimeanna g) barróga/tacaíocht

8. Spot and write in the missing word: a) bhíonn b) bronntanais c) mé d) duine e) asam f) i g) fadhbanna h) ag

9. Select from the 'Useful Vocabulary' box above the top 5 traits of your ideal partner and list them here
-Student chooses from the "Useful Vocabulary" box

10. Six of the eight sentences below have been translated incorrectly: a) my boyfriend cheers me up when I am sad
b) my wife never lies to me c) my girlfriend doesn't treat me well d) my husband cheats on me e) - f) -
g) my ideal partner would be patient h) my spouse gives me nice gifts

11. Answer: a) Séamus b) patient, understanding, good listener c) Oisín d) tries to make her laugh
e) Cara f) Póilín g) her partner always supports her h) Máire

12. Gapped translation: a) barróga b) mídhílis c) foirfe d) chéile e) céanna f) geal g) feargach h) éadmhar i) spraoi

13. Sentence puzzle: a) is annamh a bhíonn fearg ar m'fhear céile b) tugann mo chailín tacaíocht dom i gcónaí
c) ní duine éadmhar é mo bhuachaill d) ní chaithfidh mo bhean chéile a bheith ceart i gcónaí
e) ní éiríonn mo chéile feargach liom gan fáth f) bíonn muinín ag mo stócach asam
g) ardaíonn mo ghrá geal mo chroí nuair a bhím brónach h) tugann mo thaisce croí isteach dom i gcónaí

14. Match:
Déanann sé/sí iarracht mé a chur ag gáire– he/she tries to make me laugh
Caitheann sé/sí go deas liom – he/she treats me well
Tugann sé/sí bronntanais dheasa dom – he/she gives me nice gifts
Ní insíonn sé/sí bréaga dom – he/she doesn't tell lies to me
Éisteann sé/sí liom nuair a bhíonn fadhb agam – he/she listens to me when I have a problem
Bíonn muinín aige/aici asam – he/she trusts me
Tugann sé/sí tacaíocht dom i gcónaí – he/she always supports me
Tá na suimeanna céanna againn – we have the same interests
Ní bhíonn sé/sí mídhílis dom – he/she doesn't cheat on me
Ní éiríonn sé/sí feargach gan fáth – he/she doesn't get angry for no reason
Tugann sé/sí barróga dom i gcónaí – he/she always hugs me
Ní chaithfidh sé/sí a bheith ceart i gcónaí – he/she doesn't always have to be right

15. Find someone who: a) Seáinín   b) Gráinne   c) Seáinín   d) Fiona   e) Gráinne   f) Fiona   g) Fiona   h) Fiona   i) Gráinne

16. Find in Seáinín's text the Irish equivalent of the following: a) cliste   b) greannmhar   c) bheadh air   d) i gcónaí
e) ar bharr sin f) i mo bharúil   g) an tréith is tábhachtaí

17. Complete the translation: generous ; patient ; affectionate ; honest ; support ; loyalty ; boyfriend ; loyal ;handsome;
passionate

18. Translate: a) as well as that   b) angry without reason   c) he respects my opinions   d) the most important traits
e) he would trust me   f) my ideal partner   g) in my opinion   h) on top of that

19. Complete: a) ann b) thuairimí/roghanna   c) chroí   d) bronntanais   e) éadmhar   f) spraoi   g) feargach   h) tréith
i) bréaga   j) tugann

20. Slalom translation: 1) bíonn muinín ag mo chéile asam   2) Ní insíonn m'fhéar céile bréaga dom
3) Ní chaithfidh mo stócach a bheith ceart i gcónaí   4) Is annamh a bhíonn mo chailín feargach liom
5) Tá meas ag mo bhean chéile ar mo thuairimí 6) Ardaíonn mo chéile mo chroí nuair a bhím brónach
7) Ní duine éadmhar é m'fhear céile   8) Tá na suimeanna céanna againn

21. Translate: a) mo chara is fearr   b) m'fhear céile   c) mo bhean chéile   d) mo chailín/ghrá geal   e) mo bhuachaill/stócach
f) m'anamchara   g) mo chéile

22. Match: dílseacht – loyalty   **ionracas** – honesty   **leithleachas** – selfishness   **tiarnúlacht** – bossiness
cineáltas – kindness   **díomas** – arrogance   **flaithiúlacht** – generosity   **grá** – love   **bréaga** – lies

23. Translate: a) my husband trusts me   b) my girlfriend is not a jealous person   c) my boyfriend treats me well
d) my wife doesn't tell me lies   e) my partner gives me hugs   f) my ideal partner would be loyal
g) my husband doesn't get angry for no reason   h) my boyfriend always supports me
i) my ideal partner would be patient and smart   j) he respects my opinions and choices   k) she is honest and kind
l) we have the same interests   m) my boyfriend cheers me up when I'm sad
n) my girlfriend listens to me when I have problems

24. Translate: a) tá mo chailín/ghrá geal cineálta agus tuisceanach   b) tá mo stócach/bhuachaill iontach foighneach   c) tá
m'fhear céile grámhar agus iontaofa   d) bheadh mo chéile foirfe gealgháireach, greannmhar agus cliste   e) Ní éiríonn mo
chéile feargach liom gan fáth f) bíonn meas ag mo bhean chéile ar mo thuairimí agus mo roghanna   g) caitheann m'fhear
céile go maith/deas liom   h) tugann m'fhear céile tacaíocht dom i gcónaí
i) Ardaíonn mo stócach/bhuachaill mo chroí nuair a bhím brónach   j) déanann mo bhean chéile iarracht mé a chur ag gáire

25. Write a paragraph for each of the people below in the FIRST person singular (mé)

Gobnait: Bheadh mo chéile foirfe grámhar, ionraic, iontaofa, tuisceanach agus bheadh féith an ghrinn aige.
Éisteann sé liom, ní éiríonn sé feargach gan fáth, déanann sé iarracht mé a thuiscint agus ní bhíonn sé mídhílis dom. Tugann
sé barróga dom go minic.
Is é ionracas an tréith is fearr atá aige. Tá dílseacht tábhachtach fosta.

Pascal: Bheadh mo chéile foirfe dílis, ionraic, iontaofa, cineálta agus foighneach.
Éisteann sí liom, tá meas aici ar mo roghanna agus tugann sí tacaíocht dom i gcónaí. Caitheann sí go deas/maith liom agus
tugann sí bronntanais dheasa dom.
Is iad ionracas agus flaithiúlacht na tréithí is fearr atá aici

Nuala: Bheadh mo chéile foirfe cuidiúil, cineálta, greannmhar agus gealgháireach.
Éisteann sé liom agus tá na suimeanna céanna againn. Tá sé aibí agus déanann sé iarracht mé a thuiscint. Spreagann sé mé
agus tugann sé tacaíocht dom. Ní duine éadmhar é agus ní bhíonn sé mídhílis dom.
Is í clisteacht an tréith is fearr atá aige.

Unit 11. Saying why I don't get along with people

	mo chara Nóinín *my friend Nóinín*	mo dheirfiúr níos óige *my younger sister*
Ní réitím go maith le *I do not get along well with*	mo mháthair *my mother*	mo dheirfiúr níos sine *my older sister*
	mo chara Eoin *my friend Eoin*	mo dheartháir níos óige *my younger brother*
Is fuath liom *I hate*	m'athair *my father*	mo dheartháir níos sine *my older brother*
	mo chairde ranga *my classmates*	mo mhúinteoirí *my teachers* mo thuismitheoirí *my parents*

		cantalach *grumpy*
mar tá sé *because he is*		ceanndána *stubborn*
		drochbhéasach *rude*
	giota beag *a bit*	falsa *lazy*
		foréigneach *violent*
mar tá sí *because she is*	**iontach** *very*	fuadrach *fussy*
		leithleasach *selfish*
		meirgeach *bad-tempered*
	measartha *quite*	mí-ionraic *dishonest*
mar tá siad *because they are*		sotalach *arrogant*
		tiarnasach *bossy*
		tugtha don argóint *argumentative*

ró (*too*) adds a h to consonants and '-' before vowels		
róchantalach *too grumpy*	**rófhalsa** *too lazy*	**róthiarnasach** *too bossy*

agus mar *and because he/she*		**agus mar** *and because they*
bíonn sé/sí ag spiocadh asam	*mocks me*	**bíonn siad ag spiocadh asam**
bíonn sé/sí do mo cháineadh	*criticises me*	**bíonn siad do mo cháineadh**
caitheann sé/sí go holc liom	*treats me badly*	**caitheann siad go holc liom**
éiríonn sé/sí feargach liom	*gets angry with me*	**éiríonn siad feargach liom**
insíonn sé/sí bréaga dom	*lies to me*	**insíonn siad bréaga dom**
ní chuidíonn sé/sí liom riamh	*never helps me*	**ní chuidíonn siad liom**
ní éisteann sé/sí liom	*doesn't listen to me*	**ní éisteann siad liom**
ní thugann sé/sí tacaíocht dom	*doesn't support me*	**ní thugann siad tacaíocht dom**
ní thuigeann sé/sí mé	*doesn't understand me*	**ní thuigeann siad mé**
scairteann sé/sí orm	*shouts at me*	**scairteann siad orm**
tugann sé/sí íde béil dom	*tells me off*	**tugann siad íde béil dom**

Ar bharr sin *Moreover*	**bíonn muid ag argóint go minic** *we argue often* **níl muinín agam as/aisti** *I cannot trust him/her* **níl muinín agam astu** *I cannot trust them* **níl muid ar an phort céanna** *we are not on the same wavelength* **níl na suimeanna céanna againn** *we don't have the same interests*

1. Match

Meirgeach	Affectionate
Tiarnasach	Bad-tempered
Mí-ionraic	Stubborn
Sotalach	Selfish
Fuadrach	Rude
Ceanndána	Bossy
Grámhar	Loyal
Cantalach	Grumpy
Foréigneach	Arrogant
Drochbhéasach	Violent
Leithleasach	Fussy
Dílis	Dishonest

2. Missing letters challenge

a. Tá mé can _ _ _ _ _ _

b. Tá mo mháthair grá _ _ _ _

c. Tá mo dheirfiúr cean _ _ _ _ _

d. Tá mo thuismitheoirí fua _ _ _ _ _

e. Níl mo chomharsa fios _ _ _ _

f. Tá mo dheartháir iontach dí _ _ _

g. Níl m'athair foré _ _ _ _ _ _ _

5. Break the flow

a. Nílmodheirfiúrceanndána

b. Níthuigeannmomháthairmé

c. Támodheartháiriontachcantalach

d. Támostócachleithleasach

e. Támodheirfiúrfuadrach

f. Nílnasuimeannacéannaagainn

g. Caitheannm'athairgoholcliom

7. Anagrams

a. Tá mo dheirfiúr **cí-inrmoia**

b. Tá m'athair **eacndnnáa**

c. Tá mo stócach **chsolata**

d. Tá mo dhearth
áir **hclaanatc**

e. Tá mo mhúinteoir Béarla **haaatinrsc**

f. Tá mo chara Aisling **mieerhagc**

3. Translate into English

a. Tá mo dheirfiúr is sine sotalach:

b. Tá mo dhearth
áir tiarnasach:

c. Éiríonn m'athair feargach faoi gach rud:

d. Tá mo mháthair rófhuadrach:

e. Tá mo dhearth
áir is sine drochbhéasach:

f. Tá mo chomharsa *(neighbour)* sotalach agus cantalach:

g. Tá mo bhuachaill santach:

h. Tá mo thuismitheoirí ceanndána:

i. Tá m'athair leithleasach:

j. Ní chuidíonn mo dheirfiúr is sine liom riamh:

4. Rewrite in the correct order

a. Níl againn suimeanna céanna na

b. m'athair Ní liom éisteann

c. argóint minic ag muid Bíonn go

d. róthiarnasach chailín Tá mo

e. holc mo thuismitheoirí go Caitheann liom

f. thuigeann m'athair Ní mé

6. Complete with the missing words

a. Níl na suimeanna __________ againn.
We don't have the same interests.

b. Bíonn mo dhearth
áir ag __________ asam an t-am ar fad.
My brother mocks me all the time.

c. Insíonn mo bhuachaill __________ dom i gcónaí.
My boyfriend always tells me lies.

d. Ní chuidíonnn mo dheirfiúr is sine __________ riamh.
My oldest sister never helps me.

e. Bíonn m'athair do mo __________ faoi mo chuid éadaí.
My father criticises me for my clothes.

f. Scairteann mo mháthair _______ mar gheall ar obair scoile.
My mother shouts at me because of school work.

g. Caitheann mo dheirfiúr is óige go __________ liom.
My youngest sister treats me badly.

8. Split words

a. Cea-	-lach	Arrogant
b. Fua-	-nasach	Bossy
c. Can-	-leasach	Selfish
d. Fear-	-geach	Bad-tempered
e. Leith-	-hbhéasach	Rude
f. Bóm-	-nndána	Stubborn
g. Mífh-	-ánta	Stupid
h. Sota-	-pach	Annoying
i. Cia-	-drach	Fussy
j. Droc-	-talach	Grumpy
k. Tiar-	-gach	Angry
l. Meir-	-oighneach	Impatient

9. Match

Ní thugann sé tacaíocht dom	He is annoying
Éiríonn sé feargach go minic	He is grumpy
Ní chuidíonn sé liom riamh	He treats me badly
Níl na suimeanna céanna againn	He gets angry often
Tá sé cantalach	He doesn't listen to me
Bíonn muid ag argóint go minic	We don't have the same interests
Ní éisteann sé liom	He doesn't support me
Tá sé ciapach	We often argue
Caitheann sé go holc liom	He never helps me
Níl muinín agam as	I can't trust him

10. Multiple choice quiz

	a	b	c
Ní chuidíonn sé liom riamh	He never helps me	He never talks to me	He never praises me
Éiríonn sé feargach go minic	He never listens to me	He never helps me	He gets angry often
Ní chaitheann sí go maith liom	She doesn't help me	She doesn't listen to me	She doesn't treat me well
Tá sí tiarnasach	She is bad-tempered	She is a liar	She is bossy
Bíonn muid ag argóint	We hate each other	We disagree	We argue
Ní réitím leis	I don't get along with him	I don't share things with him	I can't stand him
Bíonn sé do mo cháineadh	He ignores me	He criticises me	He treats me badly
Scairteann sí orm	She is mean to me	She shouts at me	She punishes me
Insíonn sé bréaga	He shouts	He lies	He beats me up
Bíonn sé ag spiocadh asam	He mocks me	He grounds me	He criticises me
Tá sí ceanndána	She is nasty	She is stubborn	She is bad-tempered
Níl muinín agam as	I cannot trust him	He shouts at me	He belittles me
Ní labhraím léi	I don't speak to her	I can't stand her	I don't get along with her

11. Spot the missing word in the Irish sentence and add it in

a. Caitheann mo mháthair holc liom: *My mother treats me badly*

b. Tá thuismitheoirí iontach tiarnasach: *My parents are very bossy*

c. Insíonn mo dheartháir an t-am ar fad: *My brother tells lies all the time*

d. Bíonn mo chairde ranga ag spiocadh: *My classmates mock me*

e. Ní chuidíonn dheartháir níos sine liom riamh: *My older brother never helps me*

f. Tá deirfiúr ainnis: *My sister is mean*

g. Scairteann m'athair i gcónaí: *My father always shouts at me*

h. Tá mo mhúinteoir eolaíochta fuadrach: *My science teacher is very fussy*

---

12. Split sentences (negative qualities)

Tá sí…	**…go maith léi** *I don't get along well with her*
Éiríonn sí…	**…sí liom riamh** *She never helps me*
Ní thugann…	**…bréaga an t-am ar fad** *She lies all the time*
Ní réitím…	**…do mo cháineadh go minic** *She criticises me often*
Insíonn sí…	**…ag spiocadh asam** *She mocks me*
Bíonn sí…	**…feargach go minic** *She gets angry often*
Ní chuidíonn…	**…cantalach go minic** *She is often grumpy*
Bíonn sí…	**…sí tacaíocht dom** *She doesn't support me*

13. Translate into English

a. Ní thugann mo dheirfiúr tacaíocht dom.

b. Réitím go maith le mo mhúinteoir mata.

c. Scairteann mo mháthair orm gach lá.

d. Tá mo dheartháir sotalach agus cantalach.

e. Tá mo thuismitheoirí iontach ceanndána.

f. Tá mo dheirfiúr is sine foréigneach.

g. Bím ag argóint le mo ghrá geal go minic.

h. Ní chuidíonn mo dheartháir liom riamh.

i. Insíonn mo dheartháir is óige bréaga.

j. Bíonn mo chairde ag spiocadh asam go minic.

k. Tá mo bhuachaill iontach mífhoighneach.

l. Tá mo mháthair measartha fuadrach.

---

14. Spot and correct the spelling or grammar mistake. HINT: there is only one per sentence

a. Tá mo máthair leithleasach

b. Tá mo chara rómeirgeach

c. Tá mo athair iontach feargach

d. Tá mo ghrá geal mhí-ionraic

e. Ní thugann mo charde tacaíocht dom

f. Bíonn mo chairde ranga ag spiocadh asm

g. Tá m'athair iontach canalach

h. Caitheann mo thuismitheoirí go holc lom

i. Tá mo dheirfiúr is óg iontach sotalach

j. Tá sí mífoighneach ach níl sí drochbhéasach

k. Níl mo thuismitheoirí ceandána

l. Bíonn mo bhuachaill intach drochbhéasach in amanna

Éile: Ní réitím le mo thuismitheoirí. Tá siad tiarnasach agus ceanndána. Bíonn siad do mo cháineadh go minic. Bíonn siad ag spiocadh as mo chuid éadaí.

Deasún: Bíonn fearg ar mo dheirfiúr go minic. Éiríonn sí feargach faoi gach rud. Uaireanta, is féidir léi a bheith foréigneach agus drochbhéasach.

Róise: Is fuath liom mo dheirfiúr is óige. Tá sí míchairdiúil, drochbhéasach agus sotalach. Bíonn sí ag spiocadh asam go minic.

Banbha: Bím ag argóint le mo mhúinteoir mata go minic mar tá sé sotalach, tiarnasach agus caithfidh sé a bheith ceart i gcónaí.

Lorcan: Bím ag troid le mo dhearthár is sine go minic mar baineann sé úsáid as mo ríomhaire (gan chead) agus goideann sé airgead uaim.

Éabha: Tá mo dheirfiúr beag santach agus leithleasach. Caithfidh sí a bheith ceart i gcónaí. Tógann sí mo chuid éadaí gan chead agus insíonn sí bréaga go minic!

Sadhbh: Ní réitím le mo dhearthár. Tá sé salach (Ní maith leis an cithfholcadán) agus gránna. Bíonn sé do mo cháineadh go minic, go háirithe faoi mo bhuachaill.

16. Find the Irish equivalent for the words/phrases below

a. Bossy and stubborn:

b. Everything:

c. My clothes:

d. She gets angry about everything:

e. He always has to be right:

f. I argue:

g. He steals money from me:

h. Greedy and selfish:

i. Without permission:

j. She tells lies often:

15. Answer the questions below about the texts on the left

a. How does Éile describe her parents? (2 details)

b. What do Éile's parents mock?

c. What is the problem with Deasún's sister? (2 details)

d. What two adjectives does Éabha use to describe her sister?

e. Who has a sibling who criticises her boyfriend?

f. What does Éabha's sister do that annoys her?

g. Why does Banbha dislike her maths teacher? (3 details)

h. Why does Lorcan fight with his brother?

i. Who can't stand their younger sister?

j. Who has a sibling who mocks them often?

k. Who is unfriendly, rude and arrogant?

l. Who is dirty and ugly?

m. Who wants to be right all the time? (2 people)

Is duine socair, cineálta, foighneach agus cairdiúil mé agus
mar sin, ní bhím ag argóint le daoine go minic. Ach sin ráite,
bím ag argóint le mo dheartháir is óige agus le mo mháthair.
Tá mo dheartháir is óige ard, cainteach agus míshlachtmhar.
Cuireann sé isteach orm mar tógann sé mo chuid rudaí gan
chead. Mar shampla, an tseachtain seo caite, thóg sé mo
ghuthán póca agus bhris sé é. Dochreidte! Chomh maith leis
sin, insíonn sé bréaga go minic. Is fuath liom é sin!

I dtaca le mo mháthair de, bím ag argóint léi mar bíonn sí do
mo cháineadh go minic. Ní maith léi mo chuid éadaí, mo
chuid gruaige agus fiú an ceol a bhfuil dúil agam ann. Ar
bharr sin, ní bhíonn sí sásta le m'obair scoile agus bíonn sí
ag gearán faoi mo bhuachaill, Gianfranco (Is Iodálach é agus
tá sé iontach aclaí). An rud is measa faoi mo mháthair ná
nach éisteann sí liom nuair a bhíonn fadhb agam.

Ar an dea-uair, ní bhím ag argóint riamh le m'athair nó le
mo dheartháir is sine. Tá siad iontach cineálta, foighneach
agus flaithiúil. **(Barbara, 18 mbliana)**

17. Find in the text the Irish for the following

a. Calm: S_____________

b. Often: G____m_________

c. Youngest: I______ó________

d. Untidy: M_____________

e. Things: R_____________

f. Permission: C_____________

g. With regards: I d_______l_______

h. Clothes: É_____________

i. School work: O______s________

j. The worst thing: A__r___i__m______

k. Ever: R_____________

l. Fortunately: A__a____d_______

18. Answer the questions below on Barbara's text

a. How does Barbara describe herself? (4 details)

b. Who does Barbara argue with?

c. What three adjectives does she use to describe her youngest brother?

d. Why does her brother annoy her?

e. What did her brother do last week?

f. What does her brother do all the time?

g. Name three things her mother criticises about her.

h. What three adjectives does she use to describe her father and her older brother?

19. Find the Irish for the phrases below in Barbara's text

a. I don't often argue with people

b. My youngest brother

c. He annoys me

d. For example

e. Last week

f. Without permission

g. He took my mobile phone

h. He broke it

i. Unbelievable!

j. I hate that!

k. With regards to my mother

l. She criticises me

m. My school work

n. The worst thing is

o. When I have a problem

p. I never argue

q. They are very kind

r. Generous

Bím ag argóint le daoine go minic faoi gach rud! Bím ag argóint le mo thuismitheoirí, mo dheirfiúracha, mo dheartháireacha, mo chairde, mo chairde scoile agus mo mhúinteoirí. Bím ag argóint le mo thuismitheoirí mar tá siad iontach dian. Cuireann siad barraíocht ceisteanna orm agus tá siad iontach fiosrach. Cuireann siad isteach go mór orm!

Bím ag argóint le mo dheirfiúracha fosta mar tá siad sotalach, cainteach agus fuadrach. Bíonn siad do mo cháineadh go minic. Bíonn siad ag gearán faoi mo chuid éadaí agus faoi mo chuid gruaige. Is fuath liom iad!

Níl mórán cairde agam ach bím ag argóint leo fosta. Tá siad róchainteach, éisteann siad le ceol traidisiúnta agus caitheann siad éadaí seanfhaiseanta. Is é Pól an cara is fearr atá agam ar scoil. Bím ag argóint leis mar tá sé leadránach agus róchiúin.

Bíonn mo chairde scoile ag argóint liom fosta. Deir siad go bhfuil mé tugtha don argóint agus go gcaithfidh mé a bheith ceart i gcónaí. Ní aontaím leis sin! Sílim go bhfuil éad orthu mar tá mé níos láidre, níos cliste agus i bhfad níos dóighiúla. Tá siad bómánta, ní thuigeann siad rud ar bith.

Ní réitím le mo mhúinteoirí ach oiread. Bíonn siad crosta liom go minic mar ní dhéanaim m'obair bhaile riamh agus bím mall do na ranganna gach lá. Deir mo mhúinteoirí go bhfuil mé sotalach, falsa agus callánach sa rang. Is fuath liom mo mhúinteoir staire agus bím ag argóint leis gach lá mar tá a ranganna iontach leadránach. **(Aodhán, 16 bliana)**

21. Answer the questions below

a. Who does Aodhán argue with? (5 details)

b. Give three reasons why he argues with his parents.

c. What do his sisters complain about? (2 details)

d. How does he describe them? (3 details)

e. What does he not like about his friends? (3 details)

f. What do his classmates say about him? (2 details)

g. Why are they jealous of him, in his opinion? (3 details)

h. Why are his teachers cross with him? (2 details)

i. Why does he dislike his history teacher?

20. Complete

a. Often: G _____m_________

b. People: D______________

c. Everything: G______ r_______

d. Too many: B______________

e. Strict: D______________

f. Also: F______________

g. Criticising me: D__m__c________

h. Fussy: F______________

i. I hate: I__f_______l____

j. Traditional music: C_____t________

k. Old fashioned: S______________

l. Argumentative: T_____d___a_____

m. Always: I g____________

n. Either: A_____o_________

o. Every day: G_______l______

22. Find the Irish equivalent

a. About everything

b. They ask me too many questions

c. They annoy me a lot

d. They often criticise me

e. My hair

f. I hate them!

g. They wear old fashioned clothes

h. Too quiet

i. They say that

j. I think that they are jealous

k. They are stupid

l. They don't understand anything

m. His classes are very boring

| **23. Complete with the options provided below** |

a. Ní ________________ sí liom riamh: — *She never helps me*

b. Ní ________________ sé mé: — *He doesn't understand me*

c. Tá sí ________________: — *She is grumpy*

d. Éiríonn sé ________________ faoi gach rud: — *He gets angry about everything*

e. Bíonn sé ag ________________ asam: — *He mocks me*

f. Tógann sé mo chuid rudaí gan ____________: — *He takes my things without permission*

g. Bím ag ____________ leo: — *I argue with them*

h. Tugann sé ________________ béil dom i gcónaí: — *He always tells me off*

i. Insíonn sí ____________: — *She tells lies*

j. Níl ________________ agam as: — *I cannot trust him*

k. Bíonn sí do mo ________________: — *She criticises me*

l. Bím ag argóint leo go ________________: — *I often argue with them*

chead	chuidíonn	muinín	spiocadh	argóint	minic
cháineadh	feargach	bréaga	thuigeann	cantalach	íde

24. Translate into English	**25. Translate into Irish**

24. Translate into English

a. Bím ag argóint le mo thuismitheoirí go minic.

b. Bíonn mo mháthair do mo cháineadh gach lá.

c. Deir sí go bhfuil mé falsa agus míchairdiúil.

d. Ní réitím go maith le m'athair.

e. Tá sé tiarnasach agus caithfidh sé a bheith ceart i gcónaí.

f. I dtaca le m'athair de, tá sé iontach ceanndána.

g. Insíonn sé bréaga dom go minic.

h. Chomh maith leis sin, tógann sé mo chuid éadaí gan chead.

i. Tá mo dheirfiúr rófhuadrach.

j. Ní chuidíonn sí liom riamh.

k. Bíonn mo chairde ag spiocadh asam.

l. Deir mo mhúinteoirí go bhfuil mé rófhalsa agus tugtha don argóint.

25. Translate into Irish

a. My mother is bossy.

b. She never helps me.

c. My father gets angry with me.

d. He doesn't listen to me.

e. I hate my parents.

f. My older brother mocks me.

g. We argue often.

h. He tells lies often.

i. My younger brother is dishonest and selfish.

j. He takes my things without permission.

k. I don't get along with my teachers.

l. My science teacher is very boring.

m. He says that I am rude and lazy.

n. We don't have the same interests.

Key questions (Units 11 & 12)

Déan cur síos ar do phearsantacht	*Describe your personality*
An bhfuil mórán cairde agat? **Cad chuige?**	*Do you have a lot of friends?* *Why?*
Cé hé/hí do chara is fearr?	*Who is your best friend?*
Cad chuige a réitíonn tú go maith leis/léi?	*Why do you get along well with him/her?*
An réitíonn tú go maith le daoine de ghnáth? **Cad chuige?**	*Do you get along well with people usually?* *Why?*
An réitíonn tú go maith le do theaghlach? **Cad chuige?**	*Do you get along well with your family?* *Why?*
An réitíonn tú go maith le d'athair/do mháthair? **Cad chuige?**	*Do you get along well with your father/mother?* *Why?*
An réitíonn tú go maith le do dheartháir/do dheirfiúr? **Cad chuige?**	*Do you get along well with your brother/sister?* *Why?*
An réitíonn tú go maith le do chairde ranga? **Cad chuige?**	*Do you get along well with your classmates?* *Why?*
An réitíonn tú níos fearr le do dheartháir nó le do dheirfiúr? **Cad chuige?**	*Do you get along better with your brother or your sister?* *Why?*
Cad chuige nach réitíonn tú le d'athair/do mháthair?	*Why do you not get along well with your father/mother?*
An réitíonn tú go maith le do mhúinteoirí? **Cad chuige?**	*Do you get along well with your teachers?* *Why?*
Cad chuige nach réitíonn tú le do mhúinteoir Béarla?	*Why do you not get along with your English teacher?*
An dtugann do thuismitheoirí airgead póca duit?	*Do your parents give you pocket money?*
Cad é a dhéanann tú le d'airgead póca a shaothrú?	*What do you do to earn your pocket money?*

ANSWERS – Unit 11

1. Match: meirgeach – bad-tempered **tiarnasach** – bossy **mí-ionraic** – dishonest **sotalach** – arrogant **fuadrach** – fussy **ceanndána** – stubborn **grámhar** – affectionate **cantalach** – grumpy **foréigneach** – violent **drochbhéasach** – rude **leithleasach** – selfish **dílis** – loyal

2. Missing letters challenge: a) cantalach b) grámhar c) cean**ndána** d) fua**drach** e) fios**rach** f) dí**lis** g) for**éigneach**

3. Translate: a) my oldest sister is arrogant b) my brother is bossy c) my father gets angry about everything d) my mother is too fussy e) my oldest brother is rude f) my neighbour is arrogant and mean g) my boyfriend is greedy h) my parents are stubborn i) my father is selfish j) my oldest sister never helps me

4. Rewrite: a) níl na suimeanna céanna againn b) ní éisteann m'athair liom c) bíonn muid ag argóint go minic d) tá mo chailín róthiarnasach e) caitheann mo thuismitheoirí go holc liom f) ní thuigeann m'athair mé

5. Break the flow: a) níl mo dheirfiúr ceanndána b) ní thuigeann mo mháthair mé c) tá mo dheartháir iontach cantalach d) tá mo stócach leithleasach e) tá mo dheirfiúr fuadrach f) níl na suimeanna céanna againn g) caitheann m'athair go holc liom

6. Complete with the missing words: a) céanna b) spiocadh c) bréaga d) liom e) cháineadh f) orm g) holc/dona

7. Anagrams: a) mí-ionraic b) ceanndána c) sotalach d) cantalach e) tiarnasach f) meirgeach

8. Split words: a) ceanndána b) fuadrach c) cantalach d) feargach e) leithleasach f) bómánta g) mífhoighneach h) sotalach i) ciapach j) drochbhéasach k) tiarnasach l) meirgeach

9. Match: ní thugann sé tacaíocht dom – he doesn't support me **éiríonn sé feargach go minic** – he gets angry often **ní chuidíonn sé liom riamh** – he never helps me **níl na suimeanna céanna againn** – we don't have the same interests **tá sé cantalach** – he is grumpy **bíonn muid ag argóint go minic** – we often argue **ní éisteann sé liom** – he doesn't listen to me **tá sé ciapach** – he is annoying **caitheann sé go holc liom** – he treats me badly **níl muinín agam as** – I can't trust him

10. Multiple choice quiz: ní chuidíonn sé liom riamh (a) éiríonn sé feargach go minic (c) ní chaitheann sí go maith liom (c) Tá sí tiarnasach (c) bíonn muid ag argóint (c) ní réitím leis (a) bíonn sé do mo cháineadh (b) scairteann sí orm (b) insíonn sé bréaga (b) bíonn sé ag spiocadh asam (a) tá sí ceanndána (b) níl muinín agam as (a) ní labhraím léi (a)

11. Spot the missing word and add it in: a) **go** holc b) **mo** thuismitheoirí c) **bréaga** an t-am d) spiocadh **asam** e) **mo** dheartháir f) **mo** dheirfiúr g) m'athair **orm** h) **iontach** fuadrach

12. Split sentences: tá sí cantalach ; éiríonn sí feargach go minic ; ní thugann sí tacaíocht dom ; ní réitím go maith léi ; insíonn sí bréaga an t-am ar fad ; bíonn sí ag spiocadh asam ; ní chuidíonn sí liom riamh ; bíonn sí do mo cháineadh go minic

13. Translate: a) My sister doesn't support me b) I get along well with my Maths teacher c) my mother shouts at me every day d) my brother is arrogant and grumpy e) my parents are very stubborn f) my oldest sister is violent g) I often argue with my girlfriend/boyfriend h) my brother never helps me i) my youngest sister tells lies j) my friends often mock me k) my boyfriend is very impatient l) my mother is fairly fussy

14. Spot and correct the spelling or grammar mistake: a) mo mháthair b) rómheirgeach c) **m'athair** d) m~~h~~í-ionraic e) mo chairde f) asam g) cantalach h) liom i) is **óige** j) mífhoighneach k) ceanndána l) iontach

15. Answer: a) bossy and stubborn b) her clothes c) she is often angry and gets angry about everything, sometimes she is violent and rude (any two details) d) small, greedy and selfish (any two) e) Sadhbh f) she always wants to be right, takes her clothes without permission, lies often g) arrogant, bossy, always has to be right h) he uses his computer without permission and steals money from him i) Róise j) Róise k) Róise's sister l) Sadhbh's brother m) Banbha's maths teacher and Éabha's sister

16. Find the Irish: a) tiarnasach agus ceanndána   b) gach rud   c) mo chuid éadaí   d) éiríonn sí feargach faoi gach rud
e) caithfidh sé a bheith ceart i gcónaí   f) bím ag argóint   g) goideann sé airgead uaim   h) santach agus leithleasach
i) gan chead   j) insíonn sí bréaga go minic

17. Find the Irish: a) socair   b) go minic   c) is óige   d) míshlachtmhar   e) rudaí   f) chead   g) i dtaca le
h) éadaí   i) obair scoile   j) an rud is measa   k) riamh   l) ar an dea-uair

18. Answer the questions: a) calm, kind, patient, friendly   b) her younger brother and her mother
c) tall, talkative and untidy   d) he always takes her things without permission   e) he took her mobile phone and broke it
f) lies   g) clothes, hairstyle, and the music she likes   h) kind, patient and generous

19. Find the Irish: a) ní bhím ag argóint le daoine go minic   b) mo dheartháir is óige   c) cuireann sé isteach orm
d) mar shampla   e) an tseachtain seo caite   f) gan chead   g) thóg sé mo ghuthán póca   h) bhris sé é   i) dochreidte!
j) is fuath liom é sin!   k) i dtaca le mo mháthair   l) bíonn sí do mo cháineadh   m) m'obair scoile   n) an rud is measa
o) nuair a bhíonn fadhb agam   p) ní bhím ag argóint riamh   q) tá siad iontach cineálta   r) flaithiúil

20. Complete: a) go minic   b) daoine   c) gach rud   d) barraíocht   e) dian   f) fosta   g) do mo cháineadh   h) fuadrach
i) is fuath liom   j) ceol traidisiúnta   k) seanfhaiseanta   l) tugtha don argóint   m) i gcónaí   n) ach oiread   o) gach lá

21. Answer: a) people, parents, sisters, brothers, friends, classmates, teachers (any five)
b) they are very strict, ask him too many questions and are very nosey
c) his clothes, his hair   d) arrogant, talkative and fussy
e) they talk too much, they listen to traditional music, they wear old fashioned clothes
f) argumentative, always have to be right   g) he is stronger, smarter and better looking
h) he never does homework and he is always late for class   i) his classes are very boring

22. Find the Irish: a) faoi gach rud   b) cuireann siad barraíocht ceisteanna orm   c) cuireann siad isteach go mór orm!
d) bíonn siad do mo cháineadh go minic   e) mo chuid gruaige   f) is fuath liom iad!   g) caitheann siad éadaí seanfhaiseanta
h) róchiúin   i) deir siad go   j) sílim go bhfuil éad orthu   k) tá siad bómánta   l) ní thuigeann siad rud ar bith
m) tá a ranganna iontach leadránach

23. Complete: a) chuidíonn   b) thuigeann   c) cantalach   d) feargach   e) spiocadh   f) chead   g) argóint   h) íde   i) bréaga
j) muinín   k) cháineadh   l) minic

24. Translate: a) I often argue with my parents   b) my mother criticises me everyday
c) she says that I am lazy and unfriendly   d) I don't get along well with my father
e) he is bossy and he always has to be right   f) with regards to my father, he is very stubborn   g) he often tells lies
h) as well as that, he takes my clothes without permission   i) my sister is too fussy   j) she never helps me
k) my friends mock me   l) my teachers say that I am too lazy and argumentative

25. Translate: a) tá mo mháthair tiarnasach   b) ní chuidíonn sí liom riamh   c) éiríonn m'athair feargach liom
d) ní éisteann sé liom   e) is fuath liom mo thuismitheoirí   f) bíonn mo dheartháir níos sine ag spiocadh asam
g) bíonn muid ag argóint go minic   h) insíonn sé bréaga go minic   i) tá mo dheartháir níos óige mí-ionraic agus leithleasach
j) tógann sé mo chuid rudaí gan chead   k) ní réitím (go maith) le mo mhúinteoirí
l) tá mo mhúinteoir eolaíochta iontach leadránach   m) deir sé go bhfuil mé iontach drochbhéasach agus falsa
n) níl na suimeanna céanna againn

Unit 12. Why I get along with people

<table>
<tr>
<td rowspan="3">Réitím go maith le
I get along well with</td>
<td>mo chara Nóinín my friend Nóinín
mo mháthair my mother</td>
<td>mo dheirfiúr níos óige my younger sister
mo dheirfiúr níos sine my older sister</td>
</tr>
<tr>
<td>m'athair my father
mo chara Eoin my friend Eoin</td>
<td>mo dheartháir níos óige my younger brother
mo dheartháir níos sine my older brother</td>
</tr>
<tr>
<td>mo chairde ranga
my classmates</td>
<td>mo mhúinteoirí my teachers
mo thuismitheoirí my parents</td>
</tr>
</table>

<table>
<tr>
<td>mar tá sé
because he is

mar tá sí
because she is

mar tá siad
because they are</td>
<td>giota beag a bit

iontach very

measartha quite</td>
<td>béasach polite
cliste intelligent
cuidiúil helpful
flaithiúil/fial generous
foighneach patient
greannmhar funny
iontaofa reliable
tuisceanach understanding
umhal humble</td>
</tr>
</table>

<table>
<tr>
<td colspan="2">agus mar and because he/she</td>
<td>agus mar and because they</td>
</tr>
<tr>
<td>caitheann sé/sí go maith liom
cuidíonn sé/sí liom
cuireann sé/sí mé ag gáire
éisteann sé/sí liom
ní bhíonn sé/sí ag spiocadh asam
ní insíonn sé/sí bréaga dom
ní thugann sé/sí íde béil dom
tugann sé/sí misneach dom
tugann sé/sí tacaíocht dom
tuigeann sé/sí mé</td>
<td>treats me well
helps me
makes me laugh
listens to me
doesn't mock me
doesn't lie to me
doesn't tell me off
encourages me
supports me
understands me</td>
<td>caitheann siad go maith liom
cuidíonn siad liom
cuireann siad mé ag gáire
éisteann siad liom
ní bhíonn siad ag spiocadh asam
ní insíonn siad bréaga dom
ní thugann siad íde béil dom
tugann siad misneach dom
tugann siad tacaíocht dom
tuigeann siad mé</td>
</tr>
</table>

<table>
<tr>
<td>Ar bharr sin,
Moreover,</td>
<td>bíonn a lán spraoi againn le chéile we have a lot of fun together

ní bhímid ag argóint riamh we never argue

roinneann sé/sí gach rud liom he/she shares everything with me

tá na suimeanna céanna againn we have the same interests

thig liom gach rud a insint dó/dí I can tell him/her everything</td>
</tr>
</table>

1. Match up

Ní thugann sé íde béil dom	She doesn't mock me
Cuidíonn sí liom	He doesn't tell me off
Éisteann sé liom	She treats me well
Ní insíonn sí bréaga dom	She supports me
Cuireann sé mé ag gáire	He makes me laugh
Caitheann sí go maith liom	She helps me
Tugann sé misneach dom	He understands me
Tugann sí tacaíocht dom	He listens to me
Tuigeann sé mé	He encourages me
Ní bhíonn sí ag spiocadh asam	She doesn't lie to me

2. Complete

a. Tugann sé tac _ _ _ _ _ _ dom

b. Éisteann sí l_ _ _

c. Ní insíonn sé br _ _ _ _ d _ _

d. Tugann sí misn _ _ _ _ dom

e. Cuidíonn sé l_ _ _

f. Ní bhíonn sé ag spio _ _ _ _ asam

g. C _ _ _ _ _ _ nn sé go maith liom

h. Tuig _ _ _ _ sí mé

i. Cuireann sé mé ag g _ _ _ _

j. Ní th _ _ _ _ _ sí íde béil dom

3. Break the flow

a. Éisteannsíliom

b. Níbhíonnsiadagspiocadhasam

c. Níinsíonnsíbréagadom

d. Tuigeannsiadmé

e. Caitheannsiadgomaithliom

f. Cuireannsiadméaggáire

g. Níthugannsíídebéildom

h. Tugannsiadmisneachdom

4. Translate into English

a. Caitheann sé go maith liom.

b. Ní thugann sí íde béil dom.

c. Tugann m'athair tacaíocht dom.

d. Ní bhímid ag argóint riamh.

e. Tá na suimeanna céanna againn.

f. Tá mo dheirfiúr is sine iontach flaithiúil agus measartha béasach.

g. Tá mo chailín iontach cineálta agus measartha cuidiúil.

h. Ní insíonn mo stócach bréaga dom.

i. Bíonn a lán spraoi againn le chéile.

5. Complete

a. *He listens to me*: É________ s__ l______.

b. *We never argue*: N__ b___ a__ a______ r____.

c. *She treats me well*: C______ s__ g__ m_____ l__.

d. *He helps me*: C________ s__ l________.

e. *She encourages me*: T______ s__ m________ d____.

f. *She doesn't tell me off*: N__ t______ s__ í___ b___ d___.

g. *He supports me*: T______ s__ t_________ d__.

h. *She makes me laugh*: C______ s__ m__ a__ g____.

i. *He doesn't mock me*: N__ b___ s_ a__ s______ a ___.

6. Complete the translation

a. Ní chuidíonn sí liom riamh: *She never* _______________________________

b. Tá na suimeanna céanna againn: *We have the same* _______________________

c. Ní thugann sé tacaíocht dom: *He doesn't* _______________________________

d. Bíonn a lán spraoi againn le chéile: *We have a lot of fun* ___________________

e. Ní insíonn mo chailín bréaga dom: *My girlfriend never* ________________ *to me*

f. Bíonn sí i gcónaí ann dom: *She is always* _____________________*for me*

g. Éisteann sí liom nuair a bhíonn fadhb agam: *She* ___________ *to me when I have a problem*

h. Ní bhíonn muid ag argóint riamh: *We never* ______________________________

7. Complete the sentences with the options below

a. Ardaíonn sé mo ____________ nuair a bhím brónach: *He cheers me up when I am sad*

b. Tá _______________ agam aisti: *I can trust her*

c. Tá sí iontach _______________ agus deas: *She is very helpful and nice*

d. Tugann sé _______________ dom i gcónaí: *He always supports me*

e. Tá na suimeanna céanna _______________: *We have the same interests*

f. Is annamh a bhíonn sí ___________ liom: *She is rarely angry with me*

g. _______________ sí go maith liom: *She treats me well*

h. Bíonn a lán _______________ againn le chéile: *We have a lot of fun together*

i. Ní bhíonn sé ag ____________ asam riamh: *He never mocks me*

j. Cuidíonn sí _______________ nuair a bhíonn fadhb agam: *She helps me when I have a problem*

spraoi	spiocadh	tacaíocht	againn	chroí
cuidiúil	liom	feargach	muinín	caitheann

8. Missing letters challenge

a. T_ m_ d_ _ _ _ _ _ _ i_ _ _ _ _ _ c_ _ _ _ _ _ :   *My sister is very annoying*

b. C_ _ _ _ _ _ _ m_ m_ _ _ _ _ _ _ l_ _ _ :   *My mother helps me*

c. N_ b_ _ _ _ _ a_ a_ _ _ _ _ _ _ r_ _ _ _ :   *We never argue*

d. I_ _ _ _ _ _ s_ _ b_ _ _ _ d_ _ :   *They lie to me*

e. T_ m_ _ _ _ _ a_ _ _ a_ :   *I can trust him*

f. T_ n_ s_ _ _ _ _ _ _ _ _ c_ _ _ _ a_ _ _ _ :   *We have the same interests*

g. B_ _ _ _ s_ d_ m_ c_ _ _ _ _ _ _ :   *She criticises me*

h. T_ s_ i_ _ _ _ _ _ c_ _ _ _ _ _ :   *She is very kind*

9. Positive (P) or Negative (N)?	
a. Tá mo mháthair míchairdiúil	
b. Bímid ag argóint gach lá	
c. Tugann siad tacaíocht dom	
d. Éiríonn sí feargach go minic	
e. Tá sí iontach cuidiúil	
f. Éisteann sé liom	
g. Tá muinín agam aisti	
h. Caitheann sé go holc liom	
i. Bíonn sí ag spiocadh asam	
j. Tá sé rófhalsa	
k. Ardaíonn sé mo chroí	

10. Spot and correct the spelling/grammar mistakes

a. Tá mo athair iontach cineálta

b. Cuidíonn sí lom

c. Tá muinén agam as

d. Tá na suimeanna céana againn

e. Caitheann sí go holk liom

f. Éiseann siad liom

g. Bíonn siad eg spiocadh asam

h. Tá sí iontoch cuidiúil

i. Tá mo thuismtheoirí ródhian

j. Éiríonn mo mhathair feargach gan chúis

11. Slalom translation: translate the sentences in the grey box below ticking the relevant words/phrases in the table

1. We have the same tastes	2. My parents support me	3. I trust my mother	4. We never argue
5. My boyfriend doesn't lie to me	6. My friend helps me when I have a problem	7. She tries to understand me	8. I get along well with them

Tá (1)	go	mo stócach	mo mháthair
Tugann	**na suimeanna (1)**	tacaíocht	leo
Tá	iarracht	**céanna (1)**	bréaga dom
Ní	insíonn	agam as	riamh
Ní	mo thuismitheoirí	nuair a bhíonn fadhb	**againn (1)**
Cuidíonn mo chara	bhímid	mé	dom
Déanann sí	muinín	ag argóint	a thuiscint
Réitím	liom	maith	agam

12. Translate into Irish

a. He helps me

b. She listens to me

c. They support me

d. We don't argue

e. She doesn't lie to me

f. I get along well with them

g. We have the same interests

h. She is generous and kind

i. He encourages me

j. I trust him

USEFUL VOCABULARY

| **Déanann sé**
He makes
Déanann sí
She makes
Déanann siad
They make | **iarracht**
an effort | **cuidiú liom** *to help me*
mé a chur ag gáire
to make me laugh
mé a chur ar mo shuaimhneas
to calm me down
mé a thuiscint *to understand me*
mo chroí a ardú *to cheer me up* | **nuair a bhíonn**
when I have | **fadhb agam**
a problem |
| | | | **nuair a bhím**
when I am | **brónach**
sad
feargach
angry |

Caidrimh: an dóigh a réitím le mo theaghlach

Éabha: Réitím go maith le mo thuismitheoirí mar tá siad cineálta agus tuisceanach. Éisteann siad liom nuair a bhíonn fadhb agam agus déanann siad iarracht mé a thuiscint i gcónaí.

Síofra: Ní réitím go maith le mo mháthair. Éiríonn sí feargach faoi gach rud agus caithfidh sí a bheith ceart i gcónaí. Ar an lámh eile, tá m'athair iontach foighneach agus flaithiúil. Déanann sé iarracht cuidiú liom nuair a bhíonn fadhb agam. Ní bhíonn sé ag spiocadh asam riamh.

Domhnall: Réitím go maith le mo thuismitheoirí. Tá siad ciúin, cineálta agus foighneach ach uaireanta, bíonn siad ródhian. An chuid is mó den am, bíonn meas acu ar mo thuairimí ach uaireanta, bíonn siad iontach tiarnasach agus ní éisteann siad liom. Mar shampla, níor thug siad cead dom dul amach le mo chailín aréir chuig an chóisir i dteach mo charad.

Bláithnaid: Réitím go maith le mo thuismitheoirí. Tá siad fíordheas. Ní thugann siad íde béil dom rómhinic agus tugann siad tacaíocht dom i gcónaí nuair a bhíonn fadhb agam. Má bhíonn brón orm nó má bhíonn fadhb agam, éisteann mo mhamaí liom agus déanann sí iarracht mé a chur ar mo shuaimhneas. Tá sí iontach cliste agus aimsíonn sí réiteach na faidhbe go minic.

Pádaí: Réitím go maith le mo thuismitheoirí ach bíonn siad ródhian in amanna. Go ginearálta, tá siad iontach cairdiúil, cuidiúil agus cliste ach níl siad foighneach.

13. Find in the text the Irish equivalent for the following

a. They always try to understand me

b. She gets angry about everything

c. He doesn't mock me

d. Sometimes, they are too strict

e. They listen to me

f. They didn't let me go out

g. They are very bossy

h. They don't tell me off too often

i. If I am sad or if I have a problem

j. She tries to calm me

k. My friend's house

l. She finds

m. They respect my opinions

n. A solution to the problem

14. Answer the questions below

a. How does Éabha describe her parents? (2 details)

b. Why does Síofra not get along with her mother? (2 details)

c. What did Domhnall's parents not let him do?

d. List four things which make Bláithnaid like her parents.

e. List one thing Pádaí doesn't like about his parents and three things he does like.

	a	b	c
Cuidíonn siad liom	They help me	They understand me	They value me
Bíonn siad ag argóint	They mock me	They argue	They judge me
Éisteann siad liom	They listen to me	They encourage me	They understand me
Tugann siad tacaíocht dom	They neglect me	They listen to me	They support me
Tuigeann siad mé	They support me	They encourage me	They understand me
Bíonn siad do mo cháineadh	They judge me	They criticise me	They help me
Éiríonn siad feargach	They argue	They get angry	They neglect me
Bíonn siad ag spiocadh asam	They get angry	They try	They mock me
Tá grá acu dom	They love me	They support me	They ignore me
Déanann siad iarracht	They listen to me	They make an effort	They judge me

Réitím go maith le mo thuismitheoirí. Déanann siad iarracht mé a chur ag gáire agus tugann siad tacaíocht dom i gcónaí. Chomh maith leis sin, déanann siad iarracht mo thuairimí a thuiscint agus bíonn meas acu ar mo thuairimí. Cé go mbíonn siad dian go leor in amanna, ní éiríonn siad feargach rómhinic. Ní bhíonn siad do mo cháineadh agus ní bhíonn siad ag gearán faoi mo chuid éadaí, faoi mo stíl gruaige nó faoi mo bhuachaill riamh.

I dtaca le mo dheirfiúr de, tá si iontach ciapach! Ní réitím léi mar tá sí iontach santach agus drochbhéasach. Insíonn sí bréaga dom an t-am ar fad agus goideann sí mo chuid éadaí agus mo chuid airgid. Cuireann sí isteach go mór orm! Tá mo dheartháir i bhfad níos deise, cé go bhfuil sé róchainteach agus measartha bómánta, tá sé iontach cineálta agus flaithiúil fosta. Nuair a dhéanaim obair an tí, cuidíonn sé liom. Nuair a bhíonn fearg nó brón orm, déanann sé iarracht mé a chur ar mo shuaimhneas agus mé a chur ag gáire. **(Máire, 16 bliana)**

16. Find the Irish equivalent	**17. Answer the following questions**

16. Find the Irish equivalent

a. I get along well with

b. They always try to make me laugh

c. They respect my opinions

d. They don't get angry often

e. My clothes

f. Very annoying

g. Selfish and bad-mannered

h. She lies to me all the time

i. Kind and generous

j. He always tries to calm me down

17. Answer the following questions

a. List four good things Máire says about her parents

b. What three adjectives does she use to describe her sister?

c. What does her sister do all the time?

d. What two things does she steal from Máire?

e. What are two negatives and two positives about her brother?

f. What does he do when Máire is doing the chores?

g. What does he do when Máire is angry or sad?

Réitím go han-mhaith le mo thuismitheoirí. Tá siad iontach cairdiúil agus tuisceanach. Tá siad iontach foighneach agus is annamh a bhíonn siad crosta. Tá m'athair iontach greannmhar agus insíonn sé scéalta grinne i gcónaí. An rud is fearr faoi mo thuismitheoirí ná go n-éisteann siad liom nuair a bhíonn fadhb agam, tugann siad tacaíocht dom i gcónaí agus spreagann siad mé.

Réitím go maith le mo dheartháir beag, Dáithí. Tá sé giota beag falsa agus amaideach, ach tá sé iontach dílis. Uaireanta, tógann sé mo chuid rudaí gan chead ach seachas sin, tá sé iontach cineálta agus fial. Réitím go maith le mo dheirfiúr is sine, Annette. Tá sí iontach cuidiúil agus foighneach. Cuidíonn sí liom le m'obair bhaile go minic agus nuair a bhíonn fadhb agam le mo chailín, tugann sí comhairle mhaith dom. An rud is fearr faoi mo dheirfiúr ná go n-éisteann sí liom. Tá grá agam di.

Tá cailín agam darb ainm Lára agus tá sí giota beag níos sine ná mé. Réitímid go maith lena chéile mar tá na suimeanna céanna againn. Is breá linn na spóirt chéanna agus bíonn a lán spraoi againn le chéile. Ach sin ráite, tá sí mífhoighneach, ciúin go leor agus caithfidh sí a bheith ceart i gcónaí. Ar bharr sin, is duine éadmhar í agus níl muinín aici asam. Bím ag argóint léi ó am go ham mar síleann sí go dtéim amach le mo chairde rómhinic.

I dtaca le mo mhúinteoirí de, réitím go measartha maith leis an chuid is mó acu. Cuidíonn siad go mór liom, tá siad iontach cineálta agus ní thugann siad barraíocht obair bhaile dúinn. An rud is fearr fúthu ná ní chaitheann siad linn mar pháistí agus déanann siad iarracht muid a thuiscint, is í mo bharúil gurb é seo an rud is tábhachtaí. Ní maith liom na daoine atá i gcónaí ag iarraidh a bheith ceart. **(Máirtín, 17 mbliana)**

<table>
<tr><td>

18. Answer the following questions on Máirtín's text

a. What adjectives does he use to describe his parents?

b. What does he like the most about them? (3 details)

c. List three good things he says about his brother.

d. List two negative things he says about his brother.

e. Why does he argue with his girlfriend from time to time?

f. Why does he like his teachers? (3 details)

g. What does Máirtín most appreciate about his teachers?

</td><td>

19. Find the Irish equivalent for

a. He always tells funny stories

b. The best thing

c. He is very loyal

d. Without permission

e. She gives me good advice

f. A bit older than me

g. I get along quite well

h. She always has to be right

i. That I go out with my friends too often

j. With the majority of them

k. They don't give us too much homework

l. They help me a lot

m. The best thing about them

n. They don't treat us like children

</td></tr>
</table>

20. Gapped translation

a. Tá siad _____________________: *They are kind*

b. Cuidíonn siad _____________________: *They help me*

c. Tugann siad _____________________dom: *They support me*

d. Spreagann _______________ mé: *They inspire me*

e. Is _______________ cuidiúil í mo dheirfiúr: *My sister is a helpful person*

f. _______________ go maith le mo mhúinteoirí: *I get along well with my teachers*

g. Ní bhímid ag _______________ riamh: *We never argue*

h. Bíonn spraoi againn le _______________: *We have fun together*

i. Tá na suimeanna _______________ againn: *We have the same interests*

j. Ní éiríonn siad _______________ go minic: *They don't get angry often*

k. Ní thugann siad íde _______________ dom: *They don't tell me off*

l. Tá mo mhúinteoirí _______________ agus _______________: *My teachers are understanding and helpful*

21. Translate into Irish

a. I get along well with my parents because they are kind, generous and humble.

b. My parents help me, support me and they don't get angry often. I love them!

c. My mother gets angry from time to time but she is very nice and friendly.

d. We have a lot of fun together. We have the same interests.

e. I get along well with my brother because he is generous and helpful.

f. I don't like my older sister because she lies to me and she always has to be right.

g. I get along well with my teachers because they listen to me and respect my opinions.

22. Write a paragraph for each person in the FIRST person singular (mé)

	Why they get along with father	Why they get along with mother	Why they get along with girlfriend/boyfriend
Rian	- Quiet - Generous - Doesn't get angry	- Humble - Listens to him - Helps him	- Kind - Supports him - Understands him
Póilín	- Kind - Listens to her when she has a problem	- Supports her - Rarely tells her off - Tries to make her laugh	- Patient - Funny - They have the same interests
Labhaoise	- Funny - Inspires her - Tries to understand her	- Patient - Loyal - She respects her opinions	- Nice - Talkative - Listens to her - Supports her

ANSWERS – Unit 12

1. Match: ní thugann sé íde béil dom – he doesn't tell me off   **cuidíonn sí liom** – she helps me   **éisteann sé liom** – he listens to me   **Ní insíonn sí bréaga dom** – she doesn't lie to me   **cuireann sé mé ag gáire** – he makes me laugh **caitheann sí go maith liom** – she treats me well   **tugann sé misneach dom** – he encourages me **tugann sí tacaíocht dom** – she supports me   **tuigeann sé mé** – he understands me **ní bhíonn sí ag spiocadh asam**– she doesn't mock me

2. Complete: a) tac**aíocht** b) **liom** c) br**éaga** dom d) misn**each** e) **liom** f) spio**cadh** g) **caitheann** h) tuig**eann** i) g**áire**   j) th**ugann**

3. Break the flow: a) éisteann sí liom   b) ní bhíonn siad ag spiocadh asam   c) ní insíonn sí bréaga dom d) tuigeann siad mé e) caitheann siad go maith liom f) cuireann siad mé ag gáire g) ní thugann sí íde béil dom h) tugann siad misneach dom

4. Translate: a) he treats me well   b) she doesn't tell me off   c) my father supports me   d) we never argue e) we have the same interests f) my oldest sister is very generous and quite mannerly g) my girlfriend is very kind and quite helpful   h) my boyfriend doesn't lie to me   i) we have a lot of fun together

5. Complete: a) éisteann sé liom   b) ní bhímid ag argóint riamh   c) caitheann sí go maith liom   d) cuidíonn sé liom e) tugann sí misneach dom   f) Ní thugann sí íde béil dom   g) tugann sé tacaíocht dom   h) cuireann sí mé ag gáire i) ní bhíonn sé ag spiocadh asam

6. Complete the translation: a) helps me   b) interests   c) support me   d) together   e) lies   f) there   g) listens   h) argue

7. Complete: a) chroí b) muinín c) cuidiúil d) tacaíocht e) againn f) feargach g) caitheann h) spraoi i) spiocadh   j) liom

8. Missing letters challenge: a) tá mo dheirfiúr iontach ciapach   b) cuidíonn mo mháthair liom   c) ní bhímid ag argóint riamh d) insíonn siad bréaga dom   e) tá muinín agam as   f) tá na suimeanna céanna againn   g) bíonn sí do mo cháineadh h) tá sí iontach cineálta

9. Positive (P) or negative (N): a) N   b) N   c) P   d) N   e) P   f) P   g) P   h) N   i) N   j) N   k) P

10. Spot and correct the spelling/grammar mistakes: a) **m'**athair b) liom   c) muin**í**n   d) c**é**anna   e) go hol**c** f) éisteann   g) **ag** spiocadh   h) **iontach** i) thuismitheoirí   j) mo mh**á**thair

11. Slalom translation:
1) tá na suimeanna céanna againn   2) tugann mo thuismitheoirí tacaíocht dom   3) tá muinín agam as mo mháthair
4) ní bhímid ag argóint riamh   5) ní insíonn mo stócach bréaga dom
6) cuidíonn mo chara liom nuair a bhíonn fadhb agam   7) déanann sí iarracht mé a thuiscint   8) réitím go maith leo

12. Translate: a) cuidíonn sé liom b) éisteann sí liom c) tugann siad tacaíocht dom d) ní bhímid ag argóint riamh e) ní insíonn sí bréaga dom   f) réitím go maith leo   g) tá na suimeanna céanna againn   h) tá sí fial/flaithiúil agus cineálta i) tugann sé misneach dom   j) tá muinín agam as

13. Find the Irish: a) déanann siad iarracht mé a thuiscint i gcónaí   b) éiríonn sí feargach faoi gach rud c) ní bhíonn sé ag spiocadh asam   d) uaireanta, bíonn siad ródhian   e) éisteann siad liom f) níor thug siad cead dom dul amach   g) bíonn siad iontach tiarnasach   h) ní thugann siad íde béil dom rómhinic i) má bhíonn brón orm nó má bhíonn fadhb agam   j) déanann sí iarracht mé a chur ar mo shuaimhneas   k) teach mo charad l) aimsíonn sí m) bíonn meas acu ar mo thuairimí   n) réiteach na faidhbe

14. Answer: a) kind and understanding   b) she gets angry about everything and she always has to be right
c) they didn't let him go out with his girlfriend last night to a party in his friend's house
d) they are very/truly nice, they don't tell her off too often, they always support her when she has a problem, they listen to her and try to calm her down.
e) too strict/not patient, very friendly, helpful and smart

15. Multiple choice quiz: cuidíonn siad liom (a)   bíonn siad ag argóint (b)   éisteann siad liom (a)   tugann siad tacaíocht dom (c)   tuigeann siad mé (c)   bíonn siad do mo cháineadh (b)   éiríonn siad feargach (b)   bíonn siad ag spiocadh asam (c) tá grá acu dom (a)   déanann siad iarracht (b)

16. Find the Irish: a) réitím go maith le   b) déanann siad iarracht mé a chur ag gáire   c) bíonn meas acu ar mo thuairimí
d) ní éiríonn siad feargach rómhinic   e) mo chuid éadaí   f) iontach ciapach   g) santach agus drochbhéasach
h) insíonn sí bréaga dom an t-am ar fad   i) cineálta agus flaithiúil   j) déanann sé iarracht mé a chur ar mo shuaimhneas

17. Answer: a) they try to make her laugh, they always support her, they try to understand her opinions, they respect her opinions, they rarely get angry, they don't criticse her, they don't complain about her hairstyle, clothes or boyfriend (allow any four) b) annoying, greedy, bad-mannered c) she lies d) clothes and money
e) too talkative and stupid, kind and generous or nice or helpful   f) he helps her
g) he tries to calm her down/make her laugh

18. Answer: a) friendly, understanding, patient, rarely cross b) they listen to him when he has a problem, they always support him and they encourage him c) loyal, kind and generous d) a bit lazy and foolish
e) because she thinks he goes out with his friends too often
f) they help a lot, they are kind, they don't give too much homework
g) they don't treat them like kids and they try to understand them

19. Find the Irish: a) insíonn sé scéalta grinne i gcónaí   b) an rud is fearr   c) tá sé iontach dílis   d) gan chead
e) tugann sí comhairle mhaith dom   f) giota beag níos sine ná mé   g) réitím go measartha maith
h) caithfidh sí a bheith ceart i gcónaí   i) go dtéim (téim) amach le mo chairde rómhinic   j) leis an chuid is mó acu
k) ní thugann siad barraíocht obair bhaile dúinn   l) cuidíonn siad go mór liom   m) an rud is fearr fúthu
n) ní chaitheann siad linn mar pháistí

20. Gapped translation: a) cineálta   b) liom   c) tacaíocht   d) siad   e) duine   f) réitím   g) argóint   h) chéile
i) céanna   j) feargach   k) béil   l) tuisceanach **agus** cuidiúil

21. Translate into Irish:
a) Réitím go maith le mo thuismitheoirí mar tá siad cineálta, fial/flaithiúil agus umhal
b) Cuidíonn mo thuismitheoirí liom, tugann siad (mo thuismitheoirí) tacaíocht dom agus ní éiríonn siad feargach go minic. Tá grá agam dóibh!
c) Éiríonn mo mháthair feargach ó am go ham ach tá sí iontach deas agus cairdiúil.
d) Bíonn a lán spraoi againn le chéile. Tá na suimeanna céanna againn.
e) Réitím go maith le mo dheartháir mar tá sé fial/flaithiúil agus cuidiúil.
f) Ní maith liom mo dheirifiúr níos sine mar insíonn sí bréaga dom agus caithfidh sí a bheith ceart i gcónaí.
g) Réitím go maith le mo mhúinteoirí mar éisteann siad liom agus bíonn meas acu ar mo thuairimí

22. Write a paragraph for each person in the FIRST person singular (mé)

Rian: Réitím go maith le m'athair mar tá sé ciúin, fial/flaithiúil agus ní éiríonn sé feargach. Réitím go maith le mo mháthair mar tá sí umhal, éisteann sí liom agus cuidíonn sí liom. Réitím go maith le mo chailín mar tá sí cineálta, tugann sí tacaíocht dom agus tuigeann sí mé.

Póilín: Réitím go maith le m'athair mar tá sé cineálta agus éisteann sé liom nuair a bhíonn fadhb agam. Réitím go maith le mo mháthair mar tugann sí tacaíocht dom, is annamh a thugann sí íde béil dom agus déanann sí iarracht mé a chur ag gáire. Réitím go maith le mo bhuachaill mar tá sé foighneach, greannmhar agus tá na suimeanna céanna againn

Labhaoise: Réitím go maith le m'athair mar tá sé greannmhar, spreagann sé mé agus déanann sé iarracht mé a thuiscint. Réitím go maith le mo mháthair mar tá sí foighneach, dílis agus bíonn meas aici ar mo thuairimí. Réitím go maith le mo bhuachaill mar tá sé deas, cainteach, éisteann sé liom agus tugann sé tacaíocht dom.

Unit 13. Saying why I argue with my parents

Bím ag argóint *I argue*	**le mo thuismitheoirí** *with my parents*	**go minic** *often* **ó am go ham** *from time to time*

De ghnáth *Usually* **Go ginearálta** *Generally*	**tá sé mar gheall ar** *it's because of*	**m'iompar** *my behaviour* **mo chailín** *my girlfriend* **mo ghrúpa cairde** *my friendship group* **mo stócach** *my boyfriend* **mo thorthaí scoile** *my school results*

Bíonn mo thuismitheoirí ag gearán *My parents complain* **Deir mo thuismitheoirí** *My parents say*	**go bhfuil mé** *that I am*	**callánach** *noisy* **ciotach** *clumsy* **drochbhéasach** *impolite/rude* **garbh** *rough*
Éiríonn mo thuismitheorí feargach nuair *My parents get angry when*	**atá mé** *I am*	**róchiapach** *too annoying* **rófhalsa** *too lazy* **salach** *dirty*

agus mar *and because*	**caithim barraíocht airgid** *I spend too much money* **ní chóirím mo sheomra leapa riamh** *I never tidy my bedroom* **ní chuidím le hobair tí** *I don't help with housework* **ní dhéanaim go leor staidéir** *I don't study enough* **ní dhéanaim m'obair bhaile** *I don't do my homework* **ólaim agus caithim** *I drink and smoke* **téim amach rómhinic** *I go out too often*

An uair dheireanach *The last time that*	**a bhí muid ag argóint,** *we argued,*	**bhí sé** *it was*	**mar...** *because...*

...**thug mé masla do mo dheartháir/mo dheirfiúr** *I insulted my brother/my sister*
...**thug mé aisfhreagra do m'athair/mo mháthair** *I answered back to my father/my mother*
...**ghoid mé airgead ó mo thuismitheoirí** *I stole money from my parents*
...**tháinig mé abhaile rómhall** *I came home too late*
...**bhí mé ag troid le mo dheartháir/mo dheirfiúr** *I was fighting with my brother/my sister*
...**chonaic siad mé ag caitheamh tobac** *they saw me smoking*
...**ní dhearna mé m'obair bhaile** *I didn't do my homework*
...**níor chóirigh mé mo sheomra leapa** *I didn't tidy my bedroom*
...**chaith mé barraíocht ama ar an idirlíon** *I spent too much time on the Internet*
...**fuair mé drochmharcanna** *I got bad marks*

1. Match

Mo chairde	When I go out
Le mo thuismitheoirí	From time to time
De ghnáth	My friends
Mo chuid éadaí	My behaviour
Nuair a théim amach	My results
Mar gheall ar	With my parents
Mo thorthaí	Usually
Mo chuid staidéir	My clothes
M'iompar	The people I go out with
Bím ag argóint	My studies
Na daoine a théim amach le	Because of
Ó am go ham	I argue

2. Translate into English

a. M'iompar

b. Mo ghrúpa cairde

c. Ó am go ham

d. Bím ag argóint le

e. Mar gheall ar

f. Mo chuid staidéir

g. Mo stócach

3. Complete the words with the missing letters

a. B _ _ ag a _ _ _ _ _ _ l_

b. Mo st _ _ _ _ _

c. M'i _ _ _ _ _

d. De gh _ _ _ _

e. Mo gh _ _ _ _ c _ _ _ _ _

f. Deir mo t _ _ _ _ _ _ _ _ _ _ _ _ _ _

g. Mar g _ _ _ _ _ ar

4. Spot and correct the wrong translations

a. Bím ag argóint le m'athair: *I argue with my parents*

b. …mar gheall ar mo chuid éadaí: …*because of my behaviour*

c. …mar ní chóirím mo sheomra leapa: …*because I tidy my bedroom*

d. …mar tá mé drochbhéasach: …*because I am selfish*

e. …mar tá mé cainteach: …*because I am lazy*

f. …mar níl mé drochbhéasach: …*because I am rude*

g. …mar tá mé iontach falsa: …*because I am very clumsy*

h. …mar gheall ar mo ghrúpa cairde: …*because of my boyfriend*

5. Complete with the words in the table below

a. Bím ag ____________ le mo thuismitheoirí.

b. Mar ____________ ar mo ghrúpa cairde.

c. Deir mo thuismitheoirí go bhfuil mé __________.

d. Ní cuidím le _________ tí.

e. Téim ______________ rómhinic.

f. Bíonn mo thuismitheoirí ag _________.

g. ____________ agus caithim.

h. Caithim ______________ ama ar an idirlíon.

Ólaim	gheall	barraíocht	gearán
amach	hobair	rófhalsa	argóint

6. Translate into English

a. Caithim barraíocht airgid

b. Faighim drochmharcanna

c. Mo chuid éadaí

d. Tá mé drochbhéasach

e. Mo ghrúpa cairde

f. Tá mé rófhalsa

g. Ó am go ham

h. Ní chóirím mo sheomra leapa

7. Gapped translation	
a. Bím ag argóint le mo thuismitheoirí:	*I _____________ with my parents*
b. …nuair a théim amach le mo chairde:	*…when I _______________ with my friends*
c. Bíonn mo thuismitheoirí ag gearán faoi mo chuid éadaí:	*My parents complain about my ___________*
d. Deir siad go bhfuil mé rófhalsa:	*They say I am too _______________*
e. Bíonn siad ag gearán nach n-éistim leo:	*They complain that I don't __________ to them*
f. Ní dhéanaim m'obair bhaile riamh:	*I never do my ____________________________*
g. Caithim barraíocht ama ar an idirlíon:	*I spend too much _______________ on the internet*
h. Ní dhéanaim go leor staidéir:	*I don't _________________ enough*

<table>
<tr><td>

8. Translate into Irish

a. My behaviour

b. My friendship group

c. My school results

d. I am very rude

e. My clothes

f. My school work

g. I smoke

h. I never tidy my bedroom

i. I go out too often

j. I am very noisy

</td><td>

9. Spot and correct the spelling or grammar errors

a. M'iompar ar scoeil

b. Ní déanaim go leor staidéir

c. Mar ní dhéanaim mo obair bhaile

d. Tá mé rófalsa

e. Bíonn mo tuismitheoirí ag gearán

f. Ní chóirím mo sheomra leaba

g. Téim amach rómhinic le mo chailen

h. Ní chuidím le obair tí

i. Tá me ciotach agus salach

</td></tr>
</table>

10. Complete with the missing words

a. Deir mo ____________ go bhfuil mé _____________:	*My parents say I am noisy*
b. Ní ____________ go leor staidéir:	*I don't study enough*
c. Bímid ag argóint mar _____________ amach rómhinic:	*We argue because I go out too often*
d. Faighim _______________ ar scoil:	*I get bad marks at school*
e. Bíonn siad ag ___________ go bhfuil mé _____________:	*They complain that I am rude*
f. Ní ____________ le hobair _____________:	*I don't help with housework*
g. Ní _______________ mo _____________ leapa riamh:	*I never tidy my bedroom*
h. Ní ________ le mo thuismitheoirí mo chuid ____________:	*My parents don't like my clothes*

De ghnáth, réitím go maith le mo thuismitheoirí ach ó am go ham, bímid ag argóint nuair a théim amach le mo chairde, go háirithe mo chairde Roibeard agus Áine. Deir mo thuismitheoirí go n-imríonn mo chairde drochthionchar orm mar tá siad drochbhéasach, falsa agus salach. Chomh maith leis sin, bím ag argóint le mo thuismitheoirí mar deir siad nach dtugaim go leor cuidiú dóibh sa teach. An uair dheireanach a bhí muid ag argóint, bhí sé mar tháinig mé abhaile rómhall san oíche agus bhí mé ar meisce.

(Ailf, 17 mbliana)

12. Answer the questions about Ailf

a. How often does he argue with his parents?

b. What do they argue about?

c. What do his parents say about Roibeard and Áine?

d. What is the other cause of their arguments?

e. Why did they argue last weekend? (2 details)

13. Gearóidín's text: Gapped translation

I don't get along with my parents. We always argue because of my clothes, my ____________ at school, and because I ____ ____ to a party ____ often. Moreover, they ______ that I am ____________, ____________, lazy and rude. As well as that, they ____________ that I never ________ my bedroom and that I spend too much time on the ____________ instead of doing my ____________ for school. They say that I don't help them enough in the __________. I am ______ ___ of them! The last time that we ____________ was because I ______________ with my younger brother and I ______________ back to my father.

11. Find the Irish in Ailf's text:

a. I get along well with my parents

b. We argue

c. When I go out

d. My parents say that

e. A bad influence

f. Lazy and dirty

g. I don't help them enough

h. In the house

i. Last time we had an argument

j. It was

k. I came home too late

Ní réitím go maith le mo thuismitheoirí. Bímid i gcónaí ag argóint mar gheall ar mo chuid éadaí, m'iompar ar scoil agus mar téim amach chuig cóisir rómhinic. Ar bharr sin, deir siad go bhfuil mé salach, callánach, falsa agus drochbhéasach. Chomh maith leis sin, bíonn siad ag gearán nach gcóirím mo sheomra leapa riamh agus go gcaithim barraíocht ama ar an idirlíon in áit m'obair bhaile a dhéanamh don scoil. Deir siad nach dtugaim go leor cuidiú dóibh sa teach. Tá mé dubh dóite leo! An uair dheireanach a bhí muid ag argóint, bhí sé mar bhí mé ag troid le mo dheartháir níos óige agus thug mé aisfhreagra do m'athair. **Gearóidin (15 d'aois)**

14. Find the Irish for the following in the text

a. Always: I g________________

b. My behaviour: M'________________

c. Clothes: C__________ é________

d. Noisy: C________________

e. Dirty: S________________

f. Rude: D________________

g. (I) spend: C________________

h. Internet: I________________

Ní __________ go maith le mo thuismitheoirí. Bímid ag ____________ mar gheall ar airgead póca, mo

____________, m'obair scoile agus mar ní maith leo mo __________. Ar bharr sin, deir siad go bhfuil mé

iontach falsa, salach agus ____________. Deir siad fosta nach __________ le hobair ____________, go dtéim

amach rómhinic agus go ____________ barraíocht ama ar na meáin shóisialta le __________ chairde in áit

____________ bhaile a dhéanamh. Deir siad nach gcuidím leo sa teach agus nach gcaithim go leor ama ag

déanamh ____________. An uair dheireanach a bhí muid ag argóint, bhí sé mar chonaic siad mé ag

__________ tobac ar scoil le mo chairde. **(Seáinín, 16 bliana)**

chairde	gcuidím	callánach	staidéir	tí	caitheamh
argóint	m'obair	gcaithim	stócach	réitím	mo

16. Sentence puzzle: put the sentences below in the correct order

a. minic argóint Bím le thuismitheoirí mo ag go   *I often argue with my parents*

b. sheomra chóirím mo Ní riamh leapa   *I never tidy up my bedroom*

c. rómhinic amach dtéim siad go Deir   *They say that I go out too often*

d. staidéir ndéanaim nach siad Deir leor go   *They say that I don't study enough*

e. an mo gearán ag Bíonn thuismitheoirí fúm t-am fad ar   *My parents complain about me all the time*

f. go iontach siad Deir mé bhfuil falsa   *They say that I am very lazy*

USEFUL VOCABULARY

Here you will find additional useful vocabulary that you can use to talk about why you argue with your parents.

Some more useful sentences to say why you argue with your parents	
Bím ag argóint leo mar gheall ar *I argue with them because of*	- **airgead póca** *pocket money* - **mo chairde** *my friends* - **mo chuid éadaí** *my clothes* - **mo chuid staidéir** *my studies*
Bímid ag argóint mar *We argue because*	- **goidim a gcuid airgid** *I steal their money* - **insím a lán bréag** *I tell a lot of lies* - **ní chuidím le hobair an tí** *I don't help with the housework* - **ní chuirim an bruscar amach riamh** *I never take the rubbish out* - **troidim le mo dheartháir/mo dheirfiúr** *I fight with my brother/sister* - **tugaim aisfhreagra dóibh** *I answer them back*

Key character traits	Some more time markers to express frequency
cantalach *bad-tempered*	**beagnach gach lá** *nearly every day*
foréigneach *violent*	**go fíorannamh** *hardly ever*
gránna *nasty*	**go hannamh** *rarely*
leithleasach *selfish*	**go minic** *often*
santach *greedy*	**uaireanta** *sometimes*

Some more useful sentences for talking about the last time you argued with your parents
Bhí mé féin agus mo thuismitheoirí ag argóint mar… *My parents and I argued because..*
…d'athraigh siad an pasfhocal WIFI mar phionós *they changed the WIFI password as a punishment*
…bhí mé ag stróiceadh mionnaí móra *I said swear words*
…bhí mé iontach dána ar scoil *I was very bold at school*
…ní raibh mé ag iarraidh cuidiú le hobair an tí *I didn't want to help with the housework*
…ní dhearna mé m'obair bhaile *I didn't do my homework*
…rinne mé neamhaird dóibh *I didn't pay attention to them/I ignored them*
…ní thuigimid a chéile *we don't understand each other*
…chuaigh mé amach le mo chairde gan chead *I went out with my friends without permission*
…theip orm sna scrúduithe *I failed my exams*

Key questions

Inis dom faoi do thuismitheoirí. **Cén sórt daoine iad?**	*Tell me about your parents.* *What are they like?*
An réitíonn tú go maith leo?	*Do you get along well with them?*
Cad é mar atá do chaidreamh le do thuismitheoirí?	*What is your relationship with your parents like?*
An mbíonn tú ag argóint leo go minic?	*Do you often argue with them?*
An réitíonn tú níos fearr le d'athair nó le do mháthair? **Cad chuige?**	*Do you get along better with your father or with your mother?* *Why?*
An éiríonn do thuismitheoirí feargach leat go minic? **Cad chuige?**	*Do your parents often get angry with you?* *Why?*
An éiríonn tú feargach leo go minic ?	*Do you often get angry with them?*
Cad chuige a mbíonn tú ag argóint leo?	*Why do you argue with them?*
Cad í an chúis is coitianta do na hargóintí?	*What is the most frequent cause of your arguments?*
Cad é mar is féidir leat feabhas a chur ar do chaidreamh leo?	*How could you improve your relationship with them?*
Cad é mar is féidir leat na hargóintí a sheachaint?	*How could you avoid the arguments?*
Inis dom faoin uair dheireanach a bhí tú ag argóint leo. **Cad chuige a raibh sibh ag argóint?** **Cad chuige a raibh sibh ag troid?**	*Tell me about the last time you argued with them.* *Why did you argue?* *Why did you fight?*

ANSWERS – Unit 13

1. Match: mo chairde – my friends **le mo thuismitheoirí** – with my parents   **de ghnáth** – usually
Mo chuid éadaí – my clothes   **nuair a théim amach** – when I go out   **mar gheall ar** – because of
Mo thorthaí – my results   **mo chuid staidéir** – my studies   **m'iompar** – my behaviour
Bím ag argóint – I argue   **na daoine a théim amach le** – the people I go out with   **ó am go ham** – from time to time

2. Translate: a) my behaviour   b) my friendship group   c) from time to time   d) I argue with   e) because of
f) my studies   g) my boyfriend

3. Complete: a) b**ím** ag a**rgóint le** b) mo st**ócach**   c) m'**iompar**   d) de ghnáth   e) mo gh**rúpa cairde**
f) deir mo **thuismitheoirí**   g) mar g**heall** ar

4. Spot and correct the wrong translations: a) with my father   b) clothes   c) I don't tidy my room   d) bad-mannered/rude
e) talkative   f) I am not rude   g) lazy   h) friendship group

5. Complete: a) argóint   b) gheall   c) rófhalsa   d) hobair   e) amach   f) gearán   g) ólaim   h) barraíocht

6. Translate: a) I spend too much money   b) I get bad marks   c) my clothes   d) I'm rude/bad-mannered
e) my friendship group   f) I'm too lazy   g) from time to time   h) I do not tidy my bedroom

7. Gapped translation: a) argue   b) go out   c) clothes   d) lazy   e) listen   f) homework   g) time   h) study

8. Translate: a) m'iompar   b) mo ghrúpa cairde   c) mo thorthaí scoile   d) tá mé iontach drochbhéasach   e) mo chuid éadaí
f) m'obair scoile   g) caithim   h) ní chóirím mo sheomra leapa riamh   i) téim amach rómhinic   j) tá mé iontach callánach

9. Spot and correct the spelling or grammar errors: a) ar **scoil**   b) ní dhéanaim   c) **m'obair** bhaile
d) **rófhalsa**   e) mo **thuismitheoirí**   f) sheomra **leapa**   g) **chailín**   h) le **hobair** tí   i) tá **mé**

10. Complete: a) thuismitheoirí/callánach   b) dhéanaim   c) téim   d) drochmharcanna   e) gearán/drochbhéasach
f) chuidím/tí   g) chóirím/sheomra   h) maith/éadaí

11. Find the Irish in Ailf's text: a) réitím go maith le mo thuismitheoirí   b) bímid ag argóint   c) nuair a théim amach
d) deir mo thuismitheoirí go   e) drochthionchar   f) falsa agus salach   g) Ní thugaim/nach dtugaim go leor cuidiú dóibh
h) sa teach   i) an uair dheireanach a bhí muid ag argóint   j) bhí sé   k) tháinig mé abhaile rómhall

12. Answer the questions about Ailf: a) from time to time   b) when he goes out with his friends
c) they are a bad influence on him, they are rude, lazy and dirty   d) he doesn't help enough with the housework
e) he came home late and was drunk

13. Gapped translation: behaviour ; go out ; too ; say ; dirty ; noisy ; complain ; tidy ; internet ; homework ; house ; fed up ;
argued ; fought ; answered

14. Find the Irish: a) i gcónaí   b) m'iompar   c) c*h*uid éadaí   d) callánach   e) salach   f) drochbhéasach   g) caithim
h) idirlíon

15. Complete: réitím ; argóint ; chairde/stócach ; chairde/stócach ; callánach ; gcuidím ; tí ; gcaithim ; mo ; m'obair ;
staidéir ; caitheamh

16. Sentence puzzle: a) bím ag argóint le mo thuismitheoirí go minic   b) ní chóirím mo sheomra leapa riamh
c) deir siad go dtéim amach rómhinic   d) deir siad nach ndéanaim go leor staidéir
e) bíonn mo thuismitheoirí ag gearán fúm an t-am ar fad   f) deir siad go bhfuil mé iontach falsa

Unit 14. Discussing why couples break up

Go minic *Often* Uaireanta *Sometimes*	faigheann lánúin colscaradh *a couple divorces* scaireann lánúin *a couple separates*	mar… *because*

…**bíonn siad ag argóint faoi gach rud** *they argue about everything*

…**cailleann siad meas** *they lose respect*

…**de réir a chéile, tosaíonn siad ag dul ina mbealach féin** *little by little, they grow distant*

…**déanann siad faillí ar a chéile** *they neglect each other*

…**fuaraíonn an grá eatarthu** *they fall out of love*

…**ní mheallann siad a chéile a thuilleadh** *there is no more attraction*

…**ní mhothaíonn siad go bhfuil ardmheas ag an duine eile orthu** *they don't feel valued by the other person*

…**ní thig leo dul i dtaithí ar an saol nua** *they can't adapt to the new lifestyle*

…**tá duine acu foréigneach** *one of them is violent*

…**tá siad dubh dóite dá chéile** *they are bored of each other*

…**tá sé deacair orthu cónaí le chéile** *it is difficult for them to live together*

…**teipeann ar a ngrá** *they stop loving each other*

…**agus** **mar**…. *and because*	**níl grá acu dá chéile** *they don't love each other* **ní thugann siad tacaíocht dá chéile** *they don't support each other*	**níl meas sa chaidreamh** *they don't respect each other* **ní thig leo cur suas lena chéile** *they can't stand each other*	**a thuilleadh** *any longer*
…**agus níl**….. *they no longer have*	**na luachanna** *values* **na mianta** *wishes* **na spriocanna** *goals* **na suimeanna** *interests*	**céanna acu** *the same*	**a thuilleadh**

nó *or* **agus** *and*	**mar gheall ar** *because of* **de bharr** *due to*	**b(h)earna aoise** *age difference* **d(h)ifríochtaí cultúir** *cultural differences* **easpa grá** *lack of love* **easpa mealladh fisiciúil** *lack of physical attraction* **f(h)adhbanna airgid** *money problems* **f(h)adhbanna ar obair** *problems at work* **iompar drochídeach** *abusive behaviour* **g(h)aolta cleamhnais** *in-laws* **m(h)ídhílseacht** *infidelity*
	Remember to add a h after** 'mar gheall ar' **where possible	
Is fadhb choitianta í go bpósann daoine … *A common issue is that people get married…*	**nuair atá siad ró-óg** *when they are too young* **róluath** *too soon* **do na fáthanna míchearta** *for the wrong reasons* **gan aithne mhaith ar a chéile** *without knowing each other well enough* **gan ghrá domhain eatarthu** *without being really in love*	

1. Gapped translation

a. Faigheann lánúin colscaradh: *Couples __________________ .*

b. Ní mheallann siad a chéile a thuilleadh: *There is no more __________________ .*

c. Teipeann ar a ngrá: *They __________________ loving each other.*

d. Tá duine acu foréigneach: *__________________ is violent.*

e. Ní thugann siad tacaíocht dá chéile: *They __________________ each other.*

f. Cailleann siad meas: *__________________ respect.*

g. Bíonn siad ag argóint faoi gach rud: *They __________________ about everything.*

h. Tá sé deacair orthu cónaí le chéile: *It is difficult for them to live __________________ .*

i. Tá siad dubh dóite dá chéile: *They are __________________ of each other.*

j. Tosaíonn siad ag dul ina mbealach féin: *They grow __________________ .*

2. Match

Níl na suimeanna céanna acu a thuilleadh	They neglect each other
Cailleann siad meas dá chéile	They are bored of each other
Scaireann lánúin	They do not love each other anymore
Tá siad dubh dóite dá chéile	They don't have the same interests anymore
Tosaíonn siad ag dul ina mbealach féin	It is difficult for them to live together
Níl na spriocanna céanna acu a thuilleadh	A couple separate
Bíonn siad ag argóint faoi gach rud	They lose respect for each other
Níl grá acu dá chéile a thuilleadh	They argue about everything
Déanann siad faillí ar a chéile	They grow distant from one another
Tá sé deacair orthu cónaí le chéile	They don't support each other
Ní thugann siad tacaíocht dá chéile	They don't have the same goals anymore

3. Complete

a. Go minic scaireann l _ _ _ _ _ _ .

b. Níl na s _ _ _ _ _ _ _ _ céanna acu.

c. Cailleann siad m _ _ _ .

d. De bharr fadhbanna a _ _ _ _ _ .

e. Tá d _ _ _ _ acu foréigneach.

f. Níl grá acu dá c _ _ _ _ _ .

g. Teipeann ar a n _ _ _ .

h. Ní m _ _ _ _ _ _ _ _ _ siad a chéile a thuilleadh.

i. Níl na l _ _ _ _ _ _ _ _ céanna acu a thuilleadh.

j. Níl m _ _ _ sa chaidreamh.

k. Tá sé d _ _ _ _ _ _ orthu cónaí le chéile.

l. Mar gheall ar e _ _ _ _ grá.

m. Níl na spriocanna c _ _ _ _ _ acu a thuilleadh.

n. Faigheann lanúin c _ _ _ _ _ _ _ _ _ _ .

4. Sentence puzzle: arrange the sentences below in the correct order

a. faillí Déanann siad chéile a ar

b. ar gheall mhídhílseacht Mar

c. iompar bharr De drochídeach

d. grá eatarthu an Fuaraíonn

e. duine ardmheas mhothaíonn siad bhfuil Ní go an ag orthu eile

f. rud Bíonn argóint siad gach faoi ag

g. leo suas Ní chéile lena cur thig

h. tacaíocht thugann dá siad Ní chéile

5. Complete with the missing words

a. _ _ _ grá acu dá _ _ _ _ _ _ _   *They don't love each other*

b. Bíonn siad ag _ _ _ _ _ _ _   *They argue*

c. Ní thugann siad _ _ _ _ _ _ _ _ _ dá chéile   *They don't support each other*

d. Éiríonn siad _ _ _ _ dóite   *They get bored*

e. _ _ _ _ _ _ _ _ ar a ngrá   *They stop loving each other*

f. Tá duine acu _ _ _ _ _ _ _ _ _ _ _   *One of them is violent*

g. Tá sé _ _ _ _ _ _ _ orthu cónaí _ _ chéile   *It is difficult for them to live together*

h. Níl _ _ _ acu dá chéile a _ _ _ _ _ _ _ _ _ _   *They don't love each other anymore*

i. _ _ _ _ _ _ _ _ _ siad meas   *They lose respect*

j. Níl na _ _ _ _ _ _ _ _ _ céanna acu a thuilleadh   *They don't have the same interests anymore*

6. Match

Níl grá acu dá chéile	The same interests
Bearna aoise	Little by little
Dul i dtaithí ar	They don't love each other
Duine acu	They don't feel
Troideann siad	One of them
Faillí	A couple
Na spriocanna céanna	Too soon
De réir a chéile	To adapt
Ní mhothaíonn siad	Money problems
Lánúin	Respect is lost
Na suimeanna céanna	The same goals
Róluath	Neglect
Fadhbanna airgid	They fight
Cailltear meas	Age difference

7. Translate into Irish

a. They feel

b. They can't stand each other

c. They argue

d. They don't have respect for each other

e. They divorce

f. They separate

g. There isn't

h. They are bored

8. Translate into Irish

a. *There is no more attraction between them:*   N __ m _________ s ___ a c _____ a t ________.

b. *They can't stand each other:*   N __ t ___ l __ c ____ s ___ l ___ c ______.

c. *They argue about everything:*   B ______ s ___ a _ a _____ f ___ g ___ r ____.

d. *They neglect each other:*   D ______ s ___ f _____ a __ a c ______.

e. *They no longer support each other:*   N __ t _____ s ___ t ________ d __ c _____ a t ______.

f. *They fall out of love:*   F________ a _ g ____ e _________.

g. *It is difficult for them to live together:*   T___ s ___ d ______ o ____ c ______ l __ c ______.

h. *One of them is violent:*   T__ d_____ a__ f______________.

9. Faulty translation: spot and correct the translation errors

a. Mar gheall ar fhadhbanna ar obair: *Because of money problems*

b. Mar gheall ar mhídhílseacht: *Because of problems at work*

c. Mar gheall ar easpa grá: *Because of lack of understanding*

d. Mar gheall ar fhadhbanna airgid: *Because of money problems*

e. Mar gheall ar easpa mealladh fisiciúil: *Because of abusive behaviour*

f. Mar gheall ar bhearna aoise: *Because of cultural problems*

g. Mar gheall ar iompar drochídeach: *Because of lack of physical attraction*

h. Mar gheall ar dhifríochtaí cultúir: *Because of lack of communication*

10. Match

Gaolta cleamhnais	Infidelity
Fadhbanna ar obair	Political orientation
Troideanna	Boredom
Iompar drochídeach	In-laws
Mídhílseacht	Cultural differences
Bearna aoise	Money problems
Fadhbanna airgid	Problems at work
Easpa grá	Abusive behaviour
Dearcadh polaitiúil	Age difference
Leadrán	Lack of love
Difríochtaí cultúir	Arguments, fights

11. Spot and correct the spelling/grammar mistakes

a. Easpa gráh

b. Mídhílsacht

c. Iomapr dochídeach

d. Fadhbanna airgead

e. Bearna aois

f. Trodeanna

g. Fadbanna ar obair

h. Dúbh dóite

i. Easpa mealladh fisicúil

12. Multiple choice quiz

	a	b	c
Boredom	Tuirseach	Falsacht	Leadrán
Interest	Suim	Sprioc	Luach
Little by little	Uaireanta	De réir a chéile	Giota beag
The lack of	Easpa	Barraíocht	A thuilleadh
In-laws	Mo ghaolta	Gaolta cleamhnais	Deirfiúr chéile
One of them	Duine acu	Beirt duine	Daoine
They are bored	Tá siad sásta	Tá siad dubh dóite	Ar a suaimhneas
They feel	Ní mhothaíonn siad	Síleann siad	Mothaíonn siad
Money	Fadhbanna	Airgead	Ór
Because of	Mar gheall ar	An t-am ar fad	Go minic
Same	Dearcadh	Difríocht	Céanna

13. Complete

a. Fadhb _ nn _ a _ _ _ _ _

b. Ag ar _ _ _ _ _ _

c. Eas _ _ g _ _

d. D _ f r _ _ _ h _ _ _ cul _ _ _ _

e. Fad _ _ _ _ _ _ a _ o _ _ _ _

f. Míd _ _ _ _ _ a _ _ _

g. Cur s _ _ _ le _ _ c _ _ _ _ _

h. Uai _ _ _ _ _ _

i. Do na fáth _ _ _ _ mích _ _ _ _ _

14. Translate into English

a. Faigheann lánúin colscaradh

b. Na suimeanna céanna

c. Gaolta cleamhnais

d. Difríochtaí cultúir

e. Fadhbanna ar obair

f. Ag argóint

g. Iompar drochídeach

h. Easpa grá

i. Mídhílseacht

15. Translate into English

a. Go minic, scaireann lánúin mar gheall ar mhídhílseacht.

b. I mo bharúil, scaireann lánúin, den chuid is mó, mar gheall ar easpa grá.

c. Uaireanta, pósann daoine gan ghrá domhain eatarthu.

d. Is fadhb choitianta í go bpósann daoine do na fáthanna míchearta.

e. Faigheann lánúin colscaradh mar pósann siad gan aithne mhaith ar a chéile.

f. Uaireanta, faigheann lánúin colscaradh mar déanann siad faillí ar a chéile.

a. **Ailbhe:** I mo bharúil, scaireann lánúin go minic mar tá siad dubh dóite dá chéile.

b. **Bríd:** Sílim go scaireann lánúin mar gheall ar easpa grá, den chuid is mó.

c. **Conn:** Scaireann lánúin mar ní thugann siad tacaíocht dá chéile agus tá sé deacair orthu cónaí le chéile.

d. **Dearbháil:** In a lán cásanna, mothaíonn an bhean tréigthe ag an fhear.

e. **Éadaoin:** Scaireann a lán daoine mar gheall ar iompar drochídeach.

f. **Ruán:** Scaireann daoine go minic mar níl na spriocanna céanna acu a thuilleadh.

g. **Méabh:** Is fadhb choitianta í go bpósann daoine do na fáthanna míchearta.

h. **Gormliath:** Is fadhb choitianta í do lánúineacha go gcailltear meas.

i. **Toirleach:** Go minic, scarann lánúin mar gheall ar mhídhílseacht.

---

16. Find in the texts above who says the following statements

EXAMPLE: Couples lose respect for each other: *Gormliath*

a. A common cause of separation is cheating: ___________________

b. People separate mainly because of boredom: ___________________

c. The woman is often neglected by the man: ___________________

d. Many couples separate because they can't live together: ___________________

e. People often separate because they don't share the same goals: ___________________

f. Marrying for the wrong reasons is a common problem: ___________________

g. Many people separate as a result of abusive behaviour: ___________________

---

17. Find in the texts above the Irish equivalent for

a. A common problem

b. Abusive behaviour

c. Respect is lost

d. Lack of love

e. The same goals

f. In my opinion

g. Because they are bored

h. They don't support each other

i. Wrong reasons

j. Often

k. Live together

l. People

m. Any longer

n. In many cases

o. The woman

p. By the man

18. Match

Gan ghrá domhain eatarthu	Without living together first
Gan aithne mhaith ar a chéile	For the wrong reasons
Is fadhb choitianta í go	Too soon
Róluath	A common issue is that
Pósann daoine	Very quickly
Nuair atá siad ró-óg	People marry
Gan cónaí le chéile ar dtús	Without really being in love
Do na fáthanna míchearta	Without knowing each other
Iontach gasta	When they are too young

19. Sentence puzzle: rewrite the sentences in the correct order

a. a daoine fáthanna lán Pósann na do míchearta   *A lot of people marry for the wrong reasons*

b. thuilleadh spriocanna na Níl acu a céanna   *They no longer share the same goals*

c. domhain ghrá gan siad Pósann eatarthu   *They get married without being really in love*

d. dóite daoine Scaireann dá siad chéile mar tá dubh   *People separate because they are bored of each other*

e. róluath choitianta Is fadhb go í bpósann daoine   *A common problem is that people get married too soon*

f. gheall drochídeach daoine mar Scaireann ar iompar   *People separate because of abusive behaviour*

20. Complete the sentences

a. Go minic, s _ _ _ _ _ _ _ _ lánúin mar tá s _ _ _ dubh dóite dá chéile.

b. Go minic, faigheann daoine c _ _ _ _ _ _ _ _ _ mar ní thig leo dul i d _ _ _ _ _ _ ar an saol nua.

c. Uaireanta, p _ _ _ _ _ daoine r _ _ _ _ _ _.

d. Scaireann l _ _ _ _ _ mar níl na suimeanna c _ _ _ _ _ acu.

e. Is f _ _ _ _ choitianta í e _ _ _ _ grá.

f. Níl g _ _ acu dá c _ _ _ _ _ a thuilleadh.

g. Déanann daoine f _ _ _ _ _ ar a c _ _ _ _ _ .

h. Dé réir a chéile, t _ _ _ _ _ _ _ siad ag dul ina m _ _ _ _ _ _ féin.

i. Faigheann lánúin c _ _ _ _ _ _ _ _ _ de bharr fadhbanna a _ _ _ _ _ _.

Tá aithne agam ar a lán daoine atá colscartha nó atá ag fáil colscartha anois. Den chuid is mó, tá na fáthanna céanna acu. Faigheann an chuid is mó acu colscaradh mar teipeann ar a ngrá, tá siad dubh dóite dá chéile agus bíonn siad ag argóint faoi gach rud. Is ionann sin agus a rá nach dtugann siad tacaíocht dá chéile a thuilleadh. Scaireann daoine eile mar gheall ar fhadhbanna airgid nó fadhbanna ar obair.

Ar an lámh eile, tá duine de mo chairde is fearr, Aodhán, ag fáil colscartha mar bhí a bhean mídhílis dó. Bhí sí mídhílis dó le duine den fhoireann oibre. Is fadhb choitianta í go bpósann daoine róluath, gan aithne mhaith ar a a chéile. I gcásanna eile, pósann daoine do na fáthanna míchearta, airgead nó le healú ón uaigneas, mar shampla. Phós mo dheirfiúr mar ba mhaith léi leanbh. **(Éanna, 28 d'aois)**

22. Answer the questions below

a. What are the three main reasons why the majority of people Éanna knows divorce?

b. What happened to Aodhán?

c. What is a frequent problem with the way people marry?

d. What are the wrong reasons for getting married that Éanna mentions?

e. Why did his sister get married?

23. Translate into English

a. Tá aithne agam ar a lán daoine

b. Na fáthanna céanna

c. Teipeann ar a ngrá

d. Tá siad dubh dóite

e. A thuilleadh

f. Scaireann daoine eile mar gheall ar fhadhbanna airgid

g. Is fadhb choitianta í

h. Pósann daoine do na fáthanna míchearta

21. Find the Irish equivalent for the following in Éanna's text

a. I know a lot of people

b. Who are getting divorced now

c. The same reasons

d. The majority of them

e. They are bored of each other

f. Because of money reasons

g. Work problems

h. On the other hand

i. She cheated on him with…

j. It's a common issue

k. Without really knowing each other

l. In other cases

m. For the wrong reasons

n. To escape loneliness

o. She wants a child

24. Correct the Irish sentences below, taken from Éanna's text (first try without looking at the text)

a. A lán duine…

b. … tá na fáth céanna acu.

c. Teipeann ar a grá.

d. Bím siad ag argóint faoi gach rud.

e. …fadhba ar obair.

f. Ar an láumh eile ...

g. mar bhí a bean.

h. Is fadhb choitianta é.

i. Phós mo deirfiúr …

Tá a lán cairde agam atá ag fáil colscartha. Tá siad ag fáil colscartha mar gheall ar a lán fáthanna. Faigheann an chuid is mó acu colscaradh mar tá easpa mealladh fisiciúil eatarthu, tá sé deacair orthu cónaí le chéile agus níl na spriocanna céanna acu a thuilleadh. Scaireann daoine eile mar gheall ar mhídhílseacht. Scaireann cuid daoine mar ní mhothaíonn siad go bhfuil ardmheas ag an duine eile orthu. Fuair duine de mo chairde is fearr, Eibhlín, colscaradh óna fear céile de bharr iompar drochídeach. B'fhear fhoréigneach é. Is fadhb choitianta í go bpósann daoine róluath, gan aithne mhaith ar a chéile. I gcásanna eile, pósann siad do na fáthanna míchearta, mar shampla, mar mothaíonn siad uaigneach. **(Lára, 32 bhliain)**

26. Find the words below in Lára's text

a. A lot: a l _ _

b. The majority: an c _ _ _ _ is m _

c. (Of) them: a _ _

d. Attraction: m _ _ _ _ _ _

e. Between them: e _ _ _ _ _ _

f. To live: c _ _ _ _

g. Together: le c _ _ _ _ _

h. Infidelity: m _ _ _ _ _ _ _ _ _ _ _

i. Husband: fear c _ _ _ _

j. Common: c (h) _ _ _ _ _ _ _

k. Best: is f _ _ _ _

l. Too soon: ró _ _ _ _ _

m. In other cases: i g _ _ _ _ _ _ _ eile

n. Reasons: f _ _ _ _ _ _ _

o. They feel: m _ _ _ _ _ _ _ _ s _ _ _

p. Lonely: u _ _ _ _ _ _ _ _

25. Find the Irish equivalent for the following phrases in Lára's text

a. I have a lot of friends

b. A lot of reasons

c. Most of them

d. There is a lack of physical attraction between them

e. It is difficult for them to live together

f. They don't share the same goals anymore

g. Because of infidelity

h. They don't feel valued by the other person

i. One of my best friends

j. Because of abusive behaviour

k. Without knowing each other well enough

l. In other cases

m. For example

n. They feel lonely

27. Translate into English

a. A lán fáthanna

b. An chuid is mó acu

c. Colscaradh

d. Easpa mealladh fisiciúil

e. Na spriocanna céanna

f. Cónaí le chéile

g. Ní mhothaíonn siad

h. Iompar drochídeach

i. Is fadhb choitianta í

j. Na fáthanna míchearta

ANSWERS – Unit 14

1. Gapped translation: a) divorce   b) attraction   c) stop   d) one of them   e) don't support   f) they lose   g) argue
h) together   i) bored   j) distant/apart

2. Match:
níl na suimeanna céanna acu a thuilleadh – they don't have the same interests anymore
cailleann siad meas dá chéile – they lose respect for each other
scaireann lánúin – couples separate   **tá siad dubh dóite dá chéile** - they are bored of each other
tosaíonn siad ag dul ina mbealach féin – they grow distant from one another
níl na spriocanna céanna acu a thuilleadh – they don't have the same goals anymore
bíonn siad ag argóint faoi gach rud – they argue about everything
níl grá acu dá chéile a thuilleadh – they do not love each other anymore
déanann siad faillí ar a chéile – they neglect each other
tá sé deacair orthu cónaí le chéile – it is difficult for them to live together
ní thugann siad tacaíocht dá chéile – they don't support each other

3. Complete: a) **lánúin**   b) **suimeanna**   c) **meas**   d) **airgid**   e) **duine**   f) **chéile**   g) **ngrá**   h) **mheallann**
i) **luachanna**   j) **meas**   k) **deacair**   l) **easpa**   m) **céanna**   n) **colscaradh**

4. Sentence puzzle: a) déanann siad faillí ar a chéile   b) mar gheall ar mhídhílseacht c) de bharr iompar drochídeach
d) fuaraíonn an grá eatarthu   e) ní mhothaíonn siad go bhfuil ardmheas ag an duine eile orthu
f) bíonn siad ag argóint faoi gach rud   g) ní thig leo cur suas lena chéile   h) ní thugann siad tacaíocht dá chéile

5. Complete: a) níl/chéile   b) argóint   c) tacaíocht   d) dubh   e) teipeann   f) foréigneach   g) deacair/le
h) grá/thuilleadh   i) cailleann   j) suimeanna

6. Match: níl grá acu dá chéile – they don't love each other   **bearna aoise** – age difference   **dul i dtaithí ar** – to adapt
duine acu – one of them   **troideann siad** – they fight   **faillí** – neglect   **na spriocanna céanna** – the same goals
de réir a chéile – little by little   **ní mhothaíonn siad** – they don't feel   **lánúin** – a couple
na suimeanna céanna – the same interests   **róluath** – too soon   **fadhbanna airgid** – money problems
cailltear meas – respect is lost

7. Translate: a) mothaíonn siad   b) ní thig leo cur suas lena chéile   c) bíonn siad ag argóint   d) níl meas sa chaidreamh
e) faigheann siad colscaradh   f) scaireann siad   g) níl   h) tá siad dubh dóite

8. Translate: a) ní mheallann siad a chéile a thuilleadh   b) ní thig leo cur suas lena chéile
c) bíonn siad ag argóint faoi gach rud   d) déanann siad faillí ar a chéile   e) ní thugann siad tacaíocht dá chéile a thuilleadh
f) fuaraíonn an grá eatarthu   g) tá sé deacair orthu cónaí le chéile   h) tá duine acu foréigneach

9. Faulty translation: a) work problems   b) infidelity   c) lack of love   d) -   e) lack of physical attraction
f) age difference   g) abusive behaviour   h) cultural differences

10. Match: gaolta cleamhnais – in-laws   **fadhbanna ar obair** – problems at work   **troideanna** – arguments,fights
iompar drochídeach – abusive behaviour   **mídhílseacht** – infidelity   **bearna aoise** – age difference
fadhbanna airgid – money problems **easpa grá** – lack of love   **dearcadh polaitiúil** – political orientation
leadrán – boredom   **difríochtaí cultúir** – cultural differences

11. Spot and correct the spelling/grammar mistakes: a) grá~~h~~   b) mídhílseacht   c) iom**p**ar drochídeach d) airgid
e) aoise   f) troideanna   g) fad**h**banna   h) du**b**h   i) fisiciúil

12. Multiple choice quiz: boredom (c)   interest (a)   little by little (b)   the lack of (a)   in-laws (b)   one of them (a)
they are bored (b)   they feel (c)   money (b)   because of (a)   same (c)

13. Complete: a) fadhbanna airgid   b) ag ar**g**óint   c) easpa grá   d) difríochtaí cul**t**úir
e) fad**h**banna ar obair   f) mídh**í**lseacht   g) cur s**u**as lena chéile   h) uai**r**eanta   i) do na fáth**anna** mí**ch**earta

14. Translate: a) couples divorce   b) the same interests   c) in-laws   d) cultural differences   e) problems at work
f) arguing   g) abusive behaviour   h) lack of love   i) unfaithfulness/infidelity/cheating

15. Translate: a) Often, couples separate because of unfaithfulness/infidelity/cheating.
b) In my opinion, couples separate, for the most part, because of a lack of love.
c) Sometimes, people get married without really being in love.
d) It's a common problem/issue that people marry for the wrong reasons.
e) Couples divorce because they get married without knowing each other well enough.
f) Sometimes, a couple divorces because they neglect each other

16. Find in the texts above the people who say the following: a) Toirleach   b) Ailbhe   c) Dearbháil   d) Conn   e) Ruán
f) Méabh   g) Éadaoin

17. Find in the texts: a) fadhb choitianta   b) iompar drochídeach   c) *go* gcailltear meas   d) easpa grá
e) na spriocanna céanna   f) i mo bharúil   g) mar tá siad dubh dóite   h) ní thugann siad tacaíocht dá chéile
i) na fáthanna míchearta   j) go minic   k) cónaí le chéile   l) daoine   m) a thuilleadh   n) in a lán cásanna
o) an bhean   p) ag an fhear

18. Match: gan ghrá domhain eatarthu – without really being in love
gan aithne mhaith ar a chéile – without knowing each other   **is fadhb choitianta í go**– a common issue is that
róluath – too soon   **pósann daoine** – people marry   **nuair atá siad ró-óg** – when they are too young
gan cónaí le chéile ar dtús – without living together first   **do na fáthanna míchearta** – for the wrong reasons
iontach gasta – very quickly

19. Sentence puzzle: a) pósann a lán daoine do na fáthanna míchearta   b) níl na spriocanna céanna acu a thuilleadh
c) pósann siad gan ghrá domhain eatarthu   d) scaireann daoine mar tá siad dubh dóite dá chéile
e) is fadhb choitianta í go bpósann daoine róluath… f) scaireann daoine mar gheall ar iompar drochídeach

20. Complete: a) scaireann/siad   b) colscaradh/dtaithí   c) pósann/róluath   d) lánúin/céanna   e) fadhb/easpa
f) grá/chéile   g) faillí/chéile   h) tosaíonn/mbealach   i) colscaradh/airgid

21. Find the Irish equivalent: a) tá aithne agam ar a lán daoine   b) atá ag fáil colscartha anois   c) na fáthanna céanna
d) an chuid is mó acu   e) tá siad dubh dóite dá chéile   f) mar gheall ar fhadhbanna airgid   g) fadhbanna ar obair
h) ar an lámh eile   i) bhí sí mídhílis dó le   j) is fadhb choitianta í   k) gan aithne mhaith ar a chéile
l) i gcásanna eile   m) do na fáthanna míchearta   n) le healú ón uaigneas   o) ba mhaith léi leanbh

22. Answer: a) stop loving each other, bored of each other and they argue about everything
b) he is getting divorced because his partner cheated on him   c) they marry too early and without really knowing each other
d) money or loneliness   e) she wanted a child

23. Translate: a) I know a lot of people   b) for the same reasons   c) they stop loving each other   d) they are bored
e) anymore/any longer   f) people separate because of money reasons   g) it is a common problem
h) people get married for the wrong reasons

24. Correct the sentences below: a) a lán **daoine**   b) na fáth**anna** céanna   c) ar a **n**grá   d) bí**onn** siad   e) fadhb**anna**
f) ar an **lámh** eile   g) bhí a **bhean**   h) is fadhb choitianta **í**   i) phós mo d**heirfiúr**

25. Find the Irish equivalent: a) tá a lán cairde agam   b) a lán fáthanna   c) an chuid is mó acu
d) tá easpa mealladh fisiciúil eatarthu   e) tá sé deacair orthu cónaí le chéile   f) níl na spriocanna céanna acu a thuilleadh
g) mar gheall ar mhídhílseacht   h) ní mhothaíonn siad go bhfuil ardmheas ag an duine eile orthu
i) duine de mo chairde is fearr   j) de bharr iompar drochídeach   k) gan aithne mhaith ar a chéile   l) i gcásanna eile
m) mar shampla   n) mothaíonn siad uaigneach

26. Find the words: a) a lán   b) an chuid is mó   c) acu   d) mealladh   e) eatarthu   f) cónaí   g) le chéile   h) mídhílseacht
i) fear céile   j) *c*hoitianta   k) is fearr   l) róluath   m) i gcásanna eile   n) fáthanna   o) mothaíonn siad   p) uaigneach

27. Translate: a) a lot of reasons   b) most of them   c) divorce   d) lack of physical attraction   e) the same goals
f) live together   g) they don't feel   h) abusive behaviour   i) it is a common issue/problem   j) the wrong reasons

THE LANGUAGE GYM

Unit 15. Talking about a person I admire

Lá éigin, ba mhaith liom a bheith cosúil le *Someday, I would like to be like* Tá meas mór agam ar* *I really admire* Faighim inspioráid ó* *I am inspired by*	Hozier Mairéad Ní Mhaonaigh m'athair *my father* mo mháthair *my mother* mo mhúinteoir Gaeilge *my Irish teacher*	Cora Staunton Greta Thunberg Kieran McGeeney Paddy Barnes Rory McIlroy
Author's Note: Add a 'h' after ar and ó except when the word starts with H, L, N, R, Sc, Sm, Sp, St		

mar tá sé/sí *because he/she is*	cúláilte *cool* dóighiúil *handsome/pretty* gleoite *charming* iontach cruthaitheach *very creative* láidir *strong*	cróga *brave* dearfach *optimistic* faiseanta *fashionable* iontach cliste *very intelligent* saibhir agus cáiliúil *rich and famous*
mar tá siad faiseanta *because they are trendy*		

Is	aisteoir *actor* amhránaí *singer* ceoltóir *musician* peileadóir *footballer* polaiteoir *politician*	den scoth *is a great…*	é *he* í *she*
	*laoch é/í *he/she is a legend*	ar pháirc na peile *on the football field* ar pháirc na hiomána *on the hurling field*	
	*Author's note: this is informal but VERY idiomatic ☺		

Bíonn scoth an éadaigh air/uirthi i gcónaí	*He/she is always very well dressed*
Déanann sé/sí a lán obair charthanachta	*He/she does a lot of charity work*
Is fear/bean é/í ar éirigh go maith leis/léi sa saol	*He/she was a successful man/woman*
Is rinceoir den scoth é/í	*He/she is a great dancer*
Níl eagla air/uirthi roimh aon rud	*He/she is not afraid of anything*
Rinne sé/sí a lán íobairtí ar son an teaghlaigh	*He/she has made a lot of sacrifices for the family*
Tá bua an cheoil aige/aici	*He/she is a great musician*
Tá corp foirfe aige/aici (i mo bharúil féin)	*He/she has a perfect body (in my opinion)*
Tá grá ag gach duine dó/di	*He/she is loved by everyone*
Tá meas ag gach duine air/uirthi	*He/she is respected by everyone*
Tá sé/sí fíormhaith ag an pheil/chispheil/ghalf	*He/she is very good at football/basketball/golf*
Troideann sé/sí ar son cúiseanna maithe	*He/she fights for good causes*
Tugann sé/sí inspioráid dom mé féin a fheabhsú	*He/she inspires me to improve myself*

1. Match

Tá grá ag gach duine dó	He has succeeded in life
Is laoch í ar pháirc na peile	Someday, I would like to be like her
Faighim inspioráid ón duine seo	Everyone loves him
Troideann sé ar son domhain síochánta	He/she is not afraid of anything
Níl eagla air/uirthi roimh aon rud	She is a legend on the football field
Troideann sí ar son comhionannas inscne	I really admire…
Is fear é ar éirigh go maith leis sa saol	She fights for gender equality
Is amhránaí den scoth é	This is a person who inspires me
Lá éigin, ba mhaith liom a bheith cosúil léi	He fights for world peace
Tá meas mór agam ar…	He is a great singer

2. Translate into English

a. Tá meas mór agam ar Rory McIlroy.

b. Lá éigin, ba mhaith liom a bheith cosúil leis.

c. Tugann sé inspioráid dom mé féin a fheabhsú.

d. Rinne sé a lán íobairtí ar son an teaghlaigh.

e. Bíonn scoth an éadaigh air i gcónaí.

f. Troideann sé ar son cúiseanna maithe.

g. Tá sí fíormhaith ag an líonpheil.

h. Is rinceoir den scoth é.

i. Tá bua an cheoil aige.

j. Níl eagla air roimh aon rud.

3. Complete the word

a. Trendy: F _ _ _ _ _ _ _

b. Singer : A _ _ _ _ _ _ _

c. Strong: L_ _ _ _ _

d. Good-looking : D _ _ _ _ _ _ _ _

e. Inspiration: Insp _ _ _ _ _ _

f. A legend: L _ _ _ _

g. Actor: A _ _ _ _ _ _ _

h. Everyone: Gach d _ _ _ _

i. She is cool: Tá sí c _ _ _ _ _ _ _

j. He fights: Tr _ _ _ _ _ _ _ s _

k. I would like: Ba m _ _ _ _ _ l _ _ _

4. Sentence puzzle

a. Bharra Best meas Tá agam mór ar *I really admire Barra Best*

b. domhan is t-amhránaí an Enya Is í fearr ar *Enya is the best singer in the world*

c. aclaí Tá agus iontach láidir Rob Kearney ard *Rob Kearney is very tall, strong and athletic*

d. ó inspioráid Faighim m'athair, Deasún *I am inspired by my father, Deasún*

e. Ghreta ar meas na timpeallachta troideann Tá mór agam mar sí son ar Thunberg
I really admire Gretha Thunberg because she fights for the environment

f. cosúil mhaith m'uncail Peadar laoch mar ar pháirc é na Ba liom a bheith le is hiomána
I would like to be like my uncle Peadar because he is a legend on the hurling field

5. Gapped translation

a. Tá meas mór agam air mar tá sé iontach **saibhir**:   *I really admire him because he is very ___________.*

b. Tá sí iontach **cáiliúil**:   *She is very _____________.*

c. Rinne sé a lán **íobairtí** ar son an teaghlaigh: *He has made a lot of ____________ for the family.*

d. Is bean í ar éirigh go maith léi sa **saol**:   *She was a successful woman in ______.*

e. Tugann sí **inspioráid** dom mé féin a fheabhsú: *She __________ me to be a better person.*

f. **Troideann** sí ar son cúiseanna maithe: *She __________ for good causes.*

g. Is ceoltóir **den scoth** é: *He's a __________ musician.*

h. Níl eagla uirthi roimh **aon rud**:   *She is not afraid of _____________.*

i. Déanann sé a lán obair **charthanachta**:   *He does a lot of ______________ work.*

j. Tá sí **iontach cruthaitheach**:   *She is ___________ ___________.*

6. Complete with the options provided below

a. Tá meas mór agam ar Usain Bolt mar is é an fear is gasta ar _____________.

b. Tá meas mór agam ar Leo Messi mar is __________ é ar pháirc na peile.

c. Níl __________ mór agam ar Kim Kardashian cé go bhfuil sí iontach saibhir agus __________.

d. Is í Beyoncé mo laoch mar tá sí iontach ___________ agus is amhránaí den ___________ í.

e. Tá meas mór agam ar m'athair mar ____________ sé go crua dúinn.

f. Tá meas mór agam ar mo mháthair mar déanann sí a lán ____________ dá teaghlach.

g. Is ___________ liom mo mhúinteoir Gaeilge mar tá a lán ____________ aici.

h. Tá meas mór agam ar Ghreta Thunberg mar tá sí iontach cróga agus __________ sí ar son cúiseanna maithe.

i. Tá meas mór agam ar m'fhear chéile, Rónán, mar tá sé iontach cliste agus _____________.

laoch	teangacha	scoth	troideann	oibríonn	cáiliúil
flaithiúil	meas	íobairtí	domhan	cuidiúil	breá

7. Break the flow: separate the words as shown in the example

EXAMPLE: Ba/mhaith/liom/a/bheith/cosúil/le

a. Támeasmóragamar...

b. Táséiontachcruthaitheach

c. Tásíláidiraguscróga

d. Bamhaithliomabheithcosúillemomháthair

e. Támeasmóragamarm'athair

f. Ispeileadóirdenscothí

g. Faighiminspioráidó...

h. Níleaglaairroimhaonrud

i. Tágráaggachduinedi

j. Islaoché

8. Match	
Láidir	Brave
Cáiliúil	Trendy
Den scoth	Optimistic
Dóighiúil	Strong
Flaithiúil	The best
Greannmhar	Good-looking
Cróga	Hard-working
Dearfach	Generous
Saibhir	Rich
Díograiseach	Funny
Faiseanta	Great
Is fearr	Famous

9. Faulty translation: identify and fix the incorrect translations (not all are wrong)

a. Tá sé faiseanta:	*She is trendy*
b. Is é an duine is fearr:	*He is the worst*
c. Tá sí measartha greannmhar:	*She is quite funny*
d. Tá sé dearfach:	*He is optimistic*
e. Níl sí falsa:	*She is lazy*
f. Tá sé iontach cliste:	*He is clever*
g. Tá sí cáiliúil:	*She is rich*
h. Tá siad dílis:	*He is loyal*
i. Tá sí cróga:	*She is brave*

10. Spot and write the missing word

a. Is é an peileadóir fearr ar domhan	*He is the best footballer in the world*
b. Troideann ar son cúiseanna maithe	*She fights for good causes*
c. Déanann sé/sí a lán charthanachta	*He/she does a lot of charity work*
d. Is bean í ar éirigh maith léi sa saol	*She was a successful woman*
e. Tá meas ag duine uirthi	*She is respected by everyone*
f. Rinne sí lán íobairtí dúinn	*She has made a lot of sacrifices for us*
g. Tá meas mór ar m'uncail	*I really admire my uncle*
h. Tá Pól iontach cróga: níl eagla roimh aon rud	*Pól is very brave: he is not afraid of anything*
i. Faighim inspioráid Leo Messi	*I am inspired by Leo Messi*

11. Complete with any suitable word. Make sure each sentence makes sense

a. Tá meas mór agam ar ________________.

b. Tá sé ______________, ______________ agus ______________.

c. Rinne sí a lán íobairtí don ____________________.

d. Troideann sé ar son ______________________.

e. Is ____________ den scoth í.

f. Ba mhaith liom a bheith cosúil le ______________ mar tá ______________.

g. Is é ____________________ an tréith is fearr atá aige.

h. Tá ____________ ag gach duine di.

12. Translate into Irish

a. *She fights for world peace:*   T__________ s___ a__ s______ d__________ s__________.

b. *He is the best singer in the world*:   I__ é a__ t-__________ i__ f__________ a__ d__________.

c. *She works hard:*   O__________ s____ g____ c________.

d. *He has made a lot of sacrifices*:   R______ s___ a l____ í__________.

e. *She isn't afraid of anything:*   N___ e__________ u__________ r____ a____ r___.

f. *She is very intelligent:*   T____ s___ i________ c__________.

g. *She does a lot of charity work:*   D__________ s___ a l____ o_____ c______________.

h. *He is very strong and brave:*   T__ s__ i______ l________ a____ c____________.

i. *She fights for good causes:*   T__________ s___ a___ s____ c__________ m__________.

---

a. **Ardal:** Tá meas mór agam ar Leo Messi. I mo bharúil, is é an peileadóir is fearr ar domhan. Tá sé umhal, cliste agus déanann sé a lán obair charthanachta.

b. **Glóir:** Is eiseamláir í Cameron Diaz dom. Spreagann sí daoine óga le bheith aclaí agus le meas a bheith acu ar a gcorp féin.

c. **Cóilín:** Tá meas mór agam ar Christy Moore. Is scríbhneoir agus ceoltóir den scoth é. Tá sé iontach díograiseach agus fial.

d. **Nóra:** Tá meas mór agam ar Mhichelle Obama mar troideann sí ar son cearta na mban agus in éadan ciníochais.

e. **Gráinne:** Is breá liom Taylor Swift mar scríobhann sí agus ceolann sí amhráin iontacha. Tá sí dearfach agus cúláilte. Tá sí iontach dóighiúil agus cliste fosta.

f. **Treasa:** Tá meas mór agam ar Reese Witherspoon mar tá sí iontach glórach ar fhadbanna sóisialta, mar shampla, easpa dídine agus míchothromaíocht sóisialta.

g. **Eiméid:** Tá meas mór agam ar mo mháthair mar oibríonn sí go crua agus déanann sí a lán íobairtí dúinn. Tugann sí tacaíocht dom i gcónaí agus éisteann sí liom nuair a bhíonn fadhb agam.

---

13. Find in the text the Irish for the following

a. In my opinion

b. He does a lot of charity work

c. She inspires young people

d. To be fit

e. To respect their body

f. A great musician

g. I really admire

h. Against racism

i. Women's rights

j. She writes and sings really good songs

k. She is optimistic

l. She is very pretty and intelligent

m. She is very vocal

n. Social problems

o. Homeless people

p. She works hard

q. She makes a lot of sacrifices for us

r. She supports me

s. She listens to me

Tá meas mór agam ar Angelina Jolie. Is aisteoir cáiliúil í le croí mór a dhéanann a lán obair charthanachta. Troideann sí ar son na ndaoine bochta.

Is ambasadóir dea-thoil í leis na Náisiúin Aontaithe do theifigh. Is í an sprioc atá aici ná aird an phobail a dhíriú ar na coinníollacha maireachtála sna campaí teifeacha.

Ina súile, is cearta iad comhionannas agus ceartas do gach duine. Síleann sí gur cheart do gach duine an deis a bheith acu saol lán, sábhailte a chaitheamh. Mar sin de, troideann sí ar son na ndaoine is boichte sa saol leis an dóchas go ndéanfaidh sé difear ina saol.

Tá a lán daoine ag fulaingt sa domhan agus ní thig linn neamhaird a dhéanamh de seo. Sílim go bhfuil níos mó daoine ar aon intinn le hAngelina de dhíth le muinín a thabhairt do dhaoine agus le tús úr a thabhairt do dhaoine. Is é sin an fath a bhfuil meas mór agam ar Angelina Jolie. **(Bríd, 17 mbliana)**

---

14. Find the Irish equivalent

a. I really admire…

b. Well-known

c. With a big heart

d. Who does a lot of charity work

e. She fights for…

f. Poor people

g. Good-will ambassador

h. Refugees

i. To focus public attention

j. Living conditions

k. Equality and justice

l. To live a fulfilling and safe life

m. She fights for the poorest

n. That it will make a difference

o. With the hope

p. There are many people suffering

q. More people like Angelina

r. To give confidence

s. A fresh start

15. Answer the questions on the text

a. How does Bríd describe Angelina Jolie in the first paragraph?

b. What is the role the UN agency for refugees gave her?

c. What does she believe are rights for all?

d. What does she hope to do for poor people?

e. Why does Bríd believe we should have more people like Angelina Jolie?

16. Translate the following phrases/sentences from Bríd's text

a. Aisteoir cáiliúil

b. Croí mór

c. Troideann sí

d. Na daoine bochta

e. Ina súile

f. Is cearta iad

g. Saol lán, sábhailte

h. Dóchas

i. Tá a lán daoine ag fulaingt

j. Níos mó

Is é David Attenborough mo laoch. Ar feadh tamaill fhada, d'oibrigh sé mar láithreoir ar chláir faoi ainmhithe agus plandaí le hAonad an Stair Nadúrtha BBC. Rinne sé cláir faisnéise faoin timpeallacht agus téamh domhanda. Rinne sé cláir faisnéise ó gach cearn den domhan.

Tá meas mór agam air mar troideann sé ar son na timpeallachta agus déanann sé a dhícheall aird an phobail a dhíriú ar na fadhbanna timpeallachta atá againn agus an dochar a dhéanaimid do na hainmhithe agus na plandaí agus an tábhacht a bhaineann le fuinneamh inathnuaite a léiriú.

Tá meas mór agam ar an duine seo mar tá an timpeallacht níos tábhachtaí dó ná saibhreas nó clú. Tá níos mó daoine cosúil le David de dhíth orainn leis an domhan a chaomhnú ó theamh domhanda, ó thruailliú aeir agus ó bhagairtí eile an phláinéid.

Is breá liom a chlár 'Blue Planet'. Lá éigin, ba mhaith liom a bheith cosúil leis. Ba mhaith liom troid ar son na timpeallachta agus difear a dhéanamh don domhan. Ag an bhomaite, rachaidh mé ar ollscoil ar rothar agus déanfaidh mé athchúrsáil ar an bhruscar sa teach. Is tús é! **(Séamas, 18 mbliana)**

---

17. Find the Irish equivalent of the following in the text

a. For a long time	j. Public attention
b. He worked as a presenter	k. More important
c. Programmes about animals	l. We need
d. He made documentaries	m. More people
e. Environment	n. Global warming
f. Every corner of the world	o. Some day
g. He fights for the environment	p. I would like to fight for
h. Renewable energy	q. To make a difference
i. The damage we do	r. At the moment

---

18. Complete the sentences below based on the text above

a. David Attenborough is my ________________. For a long time, he worked as a presenter on programmes

about __________________ and plants with the BBC Natural ________________ Unit. He made

__________________ from every corner of ____ ______________.

b. I really respect him because he __________ ________ ____ ______________ and he does his best to focus

public attention on the _____________ ______________ we have and the __________ we do to the

___________ and the __________________.

c. The environment is more important to him than ____________ or ____________.

d. We need more people ____________ ____________ to ____________ our world.

e. At the moment, I ______ ______ ____ ________________ on bicycle and I will ________________ the

rubbish in the house. It's a ________!

Tá meas mór agam ar mo mháthair. Ó bhás m'athair, d'oibrigh sí go crua le haire a thabhairt dom agus do mo dhearthái is óige. Bhí dhá phost aici agus uaireanta, d'oibrigh sí ó sé ar maidin go meánoíche. Ó am go ham, bhí sé dubh dorcha nuair a tháinig sí abhaile.

Cé go raibh tuirse uirthi, bhí miongháire uirthi i gcónaí agus spreag sí muid le hobair chrua a dhéanamh agus le bheith rathúil sa saol. D'éist sí linn nuair a bhí fadhbanna againn. Níor éirigh sí feargach linn agus is fíorannamh a thug sí íde béil dúinn. Ba bhean fhlaithiúil, dhearfach í agus bhí croí mór maith aici. Níor shuigh sí i gcathaoir an bhreithiúnais ar dhuine ar bith. Theagasc sí meas, ionracas agus cineáltas dúinn.

Anois agus í imithe ar shlí na fírinne, crónaím go mór í. Ach, bhain sí a sprioc amach: is dlíodóir clúiteach é mo dheartháir agus is stiúrthóir feidhmiúcháin mé le comhlacht árachais. **(Máirtín, 38 mbliana)**

---

19. Gapped translation

a. I really _______________ my mother. Since the death of my father, she _______________ hard to look after myself and my ____________ _______________. She had two jobs and _______________ she _______________ from six in the morning until _______________.

b. Even though she was always _____________, she was always _______________ and she encouraged us to work hard and to be _______________ in _________. She listened to us when ___ _______ _______________. She never ______ __________ with us and rarely _________ ____ _____. She was a generous, _________ woman with a big, _______ _______ and she never _______________ others. She taught us respect, honesty and _____________.

c. Now that she is ___________, I _________ _______ greatly. But she has succeeded in her goal: my brother is a _______________ lawyer and I am an executive director in an _______________ company.

---

20. Find in the text the Irish equivalent for the following

a. I really admire

b. Since the death

c. She worked hard

d. To look after

e. She had two jobs

f. Until midnight

g. Pitch-black

h. She was always smiling

i. To succeed in life

j. She listened to us

k. She never got angry

l. She told us off

m. Successful

n. She was a generous, positive woman

o. A big, good heart

p. She never judged others

q. She taught

r. Honesty

s. Now that she is dead

t. I miss her greatly

u. She succeeded in her goal

v. A famous lawyer

w. Director

x. An insurance company

21. Translate into Irish

a. *She fights for good causes*:   T__________ s_____ a____ s______ c___________ m________________.

b. *He works hard*: O__________ s______ g_______ c____ .

c. *She isn't afraid of anything*: N______ e__________ u_________ r___________ a_____ r______.

d. *I really admire my father*: T__ m___________ m_______ a_______ a____ m'__________.

e. *He is a man who has succeeded in life*:
I__ f____ é a___ é___________ g__ m________ l________ s__ s______.

f. *He is very handsome and strong*: T__ s__ i_______ d__________ a______ l___________.

g. *She does a lot of voluntary work*: D__________ s__a l_____ o________ c__________________.

h. *She is always well dressed*: B_______ s__________ a____ é________ u_______ i g______________.

---

22. Translate into Irish

a. She inspires me:

b. She is the best singer in the world:

c. She works hard:

d. He makes a lot of sacrifices:

e. He is not afraid of anything:

f. She is very intelligent:

g. She does a lot of charity work:

h. He is very strong and athletic:

i. He fights for good causes:

j. He is the best singer in the world:

k. I would like to be rich and generous like him:

l. She is a legend on the football field:

m. I miss her a lot:

n. He is very good at golf:

---

23. Translate into Irish

I really admire my father. He works hard for us every day. As well as that, he is always there for us when we have a problem. He is a very generous, kind, positive and intelligent man. He always listens to me and tries to understand my point of view. He never judged me. He is not afraid of anything. He respects my choices and opinions. He rarely gets angry. Every Sunday, he does voluntary work. He helps homeless people. I go with him sometimes. He is a great musician and he listens to music often. He is also very fit and he is very good at golf. My father is my hero!

Key questions

Inis dom faoi dhuine a bhfuil meas mór agat air nó uirthi.	*Tell me about a person you admire.*
Cén aois é/í?	*How old is he/she?*
Déan cur síos air/uirthi	*Describe him/her*
Cén sort duine é/í?	*What type of person is he/she?*
Cén post atá aige/aici?	*What job does he/she have?*
Cad chuige ar mhaith leat a bheith cosúil leis/léi?	*Why do you want to be like him/her?*
Cad é mar atá aithne agat air/uirthi?	*How do you know him/her?*
Cad chuige a bhfuil meas agat air? **Cad chuige a bhfuil meas agat uirthi?**	*Why do you admire him?* *Why do you admire her?*
Cad í an tréith is fearr atá aige/aici?	*What is his/her best quality?*
Cad iad na rudaí nach maith leat faoi? **Cad iad na rudaí nach maith leat fúithi?**	*What do you not like about him?* *What do you not like about her?*
Cad iad na spriocanna atá bainte amach aige/aici sa saol?	*What has he/she achieved in life?*

ANSWERS – Unit 15

1. Match: tá grá ag gach duine dó – everyone loves him
is laoch í ar pháirc na peile – She is a legend on the football field
faighim inspioráid ón duine seo– this is a person who inspires me
troideann sé ar son domhain síochánta – He fights for world peace
níl eagla air/uirthi roimh aon rud– he/she is not afraid of anything
troideann sí ar son comhionannas inscne– He fights for gender equality
is fear é ar éirigh go maith leis sa saol – he has succeeded in life
is amhránaí den scoth é– he is a great singer
lá éigin, ba mhaith liom a bheith cosúil léi – someday, I would like to be like her
tá meas mór agam ar… – I really admire ….

2. Translate: a) I really admire Rory McIlroy   b) one day, I would like to be like him
c) He inspires me to be a better person   d) He has sacrificed a lot for the family
e) He is always very well dressed   f) He fights for good causes   g) she is very good at netball
h) He is a great dancer   i) He is a great musician   j) He is not afraid of anything

3. Complete: a) **faiseanta** b) **amhránaí**   c) **láidir**   d) **dóighiúil**   e) insp**ioráid**   f) **laoch**   g) **aisteoir**   h) gach d**uine**
i) tá sí **cúláilte**   j) tr**oideann s**é   k) ba m**haith liom**

4. Sentence puzzle: a) Tá meas mór agam ar Bharra Best   b) Is í Enya an t-amhránaí is fearr ar domhan
c) Tá Rob Kearney iontach ard, láidir agus aclaí   d) Faighim inspioráid ó m'athair, Deasún
e) Tá meas mór agam ar Ghreta Thunberg mar troideann sí ar son na timpeallachta
f) Ba mhaith liom a bheith cosúil le m'uncail Peadar mar is laoch é ar pháirc na hiomána

5. Gapped translation: a) rich   b) well-known/famous   c) sacrifices   d) woman   e) inspires   f) fights   g) great
h) anything   i) charity   j) very creative

6. Complete: a) domhan   b) laoch   c) meas/cáiliúil   d) flaithiúil/scoth   e) oibríonn   f) íobairtí   g) breá/teangacha
h) troideann   i) cuidiúil

7. Break the flow: a) tá meas mór agam ar   b) tá sé iontach cruthaitheach   c) tá sí láidir agus cróga
d) ba mhaith liom a bheith cosúil le mo mháthair   e) tá meas mór agam ar m'athair   f) is peileadóir den scoth í
g) faighim inspioráid ó   h) níl eagla air roimh aon rud   i) tá grá ag gach duine di   j) is laoch é

8. Match: láidir – strong   **cáiliúil** – famous   **den scoth** – great   **dóighiúil** – good-looking
flaithiúil – generous   **greannmhar** – funny   **cróga** – brave   **dearfach** – optimistic   **saibhir** – rich
díograiseach – hard-working   **faiseanta** – trendy   **is fearr** – the best

9. Faulty translation: a) he is trendy   b) the best   c) -   d) -   e) she is not lazy   f) very clever   g) famous
h) they are loyal   i) -

10. Spot and write the missing word: a) **is** fearr   b) troideann **sí**   c) **obair** charthanachta   d) **go** maith
e) **gach** duine   f) **a** lán   g) **agam** ar   h) eagla **air**   i) **ó** Leo Messi

11. Complete with a suitable word. Make sure each sentence makes sense
Accept any grammatically/semantically correct answer.

12. Translate: a) troideann sí ar son domhain síochánta   b) is é an t-amhránaí is fearr ar domhan   c) oibríonn sí go crua
d) rinne sé a lán íobairtí   e) Níl eagla uirthi roimh aon rud   f) tá sí iontach cliste   g) déanann sí a lán obair charthanachta
h) tá sé iontach láidir agus cróga   i) troideann sí ar son cúiseanna maithe

13. Find in the Irish: a) i mo bharúil   b) déanann sé a lán obair charthanachta   c) spreagann sí daoine óga
d) le bheith aclaí   e) le meas a bheith acu ar a gcorp féin f) ceoltóir den scoth   g) tá meas mór agam ar
h) in éadan ciníochais   i) cearta na mban   j) scríobhann sí agus ceolann sí amhráin iontacha   k) tá sí dearfach
l) tá sí iontach dóighiúil agus cliste   m) tá sí iontach glórach   n) f(h)adhbanna sóisialta   o) easpa dídine
p) oibríonn sí go crua   q) déanann sí a lán íobairtí dúinn   r) tugann sí tacaíocht dom   s) éisteann sí liom

14. Find the Irish equivalent: a) tá meas mór agam ar   b) cáiliúil   c) le croí mór   d) a dhéanann a lán obair charthanachta
e) troideann sí ar son   f) daoine bochta   g) ambasadóir dea-thoil   h) teifigh   i) aird an phobail a dhiriú
j) coinníollacha maireachtála   k) comhionannas agus ceartas   l) saol lán, sábhailte a chaitheamh
m) troideann sí ar son na daoine is boichte   n) go ndéanfaidh sé difear   o) leis an dóchas   p) tá a lán daoine ag fulaingt
q) níos mó daoine ar aon intinn le hAngelina   r) le muinín a thabhairt   s) tús úr

15. Answer: a) famous actress with a big heart who does a lot of charity work
b) to raise awareness about the difficult living conditions in refugee camps
c) equality, justice and the right to live a fulfilling and safe life   d) to make a difference in their lives
e) to help people regain confidence in themselves and to offer them a new start in life

16. Translate: a) a well-known/famous actress   b) a big heart   c) she fights   d) the poor people   e) in her eyes
f) they are rights   g) a fulfilling and safe life   h) hope   i) there are a lot of people suffering   j) more

17. Find the Irish equivalent: a) ar feadh tamaill fhada   b) d'oibrigh sé mar láithreoir   c) cláir faoi ainmhithe
d) rinne sé cláir faisnéise   e) timpeallacht   f) gach cearn den domhan   g) troideann sé ar son na timpeallachta
h) fuinneamh inathnuaite i) an dochar a dhéanaimid j) aird an phobail k) níos tábhachtaí l) de dhíth orainn
m) níos mó daoine n) t(h)éamh domhanda o) lá éigin p) ba mhaith liom troid ar son q) difear a dhéanamh
r) ag an bhomaite

18. Complete the sentences: a) idol/animals/history/documentaries/the world
b) fights for the environment/environmental problems/damage/animals/plants   c) richness/fame   d) like David/protect
e) will go to university/recycle/start

19. Gapped translation: admire ; worked ; youngest brother ; sometimes ; worked ; midnight ; tired ; smiling ; successful ;
life; we had problems ; got angry ; told us off ; positive ; good heart ; judged ; kindness ; dead ; miss her ; famous/well known
; insurance

20. Find in the text the Irish equivalent: a) tá meas mór agam ar   b) ó bhas   c) d'oibrigh sí go crua
d) le haire a thabhairt   e) bhí dhá phost aici   f) go meánoíche   g) dubh dorcha   h) bhí miongháire uirthi i gcónaí
i) le bheith rathúil sa saol   j) d'éist sí linn   k) níor éirigh sí feargach   l) thug sí íde béil dúinn
m) rathúil   n) ba bhean fhlaithiúil, dhearfach í   o) croí mór maith
p) níor shuigh sí i gcathaoir an bhreithiúnais ar dhuine ar bith   q) theagasc sí   r) ionracas
s) anois agus í imithe ar shlí na fírinne   t) crónaím go mór í   u) bhain sí a sprioc amach   v) dlíodóir clúiteach
w) stiúrthóir   x) comhlacht árachais

21. Translate: a) troideann sí ar son cúiseanna maithe   b) oibríonn sé go crua   c) níl eagla uirthi roimh aon rud
d) tá meas mór agam ar m'athair   e) is fear é ar éirigh go maith leis sa saol   f) tá sé iontach dóighiúil agus láidir
g) déanann sí a lán obair charthanachta   h) bíonn scoth an éadaigh uirthi i gcónaí

22. Translate: a) spreagann sí mé   b) is í an t-amhránaí is fearr ar an domhan   c) oibríonn sí go crua
d) déanann sé a lán íobairtí   e) níl eagla air roimh aon rud   f) tá sí iontach cliste g) déanann sí a lán obair charthanachta
h) tá sé iontach láidir agus aclaí   i) troideann sé ar son cúiseanna maithe   j) is é an t-amhránaí is fearr ar an domhan
k) Ba mhaith liom a bheith saibhir agus flaithiúil/fial cosúil leis   l) is laoch í ar pháirc na peile
m) crónaím go mór í   n) tá sé fíormhaith ag an ghalf

23. Translate into Irish

Tá meas mór agam ar m'athair. Oibríonn sé go crua dúinn gach lá. Chomh maith leis sin, bíonn sé i gcónaí ann dúinn nuair a
bhíonn fadhb againn. Is fear flaithiúil, cineálta, dearfach agus iontach cliste é. Éisteann sé liom i gcónaí agus déanann sé
iarracht mo thuairimí a thuiscint. Níor shuigh sé i gcathaoir an bhreithiúnais orm riamh. Níl eagla air roimh aon rud. Tá meas
aige ar mo roghanna agus ar mo thuairimí. Is annamh a bhíonn sé feargach. Gach Domhnach, déanann sé obair
charthanachta. Cuidíonn sé le daoine gan dídean. Téim leis uaireanta. Tá bua an cheoil aige/is ceoltóir den scoth é agus
éisteann sé le ceol go minic. Tá sé iontach aclaí fosta agus tá sé fíormhaith ag an ghalf. Is é m'athair mo laoch!

Unit 16. Bringing it all together – Part 1/5

Pádraig an t-ainm atá orm agus tá mé ceithre bliana déag d'aois. Tá mé i mo chónaí i gCorcaigh, in iardheisceart na hÉireann. Tá mé ard agus measartha láidir. Tá mé iontach greannmhar agus aclaí fosta ach níl mé iontach cliste. Nuair a bhí mé óg, bhí mé measartha ramhar agus iontach faiteach. Tá ceathrar i mo theaghlach, m'athair, mo mháthair, mo dheirfiúr agus mé féin. Tá m'athair measartha ard ach giota beag ramhar. Tá a chuid gruaige donn, gairid agus tá a shúile glas. Tá mo mháthair measartha ard agus tanaí. Tá a cuid gruaige fionn agus tá a súile donn. Tá sí cairdiúil agus cainteach fosta. Tá mo dheirfiúr dóighiúil ach iontach ramhar. I rith na seachtaine, éirím ar cheathrú i ndiaidh a sé gach lá, ansin ním mé féin, cuirim orm mo chuid éadaí, ithim bricfeasta agus téim ar scoil go dtí leath i ndiaidh a trí. Ansin, téim abhaile agus déanaim m'obair bhaile, léim leabhar agus ithim dinnéar ar cheathrú go dtí a hocht. Ina dhiaidh sin, téim go dtí mo sheomra leapa agus seinnim an giotár go dtí a deich. Faoi dheireadh, téim a luí ar leath i ndiaidh a deich. De ghnáth, imrím peil le mo chairde ag an deireadh seachtaine sa pháirc peile. Áfach, an Satharn seo caite, thug mé cuairt ar mo sheantuismitheoirí. D'imir muid cártaí agus d'amharc muid ar scannán le chéile. **(Pádraig, 14 bliana)**

1. Find the Irish equivalent for the following words

a. Fourteen years	i. Friendly	q. Then	y. Movie
b. Southwest	j. I dress	r. Normally	z. Weekend
c. Strong	k. Until	s. However	
d. Chubby	l. Half past	t. We played	
e. Family	m. Homework	u. We watched	
f. But	n. Quarter to	v. I play	
g. Quite tall	o. After	w. Saturday	
h. Brown eyes	p. A book	x. Together	

2. Faulty translation. Highlight the translation mistakes from the text above and correct them

My name is Pádraig and I am fourteen years old. I live in Cork in the southeast of Ireland. I am tall and quite strong. I am very boring and also lazy but not very humble. When I was young, I was quite fat and very shy. There are four people in my family: my father, my mother, my sister and me. My father is extremely tall, but a little thin. His hair is brown and short and his eyes are blue. My mother is quite tall and thin. Her hair is blond and her eyes are brown. She is shy and mean also. My sister is pretty but very fat! During the week, I get up at a quarter past six most days, then I wash myself, I put on my clothes, I eat breakfast and I go to school until three thirty. Then I go home and do my homework, I write a book and I eat lunch at a quarter to eight. After that, I go to my living room and I play guitar until ten. Finally, I go to bed at ten thirty. I usually play football with my friends at the weekend in the football field. However, next Saturday, I will visit my grandparents. We played cards and we watched a movie together.

3. Find the following items in the text	**4. Correct the statements about Pádraig**

3. Find the following items in the text

a. A verb starting with 'T': *téim*

b. A preposition starting with 'I':

c. A time word starting with 'L':

d. A connective starting with 'A':

e. An adjective starting with 'D':

f. An adjective starting with 'R':

g. A verb starting with 'C':

4. Correct the statements about Pádraig

a. Tá Pádraig ina chónaí i ndeisceart na hÉireann.

b. Tá sé iontach greannmhar, aclaí agus cliste.

c. Tá beirt deirfiúracha aige.

d. Tá a athair beag ach tanaí.

e. Tá cúigear ina theaghlach.

f. Téann sé a luí ar leath i ndiaidh a naoi.

g. Déanann sé a obair bhaile ar maidin.

5. Categories: find items in Pádraig's text and put them in the categories below

Adjectives describing appearance	Adjectives describing character	Words associated with time or describing frequency	Past tense	Present tense

6. Complete the sentences in Irish

a. Tá Pádraig ina chónaí i ____________.
b. Tá sé suite in ____________ na hÉireann.
c. I dtaca lena phearsantacht de, tá sé ____________.
d. Tá a athair measartha ____________.
e. Tá a mháthair ____________.
f. Críochnaíonn an scoil ar ____________.
g. I rith na seachtaine, éiríonn sé ____________.
h. Ag an deireadh seachtaine, imríonn sé ____________.
i. An Satharn seo caite, d'imir sé ____________.
j. Imríonn sé peil lena ____________.

7. Arrange the information below in the same order as it is provided in the Irish text

______ Seinnim an giotár
__1__ Tá mé i mo chónaí i gCorcaigh
______ Tá mo mháthair cairdiúil
______ Tá mo dheirfiúr dóighiúil
______ Tá m'athair giota beag ramhar
______ Tá mé ard agus measartha láidir
______ Éirím ar cheathrú i ndiaidh a sé
______ Téim a luí ar leath i ndiaidh a deich
______ Thug mé cuairt ar mo sheantuismitheoirí

8. Answer the following questions in English

a. Cá bhfuil Pádraig ina chónaí?

b. Déan cur síos ar a athair

c. Déan cur síos ar a dheirfiúr

d. Cad é a dhéanann sé ar maidin?

e. Cad é a dhéanann sé i ndiaidh na scoile?

f. Cén t-am a mbíonn dinnéar ann?

g. Cad é a dhéanann sé ina sheomra leapa?

h. Cad é a dhéanann sé ag an deireadh seachtaine?

i. Cé leis a n-imríonn sé peil?

j. Cad é a rinne sé an Satharn seo caite?

k. Cad é a d'imir sé lena sheantuismitheoirí?

l. Cad é eile a rinne siad le chéile?

9. Find the Irish equivalent for the following phrases

a. A bit fat

b. I read a book (*present tense*)

c. There are

d. Until half past three

e. I go to school

f. I visited my grandparents

g. We played cards

h. At 7.45

i. I go home

j. Last Saturday

k. During the week

l. When I was young

m. I do my homework

n. I go to bed

o. Quite strong

p. Eventually

q. We watched a movie

r. Usually

10. Cross out any words which are not in the Irish text

a. Brown

b. Grey

c. Fun

d. Fat

e. Friendly

f. Pretty

g. Schoolwork

h. Penguin

11. Definition game: find in the text a word or phrase for each of the definitions below

a. Aidiacht:

b. Spórt:

c. Uirlís ceoil:

d. Iníon m'athair:

e. Uimhir níos airde ná cúig:

f. Uimhir níos airde ná naoi:

g. Dath súl:

h. Do mhamó agus do dhaideo:

12. Correct the grammar and spelling mistakes:

a. Éirím mé ar cheathrú i ndiaidh a sé.

b. Tá m'athair an measartha ard.

c. Léim leabhair agus ithim dinnéir.

d. Thug mé cuairt ar sheantuismitheoirí.

e. D'éist muid ar scannán.

f. Déanaim m'obair bhoile.

g. Téim a luí ar lath i ndiaidh a deich.

13. Answer the questions in Irish using THIRD person (sé). Write full sentences

a. Cá bhfuil Pádraig ina chónaí?

b. Déan cur síos ar a mháthair

c. Cad é a dhéanann sé sula dtéann sé ar scoil?

d. Cad é a dhéanann sé ag an deireadh seachtaine de ghnáth?

e. Cá háit a ndeachaigh sé Dé Sathairn?

f. Cad é a rinne sé lena sheantuismitheoirí?

g. Cén t-am a dtéann sé a luí i rith na seachtaine?

h. I rith na seachtaine, cad é a dhéanann sé sula dtéann sé a luí?

i. Cén uair a théann sé go dtí an pháirc?

j. Cé hé/hí atá cairdiúil agus measartha ard?

ANSWERS – Unit 16. Bringing it all together – Part 1/5

1. Find the Irish equivalent: a) ceithre bliana déag b) iardheisceart c) láidir d) ramhar e) t*h*eaghlach f) ach
g) measartha ard h) súile donn i) cairdiúil j) cuirim orm mo chuid éadaí k) go dtí l) leath i ndiaidh m) *m*'obair bhaile
n) c*h*eathrú go dtí o) i ndiaidh p) leabhar q) ansin r) de ghnáth s) áfach t) d'imir muid u) d'amharc muid ar
v) imrím w) Satharn x) le chéile y) scannán z) deireadh seachtaine

2. Faulty translation: Cork in the **southwest** of Ireland ; I am very **funny and also athletic** but not very **smart** ;
my father is **quite** tall, but a little **fat** ; and his eyes are **green** ; she is **friendly** and **talkative** ; quarter past six **every day** ;
read a book ; I eat **dinner**; I go to my **bedroom** ; however, **last** Saturday **I visited** my grandparents ;

3. Find the following items: a) téim b) in/i ndiaidh c) leath d) agus/ach/áfach e) dóighiúil f) ramhar g) cuirim

4. Spot and correct the wrong statements: a) in **iardheisceart** na hÉireann b) **ach níl sé** cliste c) tá **deirfiúr amháin** aige
d) tá a athair **measartha ard** ach **giota beag ramhar** e) tá **ceathrar** ina theaghlach
f) ar leath i ndiaidh a **deich** g) déanann sé a obair bhaile **sa tráthnóna**

5. Categories:
Adjectives describing appearance: ard ; láidir ; aclaí ; ramhar ; tanaí ; dóighiúil ;
Adjectives describing character: greannmhar ; cliste ; faiteach ; cairdiúil ; cainteach ;
Words associated with time/frequency (time words): i rith na seachtaine ; gach lá ; leath ; i ndiaidh ; c*h*eathrú ; go dtí ;
ina dhiaidh sin ; ansin ; faoi dheireadh ; de ghnáth ; deireadh seachtaine ;
Past tense: thug ; d'imir ; d'amharc ;
Present tense: *Tá* ; éirím ; ním ; cuirim ; ithim ; téim ; déanaim ; léim ; seinnim ; imrím ;

6. Complete with the missing word: a) gCorcaigh b) iardheisceart c) greannmhar d) ard e) ard/tanaí/cairdiúil/cainteach
f) leath i ndiaidh a trí g) ar cheathrú i ndiaidh a sé h) peil i) cártaí j) chairde

7. Arrange the information: 2 ; 6 ; 5 ; 3 ; 4 ; 7 ; 1 ; 8 ; 9 / 7 ; 1 ; 4 ; 5 ; 3 ; 2 ; 6 ; 8 ; 9

8. Answer the following questions:
a) in Cork/in the southwest of Ireland b) quite tall, a bit fat, has black, short hair and green eyes c) pretty but very fat
d) gets up at 6.15 am, washes himself, gets dressed, eats breakfast e) does his homework, reads a book, eats dinner
f) 7.45 pm g) plays guitar h) plays football with friends in the park i) his friends j) visited his grandparents
k) cards l) watched a movie

9. Find the Irish equivalent: a) giota beag ramhar b) léim leabhar c) tá d) go dtí leath i ndiaidh a trí
e) téim ar scoil f) thug mé cuairt ar mo sheantuismitheoirí g) d'imir muid cártaí h) ar cheathrú go dtí a hocht
i) téim abhaile j) an Satharn seo caite k) i rith na seachtaine l) nuair a bhí mé óg m) déanaim m'obair bhaile
n) téim a luí o) measartha láidir p) faoi dheireadh q) d'amharc muid ar scannán r) de ghnáth

10. Cross out: a) - b) grey c) fun d) - e) - f) - g) schoolwork h) penguin

11. Definition game: a) accept any adjective b) peil c) giotár d) mo dheirfiúr e) sé/*h*ocht/deich f) deich g) donn/glas
h) mo sheantuismitheoirí

12. Correct the mistakes: a) éirím ~~mé~~ b) ~~an~~ measartha c) dinnéar d) ar **mo** sheantuismitheoirí e) **d'amharc** muid ar
f) m'obair bhaile g) ar leath i ndiaidh

13. Answer the questions:
a) Tá sé ina chónaí i gCorcaigh, in iardheisceart na hÉireann
b) Tá sí measartha ard agus tanaí. Tá sí cairdiúil agus cainteach. Tá a cuid gruaige fionn agus tá a súile donn.
c) Éiríonn sé, níonn sé é féin, cuireann sé air a chuid éadaí agus itheann sé bricfeasta
d) Imríonn sé peil sa pháirc peile lena chairde e) Thug sé cuairt ar a sheantuismitheoirí
f) D'imir sé cártaí agus d'amharc sé ar scannán g) Téann sé a luí ar leath i ndiaidh a deich h) Seinneann sé an giotár
i) Téann sé go dtí an pháirc ag an deireadh seachtaine
j) Tá a mháthair cairdiúil agus measartha ard

Maidin mhaith! Alana an t-ainm atá orm. Tá mé sé bliana déag d'aois agus tá mé i mo chónaí i Loch Garman, in oirdheisceart na hÉireann. Go fisiciúil, tá mé measartha beag agus giota beag ramhar. Tá mo chuid gruaige donn agus catach. Tá mo shúile cnódhonn. I dtaca le mo phearsantacht de, tá mé iontach deas agus greannmhar ach uaireanta, go háirithe nuair a bhíonn tuirse orm, thig liom a bheith ceanndána. Nuair a bhí mé óg, bhí mé falsa agus ní raibh mé aclaí. Bhí mé ní ba raimhre ná mar atá mé anois. Tá ceathrar i mo theaghlach, mo mháthair, mo leasathair agus mo leasdearthráir. Tá mo mháthair measartha dian ach cothrom. Tá mo leasathair ciúin agus grámhar ach uaireanta, bíonn sé róchiúin. Tá mo leasdearthráir cosúil le gach deagóir eile: cantalach, ceanndána agus bómánta! I rith na seachtaine, bíonn gnáthchúrsa an lae agam agus bím iontach eagraithe. Músclaím gach lá ar a sé a chlog ach ní éirím go dtí fiche i ndiaidh a sé. Bíonn cith agam, cuirim orm mo chuid éadaí agus ithim bricfeasta os comhair na teilifíse le mo mháthair. Téim ar scoil ar rothar mar cónaím cóngárach don scoil agus is maith liom aclaíocht a dhéanamh ar maidin. I ndiaidh na scoile, tagaim abhaile measartha mall, thart faoi leath i ndiaidh a cúig. De ghnáth, nuair a thagaim abhaile, labhraím le mo chairde ar Instagram agus ithim dinnéar thart faoi cheathrú go dtí a hocht. Faoi dheireadh, téim go dtí mo sheomra agus ligim mo scíth ag éisteacht le ceol sula dtéim a luí. De ghnáth, caithim an deireadh seachtaine le mo theaghlach. **(Alana, 14 bliana)**

---

1. Find the Irish equivalent for the following words

a. Sixteen years	g. I can be	m. Strict	s. I live close to
b. In	h. Stubborn	n. Affectionate	t. I come home
c. Curly	i. Young	o. Too quiet	u. I relax
d. Hazel	j. Lazy	p. Teenager	v. Listening
e. Chubby	k. Now	q. Grumpy	w. Usually
f. Tired	l. Stepfather	r. Around	

---

2. Faulty translation. Highlight the translation mistakes and correct them

Good morning! My name is Alana. I am fifteen years old and I live in Wexford, in the southeast of Ireland. Physically, I am very short and a bit chubby. My hair is curly and brown. My eyes are green. With regard to my personality, I am very nice and funny but sometimes, especially when I am excited, I can be a bit stubborn. When I was young, I was lazy and I wasn't athletic. I was much bigger than I am now. There are four in my family; my mother, my stepfather and my stepbrother. My mother is quite strict, but fair. My stepfather is quiet and affectionate, but sometimes he is too quiet. My stepbrother is like all other teenagers: grumpy, stubborn, and stupid! During the week, I have a daily routine and I am very disorganised. I wake up every day at six o'clock, but I don't get up until twenty past six. I shower, dress, and prepare breakfast in front of the TV with my mother. I go to school by bicycle because I live very close to the school and I like to exercise in the morning. After school, I return home quite late, around 5:30. Usually, when I arrive home, I talk to my friends on Instagram and eat dinner at around quarter past eight. Finally, I go up to my room and relax listening to music before going to bed. I usually spend the weekend with my friends.

<table>
<tr><td valign="top" width="50%">

3. Find the following items in the text

a. A verb starting with 'É':

b. A number starting with 'F':

c. A time word starting with 'C':

d. A verb starting with 'M':

e. A family member starting with 'M':

f. An adjective starting with 'G':

g. A verb starting with 'C':

</td><td valign="top" width="50%">

4. Spot and correct the wrong statements

a. Tá Alana ina cónaí i dTuaisceart na hÉireann.

b. Tá sí measartha ard.

c. Tá leasathair, máthair agus leasdeirfiúr aici.

d. Tá a leasdeartháir iontach cliste.

e. Éiríonn sí ar a sé a chlog.

f. Téann sí ar scoil ar an bhus.

g. Itheann sí lón thart faoi cheathrú go dtí a hocht.

</td></tr>
</table>

5. Categories: find items in Alana's text and put them in the categories below

Adjectives describing appearance	Adjectives describing character	Adverbs of frequency (time words)	Present tense verbs	Connectives (e.g. but, and, the, also, however)

<table>
<tr><td valign="top" width="50%">

6. Complete in Irish based on the text

a. Tá Alana ina cónaí i _________________ .

b. Tá sé suite in _____________ na hÉireann.

c. Go fisiciúil, tá sí _________________ .

d. Tá a leasathair _________________ .

e. Tá a máthair _________________ .

f. Bíonn gnáthchúrsa an lae aici _____________ .

g. Músclaíonn sí ar _________________ .

h. Caitheann sí an deireadh seachtaine lena _________ .

i. Labhraíonn sí lena _____________ ar Instagram.

j. Téann sí ar scoil ar _________________ .

</td><td valign="top" width="50%">

7. Arrange the information below in the same order as it is provided in the Irish text

_____ Téim ar scoil ar rothar.

__1__ Tá mé i mo chónaí i Loch Garman.

_____ Tagaim abhaile measartha mall.

_____ Músclaím ar a sé a chlog.

_____ Tá mo leasathair ciúin agus grámhar.

_____ Labhraím le mo chairde ar Instagram.

_____ Bhí mé falsa.

_____ Thig liom a bheith giota beag ceanndána.

_____ Tá mo leasdeartháir bómánta.

</td></tr>
</table>

8. Answer the following questions in English

<table>
<tr><td valign="top" width="50%">

a. Cá bhfuil Loch Garman?

b. Déan cur síos ar a leasathair

c. Déan cur síos ar a leasdeartháir

d. Cad é a gnáthchúrsa an lae?

e. Cad é mar a théann sí ar scoil?

</td><td valign="top" width="50%">

f. Cad é a dhéanann sí nuair a thagann sí abhaile ón scoil?

g. Cén t-am a n-itheann sí dinnéar?

h. Cad é a dhéanann sí ina seomra leapa?

i. Cé leis a gcaitheann sí an deireadh seachtaine?

j. Cén t-am a n-éiríonn sí i rith na seachtaine?

</td></tr>
</table>

a. Hazel

b. Physically, I am

c. Especially when

d. I can be

e. When I was young

f. I was fatter

g. Than I am now

h. Very organised

i. At six o'clock

j. I don't get up

k. In front of the TV

l. With my mother

m. I go to my room

n. I relax while listening to music

o. Before I go to sleep

p. I spend the weekend

q. With my family

r. I come home quite late

10. Cross out any word listed below which is not in the Irish text

a. Blond

b. Chubby

c. Angry

d. Affectionate

e. Stubborn

f. Friends

g. Weak

h. Usually

i. Football

11. Definition game: find in the text a word or phrase for each of the definitions below

a. Aidiacht:

b. Ball teaghlaigh:

c. Meáin shóisialta:

d. Dath súl:

e. Béile:

f. Mothúchán:

g. Uimhir níos airde ná cúig:

h. Fear céile nua mo mháthair:

i. An béile roimh lón:

12. Correct the grammar and spelling mistakes:

a. Bím sé bliana déag d'aois.

b. Tá mé measartha beag agus giota bug ramhar.

c. Tá mo mháthair measartha dian.

d. Tá ceathair i mo theaghlach.

e. Os comhair an teilifíse.

f. Téim ar scoil ar na rothar.

g. Ligim mo scíth ag éist le ceol.

13. Answer the questions in Irish using THIRD person (sí). Write full sentences

a. Cá háit, go díreach, a bhfuil Alana ina cónaí?

b. Déan cur síos ar a leasathair

c. Cad é a dhéanann sí sula dtéann sí ar scoil?

d. Cad é a dhéanann sí ag an deireadh seachtaine, de ghnáth?

e. Déan cur síos ar a leasdeartháir

f. Cén t-am a n-éiríonn sí i rith na seachtaine?

g. Cad é a dhéanann sí roimh an dinnéar, de ghnáth?

h. Cad é a dhéanann sí sula dtéann sí a luí?

i. Cad é mar a théann sí ar scoil?

ANSWERS – Unit 16. Bringing it all together – Part 2/5

1. Find the Irish equivalent: a) sé bliana déag b) i c) catach d) cnódhonn e) ramhar f) tuirse g) thig liom a bheith
h) ceanndána i) óg j) falsa k) anois l) leasathair m) dian n) grámhar o) róchiúin p) déagóir q) cantalach
r) thart faoi s) cónaím cóngarach do t) tagaim abhaile u) ligim mo scíth v) ag éisteacht w) de ghnáth

2. Faulty translation: I am **sixteen** years old ; I am **quite** short ; I have **hazel/light brown** eyes ;
when I am **tired**, I can be **a bit** stubborn ; I was much **fatter** than I am now ; and I am very **organized** ; and **eat** breakfast ;
because I live ~~very~~ close ; **eat** dinner at around quarter **to** eight ; weekend with my **family** ;

3. Find the following items: a) éirím b) fiche c) c*h*eathrú d) músclaím e) m*h*áthair f) greannmhar/grámhar h) caithim

4. Spot and correct the wrong statements: a) tá Alana ina cónaí in **oirdheisceart** na hÉireann   b) tá sí measartha **beag**
c) **leasdeartháir** d) **níl** a leasdeartháir iontach cliste   e) éiríonn sí ar **fiche i ndiaidh** a sé f) téann sí ar scoil **ar rothar**
g) itheann sí **dinnéar** thart faoi cheathrú go dtí a hocht

5. Categories:
Adjectives describing appearance: beag ; ramhar ; donn ; catach ; cnódhonn ;
Adjectives describing character: deas ; greannmhar ; ceanndána ; dian ; cothrom ; ciúin ; grámhar ; cantalach ; ceanndána ;
bómánta ;
Adverbs of frequency (time words): gach lá ; i rith na seachtaine ; i ndiaidh na scoile ; anois ; uiareanta ; de ghnáth ; faoi
dheireadh ; thart faoi; mall ; a chlog ; ceathrú ; go dtí ; i ndiaidh
Present tense verbs: tá ; bíonn ; músclaím ; éirím ; cuirim ; ithim ; téim ; tagaim ; labhraím ; ligim ; caithim ;
Connectives: agus ; ná ; ach ;

6. Complete with the missing word: a) Loch Garman b) oirdheisceart c) measartha beag agus giota beag ramhar
d) ciúin agus grámhar e) measartha dian ach cothrom   f) i rith na seachtaine g) a sé a chlog h) teaghlach i) cairde
j) rothar

7. Arrange the information: 2 ; 8 ; 7 ; 5 ; 9 ; 4 ; 1 ; 3 ; 6 / 7 ;1 ; 8 ;6 ; 4 ; 9 ; 3 ; 2 ; 5

8. Answer the following questions:
a) in the southeast of Ireland   b) quiet, affectionate but can be too quiet sometimes c) grumpy, stubborn, stupid
d) wakes up at 6, gets up at 6.20, gets showered, gets dressed, eats breakfast in front of TV with her mum
e) by bicycle because she lives close   f) she talks to her friends on Instagram   g) around 7.45
h) she relaxes listening to music   i) with her family j) 6:20

9. Find the Irish equivalent: a) cnódhonn b) go fisiciúil, tá mé c) go háirithe nuair d) thig liom a bheith
e) nuair a bhí mé óg f) bhí mé ní ba raimhre g) ná mar atá mé anois h) iontach eagraithe   i) ar a sé a chlog
j) ní éirím k) os comhair na teilifíse l) le mo mháthair m) téim go dtí mo sheomra n) ligim mo scíth ag éisteacht le ceol
o) sula dtéim a luí p) caithim an deireadh seachtaine q) le mo theaghlach r) tagaim abhaile measartha mall

10. Cross out: a) blond b) - c) angry d) - e) - f) - g) weak h) - i) football

11. Definition game: a) any adjective b) m*h*áthair/leasathair/leasdeartháir c) Instagram d) cnódhonn e) bricfeasta/dinnéar
f) tuirse g) sé/*h*ocht/ h) mo leasathair i) bricfeasta

12. Correct the mistakes: a) **tá mé** sé bliana déag d'aois b) giota b**ea**g ramhar c) tá mo m**h**áthair
d) tá ceath**rar** i mo e) os comhair **na** teilifíse f) ar ~~na~~ rothar g) ag éis**teacht** le ceol

13. Answer the questions:
a) Tá sí ina cónaí i Loch Garman in oirdheisceart na hÉireann   b) Tá sé (a leasathair) ciúin agus grámhar
c) músclaíonn sí, éiríonn sí, bíonn cith aici, cuireann sí uirthi a cuid éadaí agus itheann sí bricfeasta os comhair na teilifíse
lena máthair
d) De ghnáth, caitheann sí an deireadh seachtaine lena teaghlach
e) Tá sé (a leasdeartháir) cantalach, ceanndána agus bómánta
f) I rith na seachtaine, éiríonn sí ar fiche i ndiaidh a sé   g) Labhraíonn sí lena cairde ar Instagram
h) Ligeann sí a scíth ag éisteacht le ceol
i) Téann sí ar scoil ar rothar

Dia duit, is mise Pól. Tá triúr i mo theaghlach agus de ghnáth, réitímid go maith lena chéile. Is páiste aonair mé. Réitím go maith le m'athair mar tá sé iontach deas agus greannmhar. Déanaimid a lán rudaí le chéile, mar shampla, imrímid cispheil le chéile gach Satharn. Ní réitím go maith le mo mháthair an chuid is mó den am mar tá sí iontach dian mar dhuine agus tugann sí íde béil dom go minic, go háirithe nuair nach ndéanaim m'obair bhaile agus nuair nach gcuidím le hobair tí. Uaireanta, ní thugann sí cead dom dul amach le mo chairde. Nuair a bhí mé óg, bhí mo mháthair ní ba réchúisí agus ní ba dheasa, ach anois, bíonn sí iontach buartha faoi m'obair scoile. Réitím go maith le mo chairde, ach uaireanta, thig le mo chara Pilib a bheith leadránach. Bíonn sé mífhoighneach go minic agus caithfidh sé a bheith ceart i gcónaí. Ar an lámh eile, tá mo chara Mícheál iontach deas, cairdiúil, cuidiúil, greannmhar agus cineálta, mar sin de, réitímid go han-mhaith lena chéile. Ar bharr sin, tá sé fíormhaith ag seinm an ghiotáir agus ag canadh. I dtaca le saol na scoile de, ní scoláire maith mé agus ní réitím go maith le mo mhúinteoirí, go háirithe, le mo mhúinteoir mata. Tá sé sotalach, meirgeach, tugtha don argóint agus ní chuidíonn sé liom riamh. Ach sin ráite, is breá liom mo mhúinteoir corpoideachais mar tugann sé tacaíocht dom i gcónaí agus déanann sé iarracht mé a thuiscint. **(Pól, 16 bliana)**

1. Find the Irish equivalent for the following

a. There are three in my family

b. We get along well

c. We do a lot of things together

d. She is very strict

e. She tells me off

f. My friend Pilib can be boring

g. He always wants to be right

h. My friend Mícheál is very nice, friendly and helpful

i. He is very good at playing guitar and singing

j. I am not a good student

k. He is arrogant, bad-tempered and argumentative

l. He never helps me

m. I love my PE teacher

n. He always supports me

2. Faulty translation. Highlight the translation mistakes and correct them

Hi, my name is Pól. There are four in my family and we usually get along well together. I am an only child. I get along very badly with my father because he is very nice and boring. We do a lot of things together, for example, we play basketball together every Saturday. I don't get along well with my mother most of the time because she is quite a strict character and tells me jokes often, especially when I do not do my homework or if I do not help with housework. Sometimes, she doesn't let me play with my friends. When I was little, my mother was more easy-going and much nicer; but now, she is very relaxed about my schoolwork. I get along well with my friends, but sometimes my friend Pilib can be boring. He is often patient and he always has to be right. On the other hand, my cousin Mícheál is very nice, friendly, helpful, funny and kind, therefore, we get along very well together. On top of that, he is not very good at playing the guitar and singing. With regards to school life, I am a good student and I don't get along well with my teachers, apart from my maths teacher. He is arrogant, bad-tempered, argumentative and he always helps me. But that said, I love my PE teacher because he never supports me and he tries to understand me.

3. Find the following items in the text

a. A verb starting with 'R':

b. An adjective starting with 'L':

c. A verb starting with 'T':

d. A 3 word phrase starting with 'A':

e. A member of school starting with 'M':

f. An adjective starting with 'D':

g. A school subject starting with 'C':

4. Spot and correct the wrong statements

a. Tá ceathrar i mo theaghlach.

b. Ní páiste aonair mé.

c. Ní réitím go maith le m'athair.

d. Tá mo chara Mícheál iontach dalba.

e. Réitím go maith le mo mhúinteoir Mata.

f. Cuidíonn mo mhúinteoir Mata liom.

g. Is fuath liom mo mhúinteoir corpoideachais.

5. Categories: find items in Pól's text and put them in the categories below

Adjectives describing character	Present tense verbs	Hobbies	Connectives (e.g. but, and, the, also, however)

6. Complete in Irish

a. Tá ______________ i mo theaghlach.
b. Níl deirfiúr nó deartháir agam, is ______ ______ mé.
c. Déanaimid a lán rudaí __ ___________.
d. Tá mo mháthair iontach ____________ mar dhuine.
e. Tugann sí ______ _________ dom go minic.
f. Bíonn sí iontach buartha faoi _________ ________.
g. Tá sé fíormhaith ag ________________ an ghiotáir.
h. Ní ___________ go maith le mo mhúinteoirí.
i. Ní _______________ maith mé.
j. Tugann sé _______________ dom i gcónaí.

7. Arrange the information below in the same order as it is provided in the Irish text

___ Tugann sí íde béil dom go minic.
_1_ Is páiste aonair mé.
___ Bíonn sé mífhoighneach.
___ Déanaimid a lán rudaí le chéile.
___ Ní scoláire maith mé.
___ Nuair nach ndéanaim m'obair bhaile
___ Tá sé fíormhaith ag seinm an ghiotáir.
___ Bhí mo mháthair ní ba réchuisí
___ Tugann sé tacaíocht dom i gcónaí.

8. Answer the following questions in English

a. Cá mhéad atá ina theaghlach?

b. Déan cur síos ar a athair

c. Déan cur síos ar a mháthair

d. Déan cur síos ar Mhícheál

e. Cad é mar a réitíonn sé lena chairde?

f. Déan cur síos ar Philib

g. Cad chuige nach réitíonn sé go maith lena mháthair?

h. Cad chuige nach réitíonn sé lena mhúinteoirí?

i. Déan cur síos ar a mhúinteoir mata?

j. Cad chuige a réitíonn sé lena mhúinteoir corpoideachais?

<table>
<tr><td>

9. Find the Irish equivalent for the following phrases

a. Usually

b. I am an only child

c. I get along well with

d. We play basketball together

e. Most of the time

f. Especially when

g. My homework

h. She doesn't let me go out

i. When I was young

j. Sometimes

k. Now she is very worried

l. I don't get along well with

m. He is often impatient

n. He always has to be right

o. On the other hand

p. I am not a good student

q. But that said

r. He always supports me

</td><td>

10. Cross out any word listed below which is not in the Irish text

a. Funny

b. Easy

c. Worried

d. Complicated

e. Dancing

f. Teacher

g. Arrogant

h. Stubborn

</td></tr>
</table>

11. Definition game: find in the text a word or phrase for each of the definitions below

a. Aidiacht do dhuine gan foighne:

b. Spórt:

c. 'Nuair atá mé óg' san aimsir chaite:

d. Mothúchán:

e. Focal ar chomhchiall le 'dalta':

f. 'D'imir muid' san aimsir láithreach:

g. Aidiacht do dhuine a chuireann ag gáire tú:

h. Focal ar chomhchiall le 'in amanna':

i. Lá:

12. Correct the grammar and spelling mistakes:

a. De ghnáth, réitímid go maoth lena chéile

b. Déanaimid alán rudaí le chéile

c. Nuair a bhí mé óige

d. Thig le mo cara Pilib a bheith leadránach

e. Caithfidh sé a bheith cart i gcónaí

f. Ní maith scoláire mé

g. I dtaca le saol an scoil de

13. Answer the questions in Irish using THIRD person (sé). Write full sentences

a. Cad é mar a réitíonn sé lena theaghlach?

b. Cad é mar a chuireann sé síos ar a athair?

c. Cad é mar a bhí a mháthair nuair a bhí sé óg?

d. Cé acu is fearr leis, Pilib nó Mícheál?

e. An scoláire maith é?

f. Cad é a shíleann sé faoina mhúinteoir mata?

g. Cad é a shíleann sé faoina mhúinteoir corpoideachais?

h. Cén sórt duine é a chara Mícheál?

i. Cad chuige a dtugann a mháthair íde béil dó?

ANSWERS – Unit 16. Bringing it all together – Part 3/5

1. Find the Irish equivalent: a) tá triúr i mo theaghlach b) réitímid go maith   c) déanaimid a lán rudaí le chéile
d) tá sí iontach dian e) tugann sí íde béil dom   f) thig le mo chara Pilib a bheith leadránach
g) caithfidh sé a bheith ceart i gcónaí   h) tá mo chara Mícheál iontach deas, cairdiúil, cuidiúil
i) tá sé fíormhaith ag seinm an ghiotáir agus ag canadh   j) ní scoláire maith mé
k) tá sé sotalach, meirgeach, tugtha don argóint l) ní chuidíonn sé liom riamh
m) is breá liom mo mhúinteoir corpoideachais n) tugann sé tacaíocht dom i gcónaí

2. Faulty translation: I am Pól ; there are **three** in my family ; I get along very **well** with my father ;   very nice and **funny**;
and tells me **off** often ; she doesn't let me **go out** with my friends ; she is very **worried** about my schoolwork ;
he is often **impatient** ; he is **very good** at playing the guitar ; I am **not** a good student; **especially** my maths teacher ;
he **never** helps me ;   he **always** supports me

3. Find the following items: a) réitím b) leadránach c) tugann d) ach sin ráite/ar bharr sin e) múinteoir f) dian/deas
g) corpoideacha*is*

4. Spot and correct the wrong statements: a) tá **triúr** i mo theaghlach b) **is** páiste aonair mé c) **R**éitím go maith le m'athair
d) tá mo chara Mícheál iontach deas e) **ní réitím**   f) **ní ch**uidíonn mo mhúinteoir mata liom riamh
g) is **breá** liom mo mhúinteoir corpoideachais

5. Categories:
Adjectives describing character: deas (ní ba dheasa) ; greannmhar; dian ; ní ba réchuisí ; leadránach ; mífhoighneach ;
cairdiúil ; cuidiúil ; cineálta ; sotalach ; meirgeach ; tugtha don argóint ;
Present tense verbs: tá ; réitímid ; déanaim*id* ; imrím*id* ; tugann ; *g*cuidím ; bíonn ;
Hobbies: cispheil ; ag seinm an ghiotáir; ag canadh
Connectives: agus ; mar ; ach ; ar an lámh eile ; ar bharr sin ;

6. Complete with the missing word: a) triúr b) páiste aonair c) le chéile d) dian e) íde béil f) m'obair scoile g) seinm
h) réitím i) scoláire j) tacaíocht

7. Arrange the information: 2 ; 4 ; 1 ; 6 ; 8 ; 3 ; 7 ; 5 ; 9 / 3 ; 1 ; 6 ; 2 ; 8 ; 4 ; 7 ; 5 ; 9 ;

8. Answer the following questions: a) three people b) very nice and funny   c) very strict
d) nice, friendly, helpful, funny and kind e) well f) he can be boring, impatient and he always has to be right
g) she is strict and always tells him off h) because he is not a good student i) arrogant, bad-tempered and argumentative
j) he always supports him and tries to understand him

9. Find the Irish equivalent: a) de ghnáth b) is páiste aonair mé   c) réitím go maith le   d) imrímid cipsheil le chéile
e) an chuid is mó den am f) go háirithe nuair g) m'obair bhaile h) ní thugann sí cead dom dul amach
i) nuair a bhí mé óg   j) uaireanta k) anois, bíonn sí iontach buartha l) ní réitím go maith le
m) bíonn sé mífhoighneach go minic   n) caithfidh sé a bheith ceart i gcónaí o) ar an lámh eile   p) ní scoláire maith mé
q) ach sin ráite   r) tugann sé tacaíocht dom i gcónaí

10. Cross out: a) - b) easy c) - d) complicated e) dancing f) - g) - h) stubborn

11. Definition game: a) mífhoighneach b) cispheil c) nuair a bhí mé óg d) buartha e) scoláire f) imrímid
g) greannmhar h) uaireanta i) Satharn

12. Correct the mistakes: a) go maith lena chéile b) Déanaimid **a lán** rudaí c) Nuair a bhí mé **óg**
d) thig le mo **chara** Pilib e) caithfidh sé a bheith **ceart** i gcónaí f) ní **scoláire maith** mé g) i dtaca le saol **na scoile** de

13. Answer the questions:
a) de ghnáth, réitíonn sé go maith lena theaghlach b) Tá a athair (sé) iontach deas agus greannmhar
c) Bhí a mháthair (sí) ní ba réchúisí agus ní ba dheasa d) Is fearr leis Mícheál   e) Ní scoláire maith é
f) Ní maith leis a mhúinteoir mata   g) Is breá leis a mhúinteoir corpoideachais
h) Tá Mícheál deas, cairdiúil, cuidiúil, greannmhar agus cineálta
i) Ní dhéanann sé a obair bhaile agus ní chuidíonn sé le hobair tí

Unit 16. Bringing it all together – Part 4/5

Dia duit, is mise Clara. I mo bharúil, is cara maith í má bhíonn sí i gcónaí ann duit agus má bhíonn meas aici ar do thuairimí. Is iad dílseacht agus flaithiúlacht na tréithe is fearr atá ag cara i mo thuairim. Éisteann cara maith leat nuair a bhíonn fadhb agat agus bíonn suim agaibh sna rudaí céanna. Ar bharr sin, bíonn a lán spraoi agaibh le chéile. I dtaca le mo chéile foirfe de, bheadh sé ard, dóighiúil, grámhar, rómánsúil agus iontach aibí. Bheadh na suimeanna céanna againn agus dhéanfadh sé iarracht mé a chur ag gáire an t-am ar fad. Thabharfadh sé tacaíocht dom i gcónaí agus ní bheadh muid ag argóint go minic. Bheadh a lán spraoi againn le chéile. Chaithfeadh sé go deas liom agus d'ardódh sé mo chroí nuair a bheinn brónach. I mo bharúil, scaireann lánúin nó faigheann lánúin colscaradh mar teipeann ar a ngrá agus bíonn siad ag argóint go minic faoi gach rud. Uaireanta, ní mheallann siad a chéile a thuilleadh. Ar bharr sin, ní bhíonn na spriocanna céanna acu a thuilleadh. Tá cara agam darb ainm Caitríona, scair sí óna stócach mar gheall ar an bhearna aoise agus mar bhí sé ceanndána agus feargach faoi gach rud. I mo thuairim, is fadhb choitianta í go bpósann daoine nuair atá siad ró-óg, gan aithne mhaith ar a chéile agus do na fáthanna míchearta. Is é sin an fáth nach maireann sé. **(Clara, 17 mbliana)**

1. Find the Irish equivalent for the following

a. She is a good friend if

b. She respects your opinions

c. She is always there for you

d. The best qualities

e. When you have a problem

f. A lot of fun

g. He would try to make me laugh

h. He would always support me

i. He would treat me well

j. They stop loving each other

k. Because of the age difference

l. Angry about everything

m. People marry when they are too young

n. For the wrong reasons

2. Faulty translation. Highlight the translation mistakes and correct them

Hi, I'm Clara. In my opinion, she is a good friend if she is never there for you and she respects your opinions. Loyalty and cruelty are the best qualities a friend can have, in my opinion. A good friend listens to you when you have a headache and you are interested in the same things. On top of that, you have a lot of fun together. With regards to my ideal partner, he would be tall, handsome, smelly, romantic and very mature. We would have the same interests and he would always try to make me cry. He would always support me and we wouldn't argue often. We would have a lot of fun together. He would treat me badly and he would cheer me up when I was sad. In my opinion, couples separate or couples get a divorce because they stop loving each other and they argue about everything. Sometimes, they are no longer attracted to each other. On top of that, they no longer have the same cars. I have a friend called Caitríona, she separated from her boyfriend because of the age difference and because he was stubborn and happy about everything. In my opinion, a common problem is that people marry when they are too young, without knowing each other well enough and for the wrong reasons. That's why it doesn't last.

3. Find the following items in the text

a. A verb starting with 'S':

b. A noun starting with 'C':

c. An adjective starting with 'A':

d. A verb starting with 'É':

e. An adjective starting with 'R':

f. An adjective starting with 'C':

g. A verb starting with 'F':

4. Spot and correct the wrong statements

a. Is iad mídhílseacht agus flaithiúlacht na tréithe is fearr

b. Is droch-chara í má bhíonn sí i gcónaí ann duit

c. D'ardódh sé mo chroí nuair a bheinn sásta

d. Bíonn na sciortaí céanna agaibh

e. Faigheann lánúin colscaradh mar éiríonn lena ngrá

f. Pósann daoine nuair atá siad róshean

g. Pósann daoine do na fáthanna cearta

5. Categories: find the items in Clara's text and put them in the categories below

Adjectives describing appearance	Adjectives describing character	Present Tense verbs	Past Tense verbs	Connectives (e.g. but, and, also, however)

6. Complete with the missing Irish words

a. Is í dílseacht an tréith is __________ atá ag cara.
b. Bíonn __________ aici ar do thuairimí.
c. Bíonn sé i gcónaí __________ duit.
d. Bheadh mo chéile _________ ard agus cliste.
e. Bheadh a lán __________ againn le chéile.
f. Pósann daoine __________ atá siad ró-óg.
g. Bíonn siad ag argóint go __________.
h. Ní ____________ siad a chéile a thuilleadh.
i. Tá cara agam, __________ sí lena stócach.
j. Pósann siad do na fáthanna _______________.

7. Arrange the information below in the same order as it is provided in the Irish text

___ Thabharfadh sé tacaíocht dom i gcónaí.
_1_ Bíonn meas aici ar do thuairimí.
___ Éisteann cara maith leat.
___ Is é sin an fáth nach maireann sé.
___ D'ardódh sé mo chroí nuair a bheinn brónach.
___ Bheadh mo chéile foirfe ard.
___ Is fadhb choitianta í.
___ Ní bhíonn na spriocanna céanna acu.
___ Ní bheadh muid ag argóint go minic.

8. Answer the following questions in English

a. Cad é a shíleann cara maith faoina tuairimí?

b. Cad iad na tréithe is fearr atá ag cara?

c. Cad chuige a scaireann lánúin?

d. Déan cur síos ar a céile foirfe

e. An dtabharfadh a céile foirfe tacaíocht di?

f. Cad é a dhéanann cara maith nuair a bhíonn fadhb agat?

g. Cad é a ndéanfadh a céile foirfe an t-am ar fad?

h. Cad chuige ar scair Caitríona lena stócach?

i. Ina barúil, an bpósann daoine nuair atá siad ró-óg?

j. Cad é mar a gcaithfeadh a céile foirfe léi?

9. Find the Irish equivalent for the following phrases

a. In my opinion

b. She is a good friend

c. She is always there for you

d. She has respect

e. The best qualities

f. A good friend listens to you

g. When you have a problem

h. On top of that

i. You are interested in the same things

j. We would have the same interests

k. We wouldn't argue

l. We would have a lot of fun together

m. He would treat me well

n. They stop loving each other

o. The same goals

p. I have a friend called...

q. Because of the age gap

r. That's the reason

10. Cross out any word listed below which is not in the Irish text

a. Always

b. Opinion

c. Immature

d. Happy

e. Argue

f. Old

g. Boyfriend

h. Reasons

11. Definition game: find in the text a word or phrase for each of the definitions below

a. Focal ar chomhchiall le 'grá geal' :

b. 'Scair lánúin' san aimsir láithreach:

c. Frása eile ar 'i mo bharúil':

d. Aidiacht do dhuine nach bhfuil beag:

e. Frása ar chomhchiall le 'i dtólamh':

f. 'D'éist cara' san aimsir láithreach:

g. Focal eile ar 'craic':

h. Ball coirp:

i. Focal ar chomhchiall le 'deacracht':

12. Correct the grammar and spelling mistakes:

a. Is maith cara í

b. Éist cara maith leat nuair a bhíonn fadhb agat

c. Bíonn meas léi ar do thuairimí

d. Ní bheadh muid ag arguiont go minic

e. Scair sí óna shtócach

f. Teipeann le a ngrá

g. Tá fadhb choitianta í

13. Answer the questions in Irish. Write full sentences

a. Cad é a dhéanann cara maith nuair a bhíonn fadhb agat?

b. Cad iad na tréithe is fearr atá ag cara?

c. Cad é mar a chuireann Clara síos ar a céile foirfe?

d. Cad é a dhéanfadh a céile foirfe i gcónaí?

e. Cad chuige a scaireann lánúin?

f. Cad é a rinne a cara Caitríona?

g. Cad chuige ar scair a cara óna stócach?

h. Cad iad na fadhbanna coitianta a bhíonn ag daoine pósta?

ANSWERS – Unit 16. Bringing it all together – Part 4/5

1. Find the Irish equivalent: a) is cara maith í má   b) bíonn meas aici ar do thuairimí   c) bíonn sí i gcónaí ann duit
d) na tréithe is fearr e) nuair a bhíonn fadhb agat   f) a lán spraoi g) dhéanfadh sé iarracht mé a chur ag gáire
h) thabharfadh sé tacaíocht dom i gcónaí i) chaithfeadh sé go deas liom   j) teipeann ar a ngrá
k) mar gheall ar an bhearna aoise   l) feargach faoi gach rud   m) *b*pósann daoine nuair atá siad ró-óg
n) do na fáthanna míchearta

2. Faulty translation: she is **always** there for you ; loyalty and **generosity** ; when you have a **problem** ;
tall, handsome, **affectionate,** romantic and very mature ; handsome, **affectionate**, romantic ; would try to make me **laugh**;
he would treat me **well** ; they no longer have the same **goals** ; he was stubborn and **angry** about everything ;

3. Find the following items: a) scaireann/scair   b) cara   c) ard   d) éisteann   e) rómánsúil   f) ceanndána   g) faigheann

4. Spot and correct the wrong statements: a) is iad **dílseacht**   b) is **cara maith** í   c) nuair a bheinn **brónach**
d) bíonn na **suimeanna** céanna agaibh e) mar **teipeann ar a** ngrá   f) nuair atá siad **ró-óg**   g) do na fáthanna **míchearta**

5. Categories:
Adjectives describing appearance: ard ; dóighiúil
Adjectives describing character: grámhar ; rómánsúil ; aibí ; ceanndána ; feargach ;
Present tense verbs: b*h*íonn ; éisteann ; scaireann ; faigheann ; teipeann ; m*h*eallann ; *b*pósann ; maireann
Past tense verbs: scair ; bhí
Connectives: agus ; ar bharr sin ; nuair ; nó ; mar ; uaireanta ; mar gheall ar ;

6. Complete with the missing word: a) fearr   b) meas c) ann   d) foirfe e) spraoi   f) nuair
g) minic h) mheallann i) scair j) míchearta

7. Arrange the information: 2 ; 3 ; 6 ; 1 ; 9 ; 5 ; 8 ; 7 ; 4 / 4 ; 1 ; 2 ; 9 ; 6 ; 3 ; 8 ; 7 ; 5

8. Answer the following questions: a) they respect them   b) loyalty and generosity
c) they stop loving each other and they argue about everything. They are no longer attracted to each other.
d) tall, handsome, affectionate, romantic and very mature   e) he would always support her   f) listens to you
g) would try to make her laugh h) because of the age difference and because he was stubborn and got angry about everything
i) yes, many people do   j) he would treat her well

9. Find the Irish equivalent: a) i mo bharúil/i mo thuairim   b) is cara maith í   c) bíonn sí i gcónaí ann duit
d) bíonn meas aici e) na tréithe is fearr f) éisteann cara maith leat g) nuair a bhíonn fadhb agat   h) ar bharr sin
i) bíonn suim agaibh sna rudaí céanna   j) bheadh na suimeanna céanna againn k) ní bheadh muid ag argóint
l) bheadh a lán spraoi againn le chéile m) chaithfeadh sé go deas liom   n) teipeann ar a ngrá   o) na spriocanna céanna
p) tá cara agam darbh ainm...   q) mar gheall ar an bhearna aoise   r) is é sin an fáth

10. Cross out: a) -   b) -   c) immature d) happy e) - f) old g) - h) -

11. Definition game: a) stócach   b) scaireann lánúin   c) i mo thuairim   d) ard   e) i gcónaí
f) éisteann cara   g) spraoi h) c*h*roí i) fadhb

12. Correct the mistakes: a) is **cara maith** í b) **éisteann** cara maith leat nuair a bhíonn fadhb agat
c) bíonn meas **aici** ar do thuairimí d) ní bheadh muid ag **argóint** go minic e) scair sí óna **stócach**   f) teipeann **ar** a ngrá
g) **is** fadhb choitianta í

13. Answer the questions: a) éisteann cara maith leat   b) dílseacht agus flaithiúlacht
c) ard, dóighiúil, grámhar, rómánsúil agus iontach aibí   d) dhéanfadh sé iarracht í a chur ag gáire
e) mar teipeann ar a ngrá agus bíonn siad ag argóint faoi gach rud. Ní mheallann siad a chéile a thuilleadh.
f) scair sí óna stócach g) mar gheall ar an bhearna aoise agus mar bhí sé ceanndána agus feargach faoi gach rud
h) pósann siad nuair atá siad ró-óg, gan aithne mhaith ar a chéile agus do na fáthanna míchearta

Unit 16. Bringing it all together – Part 5/5

Dia duit, Aaron an t-ainm atá orm. Lá éigin, ba mhaith liom a bheith cosúil le m'aisteoir is fearr, Morgan Freeman. I mo bharúil, is é an t-aisteoir is fearr ar domhan. Tá sé iontach cliste agus gleoite, agus tá guth ar leith aige. Ar bharr sin, troideann sé ar son na timpeallachta agus ar son domhain síochánta. I dtaca le mo chéile foirfe de, bheadh dúil aici in ainmhithe, bheadh féith an ghrinn aici agus bheadh sí ina amhránaí cáiliúil. Bheadh suim aici sa pholaitíocht agus throidfeadh sí ar son cúiseanna maithe. Bheadh grá agus meas ag gach duine di. Tá mo chara is fearr Críostóir cosúil leis sin. Is peileadóir den scoth é agus is laoch é i measc na ndaoine. Tá cáil air anseo i gcontae Ard Mhacha agus i gcontae an Dúin fosta. Déanann 'O'Neill's' urraíocht air. Ní thugann siad airgead dó ach tugann siad éadaí dó go minic. Thug siad léine dó uair amháin a bhfuil tarracóir uirthi, bhí sé iontach greannmhar! Chomh maith leis sin, tá sé cróga, dóighiúil agus iontach láidir. Réitím go maith leis mar cuidíonn sé liom agus tá muinín agam as. Tá meas mór agam ar mo mháthair mar déanann sí a lán íobairtí ar son an teaghlaigh agus oibríonn sí go crua dúinn. Is bean í ar éirigh go maith léi sa saol. Bíonn sí i gcónaí ann dom agus níl eagla uirthi roimh aon rud. Má éiríonn liom, lá éigin, a bheith chomh láidir léi, beidh a fhios agam gur éirigh liom sa saol. **(Aaron, 15 bliana)**

1. Find the Irish equivalent for the following

a. One day I would like to be like...

b. He is the best actor in the world

c. With regard to my ideal partner

d. She would be a famous singer

e. She would be loved and respected by everyone

f. He is an excellent footballer

g. A hero among the people!

h. O'Neill's sponsor him

i. They don't give him money

j. I get along well with him because...

k. I trust him

l. I really admire my mother

m. She is always there for me

n. She is not scared of anything

2. Faulty translation. Highlight the translation mistakes and correct them

Hi, I'm Aaron. Someday, I'd like to be like my favourite singer, Morgan Freeman. In my opinion, he is the best actor in the world. He is very funny and charming, and has a unique face. On top of that, he fights for the environment and for world peace. With regard to my ideal partner, she would be an animal lover, have a good sense of humour, and would be a powerful singer. She would be interested in politics and she would fight for good causes. She would be loved and respected by everyone. My best friend Críostóir is like that. He is a great footballer and is a hero among the people! He is famous here in County Armagh and in County Down too. 'O'Neill's' sponsor him. They don't take his money, but they give him clothes often. They once gave him a shirt with a penguin on it, it was very funny. As well as that, he is brave, handsome and very curious. I get along well with him because he helps me and I can't trust him. I really admire my mother because she sacrifices a lot for herself and she works hard to support us. She is someone who has been successful in life. She is always there for me and she is not afraid of anything. If one day I could become as strong as her, then I will know that I have succeeded in life.

3. Find the following items in the text	**4. Spot the errors and correct the statements**
a. A verb starting with 'D':	a. Ba mhaith liom a bheith cosúil le mo cheoltóir is fearr
b. A job starting with 'A':	b. Tá sé gleoite agus tá gnáthghuth aige
c. An adjective starting with 'C':	c. Bheadh grá agus meas ag a seanmháthair di
d. A feeling starting with 'E':	d. Ní peileadóir den scoth é
e. A place starting with 'A':	e. Tá sé cróga, gránna agus iontach láidir
f. A job starting with 'P':	f. Tá meas mór agam ar m'athair
g. A verb starting with 'R':	g. Beidh a fhios agam gur theip orm sa saol

5. Categories: find the items in Aaron's text and put them in the categories below

Adjectives describing appearance	Adjectives describing character	Jobs	Verbs in the present tense	Verbs in the conditional tense

6. Complete with the missing Irish words	**7. Arrange the information below in the same order as it is provided in the Irish text**
a. Ba ______ liom a bheith cosúil le m'aisteoir is fearr.	____ Bheadh suim aici sa pholaitíocht.
b. Tá sé iontach ___________ agus gleoite.	_1_ Is é an t-aisteoir is fearr ar domhan
c. Bheadh féith an ___________ aici.	____ Beidh a fhios agam gur éirigh liom sa saol
d. Throidfeadh sí ar son __________ maithe.	____ Bíonn sí i gcónaí ann dom.
e. Bheadh grá agus ___________ ag gach duine di.	____ I dtaca le mo chéile foirfe de.
f. Is é Críostóir mo __________ is fearr.	____ Tá sé iontach cliste agus gleoite.
g. Cuidíonn sé ___________.	____ Tá sé cróga, dóighiúil agus iontach láidir.
h. Tá ___________ agam as.	____ Bheadh grá agus meas ag gach duine di.
i. Déanann mo mháthair a ___________ íobairtí.	____ Tá muinín agam as.
j. Níl ___________ uirthi roimh aon rud.	

8. Answer the following questions in English

a. Cén post atá ag Morgan Freeman?

b. Cad é a dhéanann sé don timpeallacht?

c. Cén post a bheadh ag a chéile foirfe?

d. Cén suim a bheadh ag a chéile foirfe?

e. Cé a dhéanann urraíocht ar a chara?

f. Cad é a thugann 'O'Neill's' do Chríostóir?

g. Cad chuige a bhfuil a chara mar laoch i measc na ndaoine?

h. Cad é mar a chuireann sé síos ar Mhorgan Freeman?

i. Cad chuige a réitíonn sé go maith le Críostóir?

j. Cad chuige a bhfuil meas aige ar a mháthair?

k. Cad roimhe a bhfuil eagla ar a mháthair?

l. Cad é mar a bheidh a fhios ag Aaron gur éirigh leis sa saol?

9. Find the Irish equivalent for the following phrases

a. Someday

b. I would like to be like

c. The best

d. He fights for

e. World peace

f. My ideal partner

g. Good causes

h. Everybody

i. Like that

j. He is a great footballer

k. He is famous

l. He is brave

m. I get along well with him

n. He helps me

o. I trust him

p. She makes a lot of sacrifices

q. She works hard for us

r. She isn't afraid of anything

10. Cross out any word listed below which is not in the Irish text

a. Best

b. World

c. Penguin

d. Weak

e. Money

f. Eats

g. Sacrifices

h. Life

11. Definition game: find in the text a word or phrase for each of the definitions below

a. Frása ar chomhchiall le 'go rialta':

b. Duine a oibríonn ar scannán:

c. 'Troideann sí' sa mhodh coinníollach:

d. Duine a imríonn peil:

e. 'Réitigh mé' san aimsir láithreach:

f. Dath:

g. Éadaí:

h. Frása ar chomhchiall le 'go dícheallach':

i. Ball teaghlaigh:

12. Correct the grammar and spelling mistakes:

a. Is é an aisteoir is fearr ar domhan

b. Tá goth ar leith aige

c. I dtaca le mo céile foirfe de

d. Is peileadóir an scoth é

e. I measc na naoine

f. Ní tugann siad airgead dó

g. Réitím maith leis

13. Answer the questions in Irish. Write full sentences:

a. Cé hé/hí an t-aisteoir is fearr leis?

b. Déan cur síos ar an aisteoir seo

c. Cad iad na cúiseanna atá tábhachtach dó?

d. Cén post a bheadh ag a chéile foirfe?

e. Cén bua atá ag a chara is fearr?

f. Déan cur síos ar Chríostóir

g. Cad é mar atá a fhios agat gur cara maith é Críostóir?

h. An bhfuil meas aige ar dhuine ar bith eile? Cad chuige?

i. Cad é mar a bheidh a fhios aige gur éirigh leis sa saol?

ANSWERS – Unit 16. Bringing it all together – Part 5/5

1. Find the Irish equivalent: a) lá éigin, ba mhaith liom a bheith cosúil le   b) is é an t-aisteoir is fearr ar domhan
c) i dtaca le mo chéile foirfe de   d) bheadh sí ina amhránaí cáiliúil   e) bheadh grá agus meas ag gach duine di
f) is peileadóir den scoth é   g) is laoch é i measc na ndaoine   h) déanann 'O'Neill's' urraíocht air
i) ní thugann siad airgead dó   j) réitím go maith leis mar   k) tá muinín agam as   l) tá meas mór agam ar mo mháthair
m) bíonn sí i gcónaí ann dom   n) níl eagla uirthi roimh aon rud

2. Faulty translation: Aaron **is my name** ; like my favourite **actor** ; he is very **intelligent** and charming ; has a unique **voice** ; and would be **a famous** singer ; they don't **give him** money; a shirt with a **tractor** on it; he is brave, handsome and very **strong** ; and I **can** trust him ; she sacrifices a lot for **the family** ;

3. Find the following items: a) déanann b) aisteoir/amhránaí c) cróga d) eagla e) Ard Mhacha f) peileadóir g) réitím

4. Spot and correct the wrong statements: a) cosúil le **m'aisteoir** is fearr b) tá **guth ar leith** aige
c) Bheadh grá agus meas ag **gach duine** di d) **is** peileadóir den scoth é   e) cróga, **dóighiúil** agus iontach láidir
f) ar **mo mháthair**   g) beidh a fhios agam gur **éirigh liom** sa saol

5. Categories:
Adjectives describing appearance: dóighiúil ; láidir
Adjectives describing character: cliste ; gleoite ; cróga ;
Jobs: aisteoir ; amhránaí ; peileadóir ;
Verbs in the conditional tense: bheadh ; throidfeadh ;

6. Complete with the missing word: a) mhaith b) cliste c) ghrinn d) cúiseanna e) meas f) chara
g) liom h) muinín i) lán j) eagla

7. Arrange the information: 2 ; 6 ; 5 ; 1 ; 8 ; 7; 9 ; 4 ; 3 / 4 ; 1 ; 9 ; 8 ; 3 ; 2 ; 6 ; 5 ; 7

8. Answer the following questions: a) Actor   b) he fights for it   c) singer d) politics e) O'Neill's f) clothes
g) because he is a great footballer   h) best actor in the world/ very smart and charming with a unique voice
i) because he helps him and he trusts him j) because she makes a lot of sacrifices for the family and she works hard for them
k) she isn't afraid of anything l) if he becomes as strong as his mother

9. Find the Irish equivalent: a) lá éigin b) ba mhaith liom a bheith cosúil le   c) is fearr   d) troideann sé ar son
e) domhain síochánta f) mo chéile foirfe g) cúiseanna maithe h) gach duine i) cosúil leis sin j) is peileadóir den scoth é
k) tá sé cáiliúil l) tá sé cróga m) réitím go maith leis n) cuidíonn sé liom o) tá muinín agam as
p) déanann sí a lán íobairtí q) oibríonn sí go crua dúinn r) níl eagla uirthi roimh aon rud

10. Cross out: a) - b) - c) penguin d) weak e) - f) eats g) - h) -

11. Definition game: a) go minic b) aisteoir c) throidfeadh sí d) peileadóir e) réitím   f) airgead g) léine h) go crua
i) m*h*áthair

12. Correct the mistakes: a) is é an **t-aisteoir** b) tá **guth** ar leith aige   c) i dtaca le mo **chéile** foirfe de
d) is peileadóir **den** scoth é e) i measc na **ndaoine** f) ní **thugann** siad airgead dó   g) réitím **go** maith leis

13. Answer the questions: a) Is é Morgan Freeman an t-aisteoir is fearr leis   b) Tá sé iontach cliste agus gleoite
c) Troideann sé ar son na timpeallachta agus ar son domhain síochánta d) Bheadh sí ina amhránaí cáiliúil
e) Is peileadóir den scoth é f) Tá sé cróga, dóighiúil agus iontach láidir
g) Is cara maith é mar cuidíonn sé leis agus tá muinín aige as
h) Tá meas aige ar a mháthair mar déanann sí a lán íobairtí don teaghlach agus oibríonn sí go crua dóibh
i) Má éiríonn leis a bheith chomh láidir lena mháthair

www.ingramcontent.com/pod-product-compliance
Lightning Source LLC
LaVergne TN
LVHW080508200726
843507LV00008B/1053